畑中敦子の
判断推理
The BEST
ザ・ベスト
NEO

畑中敦子 著

エクシア出版

はじめに

判断推理とは？

　主に条件から推理する問題で、法則などの知識が必要なものも一部ありますが、基本的には考えて解く問題になります。また、図形のパズルのような問題もあり、この分野を特に「空間把握」と呼んでいます。

　いずれも、公務員試験独特の問題ですから、まずは問題、解法のパターンやテクニックを習得することが大切です。

出題の目的は？

　論理的な思考力と事務処理能力を試すためと思われます。

　条件を分析し、論理的な筋道を立て、結論へ導く能力、テクニックを使うなどの柔軟な対応能力、時間内で問題を解決する事務処理能力などが求められているわけです。

勉強方法は？

　問題にも解法にもパターンがありますから、これをマスターして使いこなすことです。本番は時間との闘いですので、より速く正確に解く方法を身につけることが大切です。

　本書では、判断推理の最新の出題傾向を分析し、39 の項目に分類して、それぞれ最もスタンダードな問題からやや応用レベルの問題まで、段階的にマスターできるよう構成しております。

　初めは解説を読んで解法をマスターし、それから自力で解けるようになるまで、繰り返し手を動かして問題を解いてみてください。

　大切なのは、毎日コツコツ続けることです。時間を空けると鈍ってしまいますので、少しずつでいいので、毎日練習しましょう。

　本書を活用いただいた皆さんの、本試験でのご健闘を心よりお祈りいたします。

2023 年 1 月

畑中敦子

目次

How to use The BEST

最新の出題傾向に基づいて、39の項目に分類

頻出度は低くても重要な項目もあるし、コスパ◎ならしっかりやる！ここは参考程度に！

#18 命題と論理①
論理式で解く！

| 頻出度 ★★★★☆ | 重要度 ★★★★★ | コスパ ★★★★★ |

これまでの一般的な推理問題とは少し異なる分野ですが、出題頻度は高く、特に、国家（総合・一般・専門）と地方上級でほぼ毎年出題されています。ほとんどの問題は、与えられた命題を「論理式」という式に表すことで判断しやすくします。まずは、「基本事項」で「論理式」のルールを覚えてください。

その項目の内容や情報をガイダンス！

基本事項

①命題

真か偽かの区別ができる文章や式を「命題」といいますが、本章の問題を解くうえでは、あまり考えないほうがいいです。

その項目の問題を解くのに必要な基本事項

PLAY 3 複雑な条件を考慮して並べる問題

地方上級 2022

A～Hの8人が同じ方向を向いて横一列に並んでいる。A～Dは白い服を着ており、E～Hは黒い服を着ている。次のことがわかっているとき、確実にいえるのはどれか。

・白い服を着た者同士、黒い服を着た者同士は隣り合っていない。
・AとEは隣り合っており、BとFも隣り合っている。
・Bの1人おいて左隣にDが並んでいる。
・BとEの間に4人がおり、そのうちの1人はHである。
・Cは左端でも右端でもなく、Hとは隣り合っていない。

1. AとDの間には1人がいる。
2. BとHは隣り合っている。
3. CとDの間には3人がいる。
4. DとGは隣り合っている。
5. EとGの間には1人がいる。

白い服と黒い服の並び方を考慮して、まず、3, 4番目の条件から考えてみて！

問題は、最新の過去問が中心！スタンダードなものからタイプ別に並んでいるよ！

15ページの補足参照！

その問題について、ちょっと一言！

3, 4番目の条件より、B, D, Eの順序について考えると、図1の4通りとなります。1番目の条件より、白い服を着た人と黒い服を着た人は交互に並ぶことになりますので、黒い服を着た人をグレーで示すと図のようになり、いずれも条件と矛盾はありません。

図1

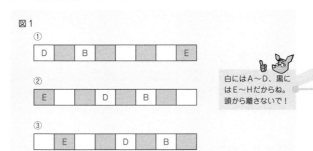

白にはA～D、黒にはE～Hだからね！頭から離さないで！

問題の後に、ちょっとしたアドバイス！

アドバイス

本問のように、成立例がたくさんあるけど、ひとつひとつは簡単に探せるような場合は、選択肢のそれぞれについて、成立例または反例を探せばいいよね。
「確実にいえるのは？」なら、反例がひとつ見つかれば消去できるし、本問のように「有り得ないのは？」なら、成立例が見つかれば消去できる。
「有り得るのは？」のときだけは、有り得るものをひとつ見つけるまでがんばらないといけないけど、滅多にないから心配いらないよ！

本試験データ

主要試験について、判断推理の出題傾向と、2020 ～ 2022 年の数的処理全科目の出題項目の一覧を示しており、一覧の中の網掛け部分が判断推理に該当する問題になります。

数的処理の勉強は、考え方を養うことにありますので、どの項目を勉強しても全体的な学習につながります。傾向や出題項目は参考程度として扱ってください。

FILE 1 国家公務員総合職

判断推理の出題傾向

例年、判断推理 6 問、空間把握 2 問の出題で、命題と論理はほぼ毎年出題されており、その他では、位置関係、数量条件からの推理などが頻出です。

全体的に問題文が長く、パターンに当てはまらない個性的な問題が多いため、高い応用力と、正確でスピーディな作業が求められます。

2020 ～ 2022 年の数的処理出題項目

番号	科目	2022 年出題項目	2021 年出題項目	2020 年出題項目
No.12	判断推理	命題と論理	命題と論理	命題と論理
No.13	判断推理	集合算	集合算	順序関係
No.14	判断推理	数量条件からの推理	数量条件からの推理	命題と論理
No.15	判断推理	対応関係	その他の推理	順序関係
No.16	判断推理	その他の推理	位置関係	位置関係
No.17	判断推理	その他の推理	数量条件からの推理	試合
No.18	空間把握	回転体	折り紙	折り紙
No.19	空間把握	移動と軌跡	トポロジー	正多面体
No.20	数的推理	仕事算	最適値	図形の変形
No.21	数的推理	速さ	確率	確率
No.22	数的推理	規則性	整数（約数と倍数）	比と割合
No.23	数的推理	暦算	速さ	速さ
No.24	数的推理	三平方の定理	相似	整数（演算）
No.25	数的推理	n 進法	n 進法	比と割合
No.26	資料解釈	表	表	表
No.27	資料解釈	表・グラフ	グラフ	特殊なデータ

FILE 2 国家公務員一般職

判断推理の出題傾向

　例年、判断推理6問、空間把握2問の出題で、判断推理では、命題と論理、対応関係、順序関係、位置関係の問題は、ほぼ毎年出題されております。また、空間把握では、パズル問題が頻出ですが、色々な問題がバランスよく出題されています。

　総合職ほどではありませんが、問題文はやや長めで少し変わった問題が多いため、読解力と思考力が必要とされます。

2020～2022年の数的処理出題項目

番号	科目	2022年出題項目	2021年出題項目	2020年出題項目
No.12	判断推理	その他の推理	命題と論理	命題と論理
No.13	判断推理	位置関係	対応関係	対応関係
No.14	判断推理	順序関係	位置関係	その他の推理
No.15	判断推理	順序関係	順序関係	順序関係
No.16	判断推理	対応関係	数量条件からの推理	試合
No.17	判断推理	数量条件からの推理	数量条件からの推理	その他の推理
No.18	空間把握	一筆書き	パズル問題	折り紙
No.19	空間把握	立体の切断	正多面体	パズル問題
No.20	数的推理	確率	確率	場合の数
No.21	数的推理	速さ	整数（約数と倍数）	速さ（流水算）
No.22	数的推理	面積の最大値	三平方の定理	最適値
No.23	数的推理	規則性	整数（文章題）	平均算
No.24	数的推理	プログラミング	整数（約数と倍数）	比と割合
No.25	資料解釈	表	グラフ	グラフ
No.26	資料解釈	グラフ	グラフ	表
No.27	資料解釈	グラフ	表	表・グラフ

FILE 3 国家公務員専門職

判断推理の出題傾向

　例年、判断推理6問、空間把握2問の出題で、順序関係、位置関係はほぼ毎年出題されており、その他では命題と論理、集合算、対応関係などが頻出です。

　総合職、一般職と同様に、問題文がやや長く、条件も複雑な問題が多いので、時間がかかりそうな問題は後に回すなど、時間配分に気をつけてください。

2020～2022年の数的処理出題項目

番号	科目	2022年出題項目	2021年出題項目	2020年出題項目
No.12	判断推理	集合算	集合算	命題と論理
No.13	判断推理	その他の推理	位置関係	位置関係
No.14	判断推理	位置関係	対応関係	順序関係
No.15	判断推理	その他の推理	順序関係	数量条件からの推理
No.16	判断推理	順序関係	その他の推理	その他の推理
No.17	判断推理	その他の推理	試合（トーナメント戦）	位置関係
No.18	空間把握	パズル問題	パズル問題	移動と軌跡
No.19	空間把握	図形の推理	正多面体	展開図
No.20	数的推理	確率（期待値）	確率	利益算
No.21	数的推理	比と割合	濃度	体積比
No.22	数的推理	剰余系	整数（数式）	比と割合
No.23	数的推理	数列	三平方の定理	確率（反復試行）
No.24	数的推理	その他の文章題	平均算	剰余系
No.25	資料解釈	表	グラフ	特殊なデータ
No.26	資料解釈	グラフ	表	表
No.27	資料解釈	グラフ	表	表・グラフ

FILE 4 裁判所職員総合職・一般職

判断推理の出題傾向

例年、判断推理6問、空間把握4問の出題で、命題と論理、順序関係、移動と軌跡（円の回転を含む）、投影図などが頻出ですが、マイナーな分野からの出題も割とよく見られます。

以前は、難問奇問も多かったのですが、最近は割と一般的な問題が多く、難易度も標準的です。ただ、たまに変わった問題もありますので、注意が必要です。

2020～2022年の数的処理出題項目

番号	科目	2022年出題項目	2021年出題項目	2020年出題項目
No.11	判断推理	命題と論理	命題と論理	命題と論理
No.12	判断推理	規則性	試合	集合算
No.13	判断推理	真偽の推理	操作手順	真偽
No.14	判断推理	順序関係	その他の推理	順序関係
No.15	判断推理	暦算	順序関係	試合（リーグ戦）
No.16	判断推理	場合の数	順序関係	てんびん問題
No.17	空間把握	場合の数（経路）	数量条件からの推理	図形の個数
No.18	空間把握	円の回転	投影図	移動と軌跡
No.19	空間把握	サイコロ	パズル問題	サイコロ
No.20	空間把握	立体の切断	円の回転	投影図
No.21	数的推理	整数	数列	比と割合
No.22	数的推理	利益算	仕事算	剰余系
No.23	数的推理	速さ	比と割合	確率
No.24	数的推理	三角形の内心	濃度	場合の数
No.25	数的推理	確率	角の二等分線の定理	三平方の定理
No.26	数的推理	場合の数	確率	円の定理
No.27	資料解釈	表	表	グラフ

FILE 5 ・東京都 I 類 A・B

▶ 判断推理の出題傾向

　判断推理、数的推理、資料解釈、空間概念（空間把握）が各 4 問（新方式は各 5 問）となっていますが、判断推理の枠で、確率がほぼ毎年出題され、また、空間概念でも、長さや面積の問題が出題されていますので、判断推理、空間概念いずれも、実質 2 〜 3 問程度の出題となります。

　判断推理では、No.9 に集合算がほぼ毎年、定位置で出題され、その他では、順序関係、試合の問題が頻出です。空間概念では、移動と軌跡（円の回転含む）が No.24 に定位置で出題され、近年は、No.23 含め 2 問出題されることもあります。

　東京都の数的処理の問題は、全体的に傾向がはっきりしており、過去問が繰り返し出題されているので、過去問をできるだけ多く解いて、傾向を把握する必要があります。

▶ 2020 〜 2022 年の数的処理出題項目（東京都 I 類 B 一般方式）

番号	科目	2022 年出題項目	2021 年出題項目	2020 年出題項目
No.9	判断推理	集合算	集合算	集合算
No.10	判断推理	場合の数（最短経路）	順序関係	試合（リーグ戦）
No.11	判断推理	確率	確率	確率
No.12	判断推理	操作手順	場合の数	その他の推理
No.13	数的推理	比と割合	整数（文章題）	速さ（通過算）
No.14	数的推理	濃度	整数（演算）	三平方の定理
No.15	数的推理	相似	図形の面積	図形の変形
No.16	数的推理	数列	魔方陣	角度
No.17	資料解釈	グラフ	グラフ	グラフ
No.18	資料解釈	グラフ	グラフ	グラフ
No.19	資料解釈	グラフ	グラフ	グラフ
No.20	資料解釈	グラフ	グラフ	グラフ
No.21	空間概念	一筆書き	パズル問題	図形の分割（数列）
No.22	空間概念	展開図	図形の変形	展開図
No.23	空間概念	移動と軌跡（長さ）	投影図	正多面体
No.24	空間概念	移動と軌跡（面積）	移動と軌跡	円の回転

FILE 6 特別区Ⅰ類

判断推理の出題傾向

　例年、判断推理6問、空間把握4問の出題で、判断推理では、ここ数年、試合（No.10）と暗号（No.11）が定位置で出題されており、その他では、順序関係、位置関係、真偽の推理などが頻出です。空間把握では、例年、移動と軌跡（円の回転含む）が定位置（No.28）で出題されており、その他では、パズル問題、展開図、投影図などが頻出です。

　全体的にあまり癖がなく、パターン通りの問題が多く出題されていますが、ときどき難問もあり、特に暗号の問題は、難問の可能性がありますので気をつけてください。

2020〜2022年の数的処理出題項目

番号	科目	2022年出題項目	2021年出題項目	2020年出題項目
No.10	判断推理	試合（トーナメント）	試合（リーグ戦）	試合（リーグ戦）
No.11	判断推理	暗号	暗号	暗号
No.12	判断推理	数量条件からの推理	対応関係	順序関係
No.13	判断推理	真偽の推理	位置関係	真偽の推理
No.14	判断推理	その他の推理	命題と論理	位置関係
No.15	判断推理	位置関係	整数（約数と倍数）	順序関係（暦算）
No.16	数的推理	円の定理	三平方の定理	相似・三平方の定理
No.17	数的推理	循環小数	整数（約数と倍数）	整数（約数）
No.18	数的推理	速さ	速さ	速さ（流水算）
No.19	数的推理	仕事算（比）	確率	仕事算
No.20	数的推理	不等式	平均算	文章題（計算問題）
No.21	資料解釈	表	表	表
No.22	資料解釈	表	表	表
No.23	資料解釈	グラフ	グラフ	グラフ
No.24	資料解釈	グラフ	グラフ	グラフ
No.25	空間把握	展開図	数列	立体の切断（面積）
No.26	空間把握	パズル問題	トポロジー	パズル問題
No.27	空間把握	投影図	サイコロ	投影図
No.28	空間把握	移動と軌跡（面積）	移動と軌跡	移動と軌跡

FILE 7 地方上級（6月実施）・市役所A日程

▶ 判断推理の出題傾向

　例年、判断推理5問、空間把握2〜4問の出題で、判断推理では、対応関係、位置関係などが頻出ですが、どのジャンルにも当てはまらない「その他の推理」の出題も多いです。また、空間把握では、パズル問題、移動と軌跡（円の回転含む）、展開図、投影図などが頻出です。

　全体的に難易度はさほど高くありませんが、少々変わった問題が多く、特に、空間把握では、初めて見るような問題も多くあります。

▶ 2020〜2022年の数的処理出題項目

番号	科目	2022年出題項目	2021年出題項目	2020年出題項目
No.34	判断推理	集合算	命題と論理	集合算
No.35	判断推理	順序関係	順序関係	試合（トーナメント）
No.36	判断推理	その他の推理	位置関係	位置関係
No.37	判断推理	対応関係	対応関係	数量条件からの推理
No.38	判断推理	数量条件からの推理	最適値	その他の推理
No.39	空間把握	場合の数（経路）	パズル問題	投影図
No.40	空間把握	軌跡と移動	円の回転	展開図
No.41	空間把握	図形の面積	移動と軌跡	円弧の長さ
No.42	空間把握	投影図	図形の推理	図形の変化
No.43	数的推理	図形の推理	立体図形の表面積	場合の数
No.44	数的推理	整数（文章題）	場合の数	確率
No.45	数的推理	魔方陣	比と割合	整数（演算）
No.46	数的推理	整数（文章題）	整数（文章題）	数量条件からの推理
No.47	数的推理	比と割合	比と割合	整数（整数解）
No.48	数的推理	ニュートン算	速さ	平均算
No.49	数的推理	速さ（旅人算）	速さ	速さ
No.50	資料解釈	グラフ	グラフ	グラフ

FILE 8　警視庁Ⅰ類（警察官）

判断推理の出題傾向

　科目の並び方が固定されていませんので、試験によって変動はありますが、例年、判断推理5〜6問、空間概念（空間把握）2〜4問の出題となっています。

　対応関係、位置関係、数量条件からの推理、命題と論理、試合、立体の切断、展開図などが割と頻出ですが、色々な問題が全体的にバランスよく出題されており、暗号や操作手順などのマイナーな問題も適度に出題されています。

　全体的に易しい問題が多いのですが、たまに面倒な問題も見られます。試験時間が他と比べて短い（50問120分）ので、厄介な問題に時間を取られないよう注意が必要です。

2020〜2022年の数的処理出題項目（4月実施1回目試験※）

番号	科目	2022年出題項目	2021年出題項目	2020年出題項目
No.34	判断推理	試合（リーグ戦）	命題と論理	命題と論理
No.35	判断推理	位置関係	数量条件からの推理	対応関係
No.36	判断推理	順序関係	真偽の推理	試合（数量条件）
No.37	判断推理	対応関係	対応関係	数量条件からの推理
No.38	判断推理	操作手順	位置関係	その他の推理
No.39	判断推理	真偽の推理	三平方の定理	集合算
No.40	数的推理	仕事算	平行線と相似	円の定理
No.41	数的推理	円弧の長さ	正多面体	立体の表面積
No.42	空間概念	立体の切断	場合の数	正多面体
No.43	空間概念	展開図	移動と軌跡	立体の切断
No.44	数的推理	図形の面積	立体の体積比	立体の体積比
No.45	数的推理	比と割合	平均算	比と割合
No.46	数的推理	魔方陣	ニュートン算	方程式
No.47	数的推理	濃度	剰余系	確率
No.48	数的推理	年齢算	確率	整数
No.49	資料解釈	表	グラフ	表
No.50	資料解釈	表	表	グラフ

※2020年の1回目試験は中止のため、7月実施2回目試験の項目を掲載しています。
※科目名は2022年のものを示しています。

FILE **9** 東京消防庁Ⅰ類（消防官）

判断推理の出題傾向

　例年、判断推理4問、空間概念（空間把握）2問の出題で、判断推理では、命題と論理、対応関係、順序関係などが頻出ですが、空間把握では、特に頻出な項目はなく色々な分野からバランスよく出題されています。

　難易度は全体的に易しめですが、ときどき変わった問題もありますので注意が必要です。

2020〜2022年の数的処理出題項目（1回目）

番号	科目	2022年出題項目	2021年出題項目	2020年出題項目
No.9	判断推理	命題と論理	命題と論理	命題と論理
No.10	判断推理	順序関係	集合算	対応関係
No.11	判断推理	操作手順	対応関係	順序関係
No.12	判断推理	集合算	試合（リーグ戦）	暗号
No.13	空間概念	立体の切断	展開図	パズル問題
No.14	空間概念	パズル問題	立体の切断	サイコロ
No.15	数的推理	速さ	三平方の定理	整数（文章題）
No.16	数的推理	n進法	円の定理	速さ
No.17	数的推理	剰余系	速さ	相似・円の定理
No.18	数的推理	仕事算	整数（数式）	数列
No.19	資料解釈	表	グラフ	表
No.20	資料解釈	グラフ	グラフ	表
No.21	資料解釈	グラフ	グラフ	グラフ
No.22	資料解釈	表	表	グラフ
No.23	資料解釈	表	表	グラフ

出典の補足

国家総合職	大卒、院卒区分の共通問題です。
国家一般職	大卒区分の問題です。
国家Ⅱ種	現行の「国家一般職（大卒）」に該当します（2011年まで）。
国税専門官	現行の「国家専門職」に該当します（2011年まで）。
裁判所職員	総合職、一般職の共通問題です。
裁判所事務官	現行の「裁判所職員」に該当します（2011年まで）。
東京都Ⅰ類	2007年までは、A，Bの分類はありません。
地方上級	全国型の問題ですが、ほとんどは中部北陸型、関東型との共通問題です。 ※本試験を受験された方の情報をもとに復元したもので、表現などは実際の問題と異なる場合があります。
警視庁Ⅰ類	警察官採用試験の問題です。
東京消防庁Ⅰ類	消防官採用試験の問題です。

問題の右上にある出典の表記について、
ちょこっと補足しておくね。

#01 順序関係① 順番に並べる！

頻出度 ★★★★☆ | 重要度 ★★★★★ | コスパ ★★★☆☆

順序関係を推理する問題の中でも、最も一般的なタイプの問題を扱います。文字通り、順番の推理で、条件を満たすように順番に並べる問題です。場合分けが必要になる問題もありますので、なるべく無駄な作業をしないよう効率よく進めるようにしましょう。

PLAY 1　1 列に並べる問題

　下の図のように、A～Gの7人が前を向いて横1列に並んでいる。次のア～ウのことがわかっているとき、確実にいえることとして、最も妥当なのはどれか。

前
左 ○○○○○○○ 右

ア　Aの両隣にはCとEが並んでおり、CとGとの間に2人が並んでいる。
イ　AはFより右側に、BはAより左側に、DはBより左側に並んでいる。
ウ　BはCともFとも隣り合っていない。

1. Aは右から3人目に並んでいる。
2. Bの左隣はDである。
3. BとEとの間に2人が並んでいる。
4. GはBより左側に並んでいる。
5. Fから左側に2人置いてGが並んでいる。

まずは、条件アを満たすよう図に描いてみよう！

断片的な条件は、できるだけ図や式に表して、わかりやすくしておきます。

　まず、条件アの前半を<u>図１のように表します</u>。ＣとＥの左右が不明ですので、①，②の２通りが考えられますね。

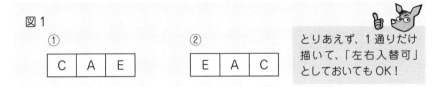

もちろん、問題の図のように、○で描いてもOK！

Ⓒ Ⓐ Ⓔ

図１

①		
C	A	E

②		
E	A	C

とりあえず、１通りだけ描いて、「左右入替可」としておいてもOK！

　さらに、後半の条件より、Ｇの位置を考えると、それぞれについて図２の２通りが考えられます。

図２

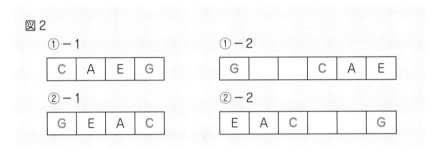

①－１

C	A	E	G

①－２

G			C	A	E

②－１

G	E	A	C

②－２

E	A	C			G

　次に、条件イですが、ここは、間の人数がわかりませんので、次のように、式で表してみます。

$$F < A \qquad D < B < A$$

　これより、Ｂ，Ｄ，ＦはいずれもＡより左側とわかりますね。では、これと条件ウを満たすよう、この３人を加えることを考えます。

①－１の場合

　条件ウより、Ｃの左隣はＢでないので、ＢとＤは図３の位置になります。

図３

D	B			C	A	E	G

しかし、これでは、Ｂの右隣がＦとなり、条件ウを満たしません。

①－２の場合

　同様に、Ｃの左隣はＢでないので、ＢとＤは図４の位置になり、やはり、Ｂの右隣がＦで、条件ウを満たしません。

図４

| D | G | B | | C | A | E |

②－１の場合

同様に、ＢとＦが隣り合わないように並べると、図５のようになります。

図５

| F | D | B | G | E | A | C |

②－２の場合

　Ｂ，Ｄ，Ｆのうち、少なくとも２人がＡより右側となり、成立しません。

　以上より、図５のように決まり、ここから選択肢を検討すると、正解は肢２です。

正解 ②

　A〜Fの6人が、東西の方向で一直線に並んでいる。A〜Eがそれぞれの立ち位置について以下のように発言しているとき、確実にいえることとして、最も妥当なのはどれか。

　A「私の前には4人並んでいる。」
　B「私の右隣りにはCがいる。」
　C「私の左隣りにはEがおり、私と同じ方向を向いている人があともう2人いる。」
　D「私はAと向かい合って並んでいる。」
　E「私の左側には3人並んでいる。」

1. Aが東を向いていれば、Eは南を向いている。
2. Bと同じ方向を向いている人があともう1人いる。
3. Dが南を向いていれば、Cは北を向いている。
4. Eが南を向いていれば、Cは東を向いている。
5. Fが北を向いていれば、Dは西を向いている。

> 皆の向きはバラバラみたいだけど、とりあえず、AとDの位置を確認して！

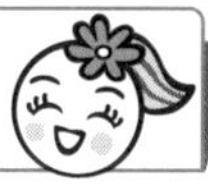

　問題文と選択肢から、各人は同じ方向を向いているわけではないようですから、矢印で向きを表すようにします。
　まず、Aの発言から、Aは、東または西から5番目で、前に4人を見る向きとなりますね。そのAは、Dの発言に登場していますので、これを確認すると、AとDは向かい合うように並んでいますので、左側を西、右側を東として図に表すと、図1の2通りが考えられます。

図1
①

	A⇄D			

②

			D⇄A	

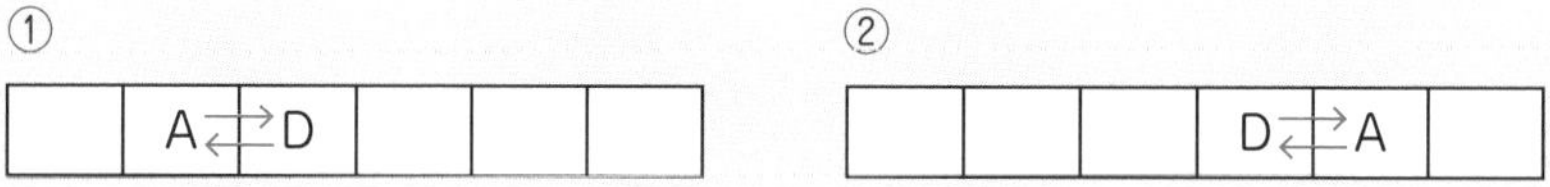

　次に、BとCの発言から、Cの両隣にBとEが並んでおり、さらに、Eの発言から、Eは、東または西から4番目ですから、この3人の位置は図2のようになり、各人の発言から、向きも図のようにわかります。

図2

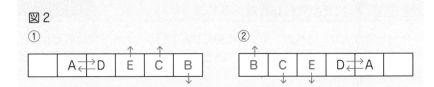

そうすると、それぞれの残る位置はFとなり、Cの発言にある、Cと同じ向きの人はEとFで、図3のようになります。

図3

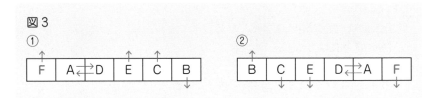

これより、選択肢を確認します。

肢1　Aが東を向いているのは、図3の①ですが、Eは北を向いていますので、誤りです。

肢2　Bと同じ方向を向いている人はいません。

肢3　Dが南を向いていることはありません。

肢4　Cが東を向いていることはありません。

肢5　Fが北を向いているのは、図3の①で、Dは西を向いていますので、確実にいえます。

　正解　5

A〜Hの8人が同じ方向を向いて横一列に並んでいる。A〜Dは白い服を着ており、E〜Hは黒い服を着ている。次のことがわかっているとき、確実にいえるのはどれか。

・白い服を着た者同士、黒い服を着た者同士は隣り合っていない。
・AとEは隣り合っており、BとFも隣り合っている。
・Bの1人おいて左隣にDが並んでいる。
・BとEの間に4人がおり、そのうちの1人はHである。
・Cは左端でも右端でもなく、Hとは隣り合っていない。

1. AとDの間には1人がいる。
2. BとHは隣り合っている。
3. CとDの間には3人がいる。
4. DとGは隣り合っている。
5. EとGの間には1人がいる。

白い服と黒い服の並び方を考慮して、まず、3, 4番目の条件から考えてみて！

　3, 4番目の条件より、B, D, Eの順序について考えると、図1の4通りとなります。1番目の条件より、白い服を着た人と黒い服を着た人は交互に並ぶことになりますので、黒い服を着た人をグレーで示すと図のようになり、いずれも条件と矛盾はありません。

図1

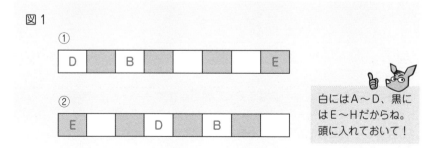

白にはA〜D、黒にはE〜Hだからね。頭に入れておいて！

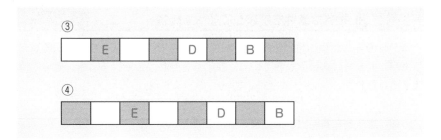

③

④

ここで、①〜④のそれぞれについて、残る条件を満たすか検討します。

①の場合

2番目の条件より、Eの左隣にA、残る白い服がCになります（図2）。しかし、この場合、4番目の条件より、Cの両隣のいずれかがHとなり、5番目の条件に反します。

よって、成立しません。

図2　①

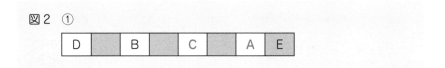

| D | | B | | C | | A | E |

②の場合

2番目の条件より、Eの右隣がAとなりますので、Cは右端になり、5番目の条件に反します（図3）。

よって、成立しません。

図3　②

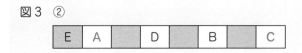

| E | A | | D | | B | | C |

③の場合

5番目の条件より、Eの右隣にC、2番目の条件より、Eの左隣にAとなります。そうすると、4, 5番目の条件より、Hは図4の位置になり、2番目の条件より、FはBの右隣に、残る位置がGで、図のように成立します。

図4　③

| A | E | C | G | D | H | B | F |

④の場合

2番目の条件より、Bの左隣がFとなりますので、4番目の条件より、Hは図5の位置になります。そうすると、2, 5番目の条件より、Eの左隣にC, 右隣にAとなり、残る左端がGで、図のように成立します。

図5 ④

G	C	E	A	H	D	F	B

以上より、③, ④の2通りが成立し、選択肢の中で、この2通りのいずれにおいても確実にいえるのは肢5となります。

> たとえば、肢1は、④ではOKだけど、③ではNG！だから、確実にはいえないってこと。

正解 5

PLAY 4 順位の変動を推理する問題 警視庁Ⅰ類 2015

A～Eの5人でマラソンをした。中間地点の順位とゴール地点の順位で次のア～カのことが分かっており、両方の地点で同着の者はいなかった。このとき、確実に言えることとして、最も妥当なのはどれか。

ア．Aは中間地点からゴール地点にかけて順位を3つ下げた。
イ．Bは中間地点からゴール地点にかけて順位を2つ上げた。
ウ．Cは中間地点からゴール地点にかけて順位を1つ下げた。
エ．Dは中間地点からゴール地点にかけて順位に変動はなかった。
オ．EはBより後にゴールした。
カ．Cは中間地点とゴール地点において、1位でも5位でもない。

1. Aは中間地点では1位だった。
2. Bはゴール地点では1位だった。
3. BはCより先にゴールした。
4. CはDより先にゴールした。
5. Dは中間地点ではEよりも順位が上だった。

> 中間地点 → ゴール地点の順位の変動を考えるんだ。場合分けがなるべく少なくなるよう、どこから手を付けるか考えて！

中間地点 → ゴール地点の順位について、まず、条件アより、Aは、1位 → 4位、または、2位 → 5位のいずれかとなります。また、条件ウ，カより、Cは、2位 → 3位、または、3位 → 4位のいずれかですから、これをともに満たす組合せは、次の2通りとなります。

①

	1	2	3	4	5
中間地点	A	C			
ゴール地点			C	A	

②

	1	2	3	4	5
中間地点		A	C		
ゴール地点				C	A

　さらに、条件エより、Dは、中間地点とゴール地点の順位は同じなので、①では5位、②では1位に決まり、条件オより、ゴール地点の順位は、①では、Bが1位、Eが2位、②では、Bが2位、Eが3位となります。

　そうすると、条件イより、Bの中間地点の順位は、①では3位、②では4位とわかりますので、残る順位にEを記入して、次のようになります。

①

	1	2	3	4	5
中間地点	A	C	B	E	D
ゴール地点	B	E	C	A	D

②

	1	2	3	4	5
中間地点	D	A	C	B	E
ゴール地点	D	B	E	C	A

　これより、①，②のいずれも成立し、選択肢の中で、この2通りのいずれにおいても確実にいえるのは肢3となります。

正解 ▶ 3

24

A，B，C，D，E，Fの6人が折り返し地点で同じコースを引き返すマラソン競走をした。6人は異なる順で折り返し地点を折り返し、その後の順位変動はなかった。折り返しの状況について、次のア〜オのことがわかっているとき、確実にいえるものはどれか。

- ア　Aは4人目にFとすれ違った。
- イ　Bは5人目にDとすれ違った。
- ウ　Cは2人目にEとすれ違った。
- エ　Eは2位ではなかった。
- オ　BとCの順位は連続していなかった。

1. Aは1位であった。
2. Bは2位であった。
3. CはAより遅く、Bより早くゴールした。
4. Dは5位であった。
5. EはCより遅く、Bより早くゴールした。

> このタイプはたまにしか出題されていないけど、「○番目にすれ違う相手」についてのポイントを理解しておけば、割とカンタンに解ける問題ばかりだよ！

　まず、「○人目にすれ違う相手」の順位についてのポイントから解説します。

　覚えていただきたいのは、ある人から見て、折り返し地点をはさんですれ違う相手の順番は、順位が上の人からになるということです。

　たとえば、1位の人は、最初に自分が折り返した後、まず、2位の人とすれ違い、それから、3位、4位、5位…の人と順にすれ違っていきますよね。

　また、たとえば、3位の人は、往路で、先に折り返してきた2人とすれ違った後、自分が折り返すので、1位、2位、4位、5位…の人と順にすれ違っていきます。

　すなわち、「x人目にすれ違う相手」は、自分を除いてx番目の人となるので、たとえば、「4人目にすれ違う相手」は、自分が5位以下なら「4位の人」で、自分が4位以内なら「5位の人」となります。ただし、相手から見て自分が何人目にすれ違った相手かはわかりませんから、そこは注意してくださいね。

　では、これを踏まえて、本問の条件を見ていきます。

まず、条件ア，イ，ウより、F，D，Eの順位は次のようになります。

ア　A＝4位以内のとき → F＝5位　　A＝5位以下のとき → F＝4位
イ　B＝5位以内のとき → D＝6位　　B＝6位のとき　　 → D＝5位
ウ　C＝2位以内のとき → E＝3位　　C＝3位以下のとき → E＝2位

　条件ウより、Eは2位または3位ですが、条件エより、2位ではないので、Eは3位に決まります。これより、Cは1位または2位となりますね。
　さらに、条件オより、Bの順位はCと連続していないので、Bは1位または2位ではなく、3位でもないので、Bは4位以下となります。

3位はEだからね。

　また、条件ア，イより、FとDも4位以下ですから、4～6位はB，D，Fのいずれかなので、残るAは1位または2位となります。
　そうすると、条件アより、Aは4位以内なので、Fは5位に決まり、条件イより、Dは6位に決まりますので、Bは4位とわかり、次のようになります。

1，2位	3位	4位	5位	6位
A，C	E	B	F	D

以上より、正解は肢5です。

正解　5

あるクラスの生徒たちが長距離走を行った。長距離走のコースは、学校の校門とB地点を往復するもので、具体的には、出発地点の学校の校門を生徒たちが同時に出て、A地点を経由してB地点で折り返し、再びA地点を通り、ゴール地点である学校の校門まで走る。

この長距離走において、生徒Xの状況は以下のとおりであった。このとき、ゴール地点における、生徒Xの順位として最も妥当なのはどれか。

ただし、A地点，B地点及びゴール地点において、2人以上が同時に通過又は到着することはなかったものとする。

○　出発地点の校門から往路のA地点までの間に、誰ともすれ違わなかった。
○　往路のA地点から折り返し地点のB地点までの間に、すれ違ったのは9人で、追い抜かれたのは3人であったが、誰も追い抜かなかった。
○　折り返し地点のB地点から復路のA地点までの間に、すれ違ったのは5人で、追い抜かれたのは4人であったが、誰も追い抜かなかった。
○　復路のA地点からゴール地点の校門までの間に、すれ違ったのは1人で、追い抜いたのは2人であったが、誰にも追い抜かれなかった。

1.　12位　　　2.　13位　　　3.　14位　　　4.　15位　　　5.　16位

> このタイプの出題は久しぶり！　余計な情報もあるから気をつけて！

まず、1，2番目の条件より、Xが往路ですれ違った相手は9人ですから、XがB地点を折り返す時点で、<u>Xより前を走るのはこの9人だけ</u>で、Xは10位です。

さらに、3，4番目の条件より、Xは復路で4人に追い抜かれ、その後2人を追い抜いたので、<u>順位は $-4 + 2 = -2$ だけ変動して</u>います。

すなわち、10位から2位後退して12位となり、正解は、肢1です。

往路でXを追い越した3人は、Xより先に折り返しているので、この9人に含まれるからね。ダミーの条件に注意して！

復路ですれ違った相手は、Xより後ろを走っているので、順位には影響しないからね。

正解　1

ある小学校の児童Aが夏休みに15日間かけて終えた宿題について調べたところ、次のことが分かった。

ア　児童Aは、国語，算数，理科，社会，図画工作の五つの異なる科目の宿題をした。

イ　宿題を終えるのに要した日数は、科目によって、1日のみ、連続した2日間、連続した3日間、連続した4日間、連続した5日間とそれぞれ異なっていた。

ウ　科目ごとに順次、宿題を終えたが、同じ日に二つ以上の科目の宿題はしなかった。

エ　4日目と5日目には理科、10日目には算数、13日目には国語の宿題をした。

オ　3番目にした宿題の科目は、1日のみで終えた。

カ　2番目にした宿題の科目は、社会であった。

キ　連続した4日間で終えた宿題の科目は、国語でも社会でもなかった。

以上から判断して、児童Aが連続した3日間で終えた宿題の科目として、妥当なのはどれか。

1．国語　　　2．算数　　　3．理科　　　4．社会　　　5．図画工作

最近は少ないけど、このタイプの問題もときどき出題されているよ。予定表にスケジュールを記入するように作業してみよう。

1～15日をよこに並べ、それぞれの日に行った宿題の科目を記入します。条件ア～ウは頭に入れておきましょう。

まず、条件エを記入して、図1のようになります。

図1

1	2	3	4	5	6	7	8	9	10	11	12	13	14	15
			理	理					算			国		

ここで、条件カより、2番目の社会が、図1の理科より前か後かを考えます。社会が理科より前の場合、1～3日目で1番目の科目と2番目の社会の2科目を終えたことになり、条件イより、1日のみと2日間で行ったことになります。

しかし、条件オより、1日のみで終えたのは3番目の科目ですから、社会は理科の前ということはなく、後となり、ここから、理科が1番目の科目とわかります。

　理科は5日目までかかったわけですから、1～5日目の5日間で、6日目から社会を始めたことになりますね。

　また、条件キより、社会は4日間ではなく、また、1日のみでも5日間でもないので、2日間または3日間ですから、7日目または8日目で終わります。

1日のみは社会の次の科目、5日間は理科だからね。

　そうすると、3番目の科目は1日のみで終えたので、8日目または9日目ですから、算数ではなく、もちろん、国語でもありませんので、残る図画工作とわかります。

　また、ここで、条件キより、4日間で終えた科目を確認すると、国語，社会ではなく、理科，図画工作でもないので、残る算数とわかりますね。

　これより、算数は図画工作の次の日から4日間ですから、9日目～12日目、または10日目～13日目のいずれかですが、13日目は国語ですから、9日目～12日目が算数で、図2のようになります。

図2

1	2	3	4	5	6	7	8	9	10	11	12	13	14	15
理	理	理	理	理	社	社	図	算	算	算	算	国	国	国

　よって、3日間で終えた科目は国語となり、正解は肢1です。

正解 ▷ 1

　ある動物病院で、受付に向かってA～Eの5人が縦一列に並んでいた。5人は赤，青，黒，白，茶のいずれかの色の服を着て、犬，猫，ウサギ，ハムスター，カメのいずれかの動物を連れていた。5人の並び順，服の色，連れていた動物について、A～Eがそれぞれ次のように発言しているとき、確実にいえることとして最も妥当なのはどれか。

　なお、同じ色の服を着ていた者，同じ動物を連れていた者はいずれもいなかったものとし、受付にはA～Eのみが並んでいたものとする。

　　A：私のすぐ前に並んでいた人は犬を、すぐ後ろに並んでいた人は猫を連れていた。

　　B：私は一番前に並んでいた。私のすぐ後ろに並んでいた人は白い服を着ていた。

　　C：一番後ろに並んでいた人は赤い服を着ていた。私は黒い服を着ていた。

　　D：私のすぐ前に並んでいた人は青い服を着ていた。私はカメを連れていた。

　　E：私は一番後ろではなかった。

1.　Aはハムスターを連れており、すぐ後ろにはCが並んでいた。
2.　Bは青い服を着ており、犬を連れていた。
3.　Cは前から三番目に並んでおり、猫を連れていた。
4.　Dのすぐ前にはEが並んでおり、Eはウサギを連れていた。
5.　Eは茶色の服を着ており、Eの2人前にはAが並んでいた。

> A～Eと服の色と動物の3項目の順序関係ね。各項目を記入する段を分けて図を描いてみよう！

　A～Eを順番に並べますが、服の色と連れていた動物の情報もありますので、図1のような、3段の図に整理します。

　まず、B，Cの発言からわかることを記入します。さらに、各人の発言より、A，B，C，Eは一番後ろではないので、一番後ろはDとなり、Dの発言よりわかることも記入して、図のようになりますね。

1段目にA～E、2段目に服の色、3段目に動物を記入するよ！

図1

B				D
	白		青	赤
				カメ

　図1とCの発言より、Cは黒い服ですから3番目となり、1番目のBは茶の服となります。

　そうすると、Aは2番目か4番目ですが、Aの発言より、すぐ後ろの人は猫を連れているので、4番目ではなく2番目で、残るEが4番目となり、1番目が犬、3番目が猫を連れているとわかります。

　これより、AとEは、ウサギかハムスターを連れていますが、これについては確定せず、図2のようになります。

図2

B	A	C	E	D
茶	白	黒	青	赤
犬	（ウサ）	猫	（ハム）	カメ

※ウサギとハムスターは入れ替え可

これより、確実にいえるのは肢3となります。

 正解 ③

#02 順序関係② 数直線に整理する！

頻出度 ★★★☆☆ | 重要度 ★★★★☆ | コスパ ★★★☆☆

ここでは、順番だけではなく、差などの数量条件を伴う問題を扱います。数直線やタイムテーブルなどを描いて、情報を整理していきましょう。

PLAY1 数直線に整理する問題

裁判所職員 2019

A，B，C，D，E，F，Gの7人に年齢について聞くと次のように答えた。

A 「私はEより7歳年下です」
B 「私は最年少ではありません。Fは私より9歳年上です」
C 「私はEと5歳違いで、Dより年上です」
D 「私はBと4歳違います」
E 「私はFと5歳違います」
F 「私はGと2歳違います」

また、Gは年長から順に数えて3番目で、35歳である。このとき、この7人のうち最年少の者の年齢は次のうちどれか。ただし、同年齢の者はいないとする。

1. 15歳　　2. 16歳　　3. 18歳　　4. 20歳　　5. 24歳

数直線を描いて、年齢差を満たすようA～Gを記入するよ。このタイプの問題も、けっこう場合分けが必要になるかな。

数直線を作成して、各人の年齢差を整理します。
　数直線の右方向を年齢の高いほうと定めると、まず、Aの発言より、AとEを図1のように記入できます。

図1

A ―7― E　→ 年長

ここから、AまたはEにつながる情報を探すと、CとEの発言から、CとF
はいずれもEと5歳差とわかり、条件より、同じ年齢の者はいないので、図2
の2通りが考えられます。

図2

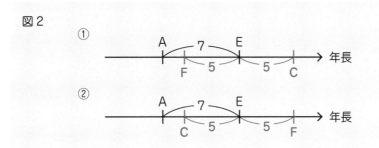

　さらに、Bの発言より、Fより9歳年下の位置にBを記入します（図3）。

図3

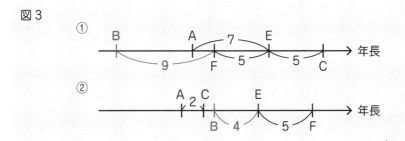

　そうすると、残るはDとGですが、条件より、Gは最
年少ではありませんので、①の場合、Bの発言とDの発
言から、DはBより4歳年下で最年少となります。
　さらに、Fの発言から、GはFより2歳年上だと、年
長から3番目となり、図4のように、条件を満たします。

Gは3番目だから
ね。

Cの後半の発言も
OKだね。

図4

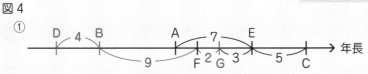

　また、②の場合、D，Fの発言から、Dは図5の位置に決まりますが、Gは
Fより2歳年下だとしても、年長から3番目になることはなく、成立しません。

図5
②

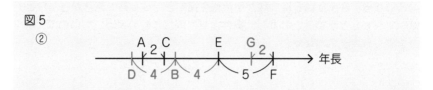

よって、図4のように決まり、最年少のDは、35歳のGより、2＋9＋4＝15（歳）年下で、20歳となり、正解は肢4です。

正解 4

PLAY 2 数直線に整理して数量条件を考える問題 　警視庁Ⅰ類 2016

　A～Eの5人の身長について、以下のことが分かっている。このとき、Cの身長として、最も妥当なのはどれか。

○　AとBとは5cm違う。
○　BとCとは3cm違う。
○　CとDとは1cm違う。
○　DとEとは7cm違う。
○　EとAとは4cm違う。
○　A～Eの5人の平均身長は167cmで、平均身長より背の高い人は5人中3人いる。

1.　165.0cm
2.　166.2cm
3.　167.8cm
4.　169.0cm
5.　171.4cm

まず、わかるところまで数直線に整理しよう！ 平均身長について考えるのはそれからね！

5人の身長を数直線上に表します。まず、最初の条件から、AとBの身長差は5cmですが、どちらが高いかわかりませんので、図1のように、高いほうを決めずに表します。

右が高いほうとかに決めると、AとBを入れ替えた図も書かなきゃならないから、ここは1つにまとめよう！「左が高い」「右が高い」のどっちもアリってこと、忘れないように！

図1

　次に、2番目の条件から、Bと3cm差の位置にCを記入しますが、CとAの差を考えると、図2の2通りとなります。

図2
①　　　　　　　　　　　　　　　②

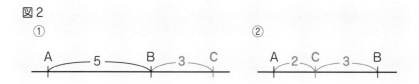

　さらに、3番目の条件から、Cと1cm差の位置にDを記入しますが、①、②のそれぞれについて、考えられるDの位置は2通りずつありますので、図3のようにD₁～D₄として記入しておきましょう。

ここで、4つに分けて書いてもいいけど、この時点で残るはEだけだよね。「あと1人」って段階まできたら、多少ごちゃついても何とかなるので、このままいこう！

図3
①　　　　　　　　　　　　　　　②

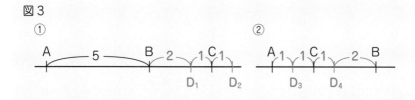

　残るEについては、4番目と5番目の条件より、Dと7cm差、Aと4cm差なので、これらをともに満たす位置があるかを、D₁～D₄それぞれについて確認します。
　そうすると、D₁～D₃については、いずれもそこから左右7cmの位置が、Aから4cmになることはなく、条件を満たしませんが、D₄については、図4のように、条件を満たすEが記入でき、A～Eの身長差は、図のように決まり

ます。

図4

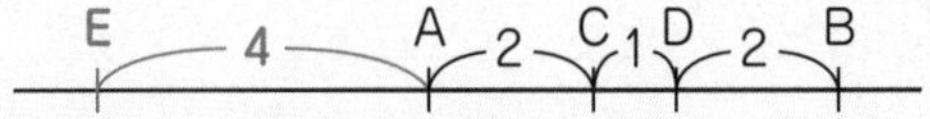

　これより、最後の条件から、Cの身長を求めます。与えられたのは、5人の平均ですから、Cを基準として各人の身長を表し、平均について式を立てましょう。

　図4から、各人のCとの差はわかりますが、どちらが高いかは不明ですから、ここから、次のように場合分けをします。

（1）右方向が背の高いほうの場合
　図4から、Cを基準とした各人の身長は次のようになります。

$$E \quad < \quad A \quad < \quad C \quad < \quad D \quad < \quad B$$
$$\downarrow \qquad \downarrow \qquad \downarrow \qquad \downarrow \qquad \downarrow$$
$$C-6 \quad\quad C-2 \quad\quad C \quad\quad C+1 \quad\quad C+3$$

　これらを合計すると、$5C-4$ となり、平均について次のように方程式が立ちます。

$$(5C - 4) \div 5 = 167$$
$$両辺に 5 をかけて、5C - 4 = 835$$
$$5C = 839$$
$$\therefore C = 167.8$$

　この場合、平均身長より背が高いのは、C，D，Bの3人で、条件を満たします。

この時点で、肢3が正解でいいよね！

（2）左方向が背の高いほうの場合
　同様に、Cを基準とした各人の身長は次のようになります。

$$E \quad > \quad A \quad > \quad C \quad > \quad D \quad > \quad B$$

$$\downarrow \qquad \downarrow \qquad \downarrow \qquad \downarrow \qquad \downarrow$$

$$C+6 \qquad C+2 \qquad C \qquad C-1 \qquad C-3$$

これらを合計すると、$5C+4$ となり、同様に、次のように方程式が立ちます。

$$(5C+4) \div 5 = 167$$

両辺に 5 をかけて、$5C+4 = 835$

$$5C = 831$$

$$\therefore C = 166.2$$

この場合、平均身長より背が高いのは、E，A の 2 人となり、条件を満たしません。

よって、（1）の場合に決まり、C の身長は 167.8 cm で、正解は肢 3 です。

 正解 ③

　12 時からランチタイムとして営業しているあるレストランにおいて、ある日のランチタイムに来店したА〜Ｆの６人は、それぞれ、カレー，パスタ，オムライス，ハンバーグ，エビフライのいずれか一つのメニューを注文した。次のことが分かっているとき、確実にいえるのはどれか。

　ただし、А〜Ｆ以外の来店者はいなかったものとする。

○　入店してから退店するまでの滞在時間は、カレーを注文した者は 30 分、パスタ，オムライスを注文した者は 40 分、ハンバーグ，エビフライを注文した者は 50 分だった。

○　２人はカレーを注文し、その他の４人は、カレー以外のメニューのうち、互いに異なるメニューを注文した。

○　12:00 に入店したのはАのみであり、Ｄは 12:50 に入店した。また、13:20 までには全員が退店した。

○　12:30 に２人入店したが、その２人の退店した時刻はそれぞれ異なっていた。

○　Ｅが入店した時刻は、カレーを注文したＣが退店した時刻と同じだった。

○　ハンバーグを注文した者と同時に退店した者はいなかった。

1.　Аはハンバーグを注文した。
2.　Ｂはエビフライを注文した。
3.　Ｃは 12:50 に退店した。
4.　ＤとＦは 13:20 に退店した。
5.　А〜Ｆのうち、５人が同時に店内にいた時間が少なくとも５分ある。

> ６人の滞在時間を整理するには、タイムテーブル方式が便利かな！
> このタイプは、国家（総合・一般・専門）でときどき出題されているよ。

　ランチタイムは 12 時からで、３番目の条件より、全員が 13:20 までに退店していますので、この時間帯でタイムテーブルを作成します。

　まず、３番目の条件より、Ｄは 12:50 に入店していますが、13:20 には退店していますので、滞在時間は 30 分で、１番目の条件より、カレーを注文したとわかります。

　そうすると、2，5番目の条件より、カレーを注文したのはＣとＤの２人で、他の４人はその他の異なるメニューを注文したとわかりますね。

また、3番目の条件より、Aは12:00に入店しており、滞在時間は40分または50分なので、図1のように矢印で継続の可能性を示しておきます。

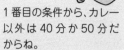

1番目の条件から、カレー以外は40分か50分だからね。

図1

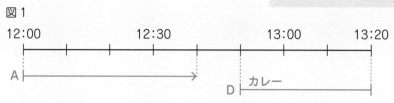

また、5番目の条件について、Cの滞在時間が30分ですが、入店したのは12:00より後ですから、退店したのは12:30より後ですね。そうすると、Cの退店と同時に入店したEは、そこから50分滞在すると、退店時間が13:20より後になり、条件に反します。

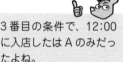

3番目の条件で、12:00に入店したはAのみだったよね。

よって、Eの滞在時間は40分となりますが、CとEの正確な入退店時刻は不明です（図2）。

図2

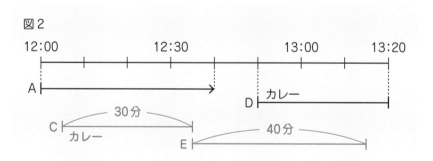

さらに、4番目の条件について、12:30に入店した2人は残るBとFですが、退店時刻は異なるので、滞在時間は40分と50分が1人ずつとなります。

これより、Aの滞在時間は50分とわかりますね。滞在時間50分のもう1人（BまたはF）は、13:20にDと同時に退店していますので、6番目の条件より、Aがハンバーグを注文し、もう1人がエビフライを注文したとわかります。

また、滞在時間40分の2人は、パスタかオムライスのいずれかを1人ずつ注文していますが、これは特定できません（図3）。

図3

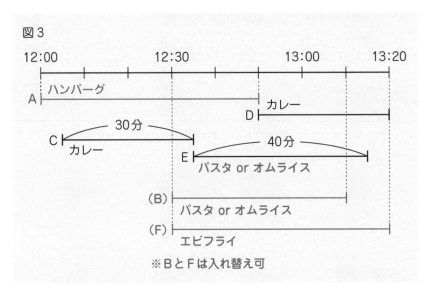

以上より、正解は肢1です。

時間がないときは、
カレーに限るネ！

#03 位置関係① 配置する!

頻出度 ★★★★☆ | 重要度 ★★★★★ | コスパ ★★★☆☆

座席やマンションの部屋などの配置を推理する問題です。順序関係の問題より広がりがありますので、やや複雑に感じるかもしれません。
順序関係同様、効率よく作業できるよう練習しましょう。

PLAY 1 配置を推理する問題

警視庁Ⅰ類2019

ある企業説明会で、A社～H社の人事担当者8人が、下図のように通路をはさんで①～⑧に仕切られた各ブースに通路側を向いて1人ずつ座っている。さらに以下のア～エのことがわかっているとき、確実にいえることとして、最も妥当なのはどれか。なお、「右隣」、「左隣」、「正面」とは各人事担当者から見た位置関係を意味するものとする。

ア：A社とB社のブースは⑤～⑧のいずれかにある。
イ：B社の隣のブースの正面のブースにE社のブースがある。
ウ：F社のブースは①～④のいずれかにある。
エ：F社の右隣，左隣，正面の各ブースに、A社，D社，H社のいずれかのブースがある。

1. A社のブースはB社のブースの左隣にある。
2. ④がE社のブースである場合、①はD社のブースである。
3. C社のブースは、H社のブースの正面にある。
4. ⑥がA社のブースである場合、④はE社のブースである。
5. G社のブースはE社のブースの正面にある。

まずは、簡単な配置の推理から始めよう！ 場合分けは2つで済むかな！

条件ウ，エより、Fは両隣に他社がいますので、②，③のいずれかです。さらに、条件ア，エより、AはFの正面とわかり、Fの両隣がDとHとなりますが、この2社はFの左右どちらかはわかりませんね（図1）。

図1

(1)

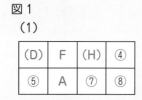

(2)

図は簡略化するよ。通路なんていらないでしょ!?

※DとHは入れ替え可

　さらに、条件ア，イより、Eの位置は、（1）では④、（2）では①に決まり、その正面の隣にBを記入します。
　そうすると、残る⑤と⑧はCとGのいずれかですが、この2社の位置も確定はしません（図2）。

図2

(1)

(2)

DとH，CとGは、それぞれ別の種類のかっこを付けておくね。

※DとH、CとGはそれぞれ入れ替え可

　では、図2より、選択肢を確認します。

肢1　（1）ではAはBの左隣ですが、（2）では右隣ですから、確実にはいえません。

肢2　④がEなのは（1）ですが、①はHの可能性もありますので、確実にはいえません。

肢3　（1），（2）のいずれにおいても、CとHが向かい合う可能性はありますが、確実にはいえません。

肢4　⑥がAなのは（1）で、このとき、④はEですから、確実にいえます。

肢5　肢3と同様に、可能性はありますが、確実にはいえません。

正解 4

次の図のような３階建てのアパートがあり、Ａ～Ｈの８人がそれぞれ異なる部屋に住んでいる。今、次のア～カのことが分かっているとき、確実にいえるのはどれか。

ア　Ａが住んでいる部屋のすぐ下は空室で、Ａが住んでいる部屋の隣にはＨが住んでいる。

イ　Ｂが住んでいる部屋の両隣とすぐ下は、空室である。

ウ　Ｃが住んでいる部屋のすぐ上は空室で、その空室の隣にはＦが住んでいる。

エ　ＤとＦは同じ階の部屋に住んでいる。

オ　Ｆが住んでいる部屋のすぐ下には、Ｈが住んでいる。

カ　Ｇが住んでいる部屋の部屋番号の下一桁の数字は１である。

3階	301 号室	302 号室	303 号室	304 号室	305 号室
2階	201 号室	202 号室	203 号室	204 号室	205 号室
1階	101 号室	102 号室	103 号室	104 号室	105 号室

1. Ａの部屋は 201 号室である。
2. Ｂの部屋は 302 号室である。
3. Ｃの部屋は 103 号室である。
4. Ｄの部屋は 304 号室である。
5. Ｅの部屋は 105 号室である。

> PLAY1 より少し複雑になるよ。条件を図に表して、うまく組み合わせていこう！

　まず、条件ア，イ，ウ，オを、図に表します。条件アとウの「隣」は、左右のいずれかは不明ですから、それぞれの図は左右反転したものも可能ですので、わかるようにしておきます（図1）。

> 左右反転の図を２通り描いてもいいけど、この時点では、わかるようにしておけばいいかな。

図1

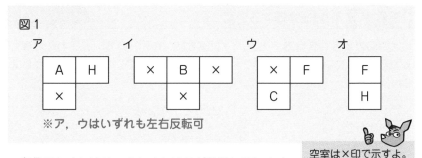

※ア，ウはいずれも左右反転可

空室は×印で示すよ。

条件アとオにはH、ウとオにはFが共通しています
ので、オを中心にまとめると図2のようになります。

図2

※左右反転可

図は、図1のウを左右反転
させて、アと組み合わせた
ものだけど、アのほうを反
転させると、これと左右対
称の図になるね。

これより、A，H，Cは2階、Fは3階とわかります。

また、条件イより、Bは2階または3階ですが、2階の場合、Bを含めて4
人以上が住んでいることになり、Bの両隣が空室になりません。

よって、Bは3階で、条件イ，エより、3階には、B，D，Fの3人が住ん
でおり、その他の2室は空室となります。

そうすると、3階の空室の2室はいずれもBの隣室ですから、図2の、Fの
隣の空室の反対隣はBの部屋となり、図1のイのブロックを、図2に加えて、
図3のようになります。

図3

※左右反転可

さらに、3階の残る1室はDの部屋ですから、D
はAの上の部屋となり、（D，A，空室）がたてに
並び、この列は、下一桁が1または5の番号の部屋
となります。

図3の向きだと1、左右
反転した図だと5だね。

しかし、条件カより、下一桁が1の番号の部屋にはGが住んでいますので、
（D，A，空室）の部屋の下一桁が1ということはなく、5に決まります。

これより、図3を左右反転させたほうに決まり、図4のようになります。

図4

×	B	×	F	D
(G)	×	C	H	A
(G)				×

Gは101、201の
いずれかだね。

残るEの部屋については、図の空いている部屋のいずれかですが、確定しま
せん。

これより、正解は肢2です。

正解 2

A～Fの6種類が書かれたタイルが16枚あり、図のように4×4の正方形の形に並んでいる。図のⅠ～Ⅳとア～エはタイルの位置を示すものであり、Ⅱ－ウはAと分かっている。その他に次のことが分かっているとき、正しくいえるのはどれか。

・16枚の内訳はAが5枚、Bが4枚、Cが3枚、Dが2枚、Eが1枚、Fが1枚である。
・同じ種類のタイルは接しない。
・Ⅲ－アのタイルは3枚のタイルと接し、その内訳はAが1枚、Bが2枚である。
・Eのタイルは4枚のタイルと接しているが、その内訳はAが2枚、Dが2枚である。
・Fのタイルは4隅のタイルのうちのいずれかである。

なお、「接する」とは辺で接することである。

	ア	イ	ウ	エ
Ⅰ				
Ⅱ			A	
Ⅲ				
Ⅳ				

1. Ⅰ－ウのタイルはBである。
2. Ⅱ－イのタイルはDである。
3. Ⅱ－エのタイルはCである。
4. 4隅の4枚のタイルのうちAは1枚だけである。
5. Fに接する2枚のタイルのうち1枚はCである。

タイルを並べる少し変わった問題。残っているタイルの枚数をチェックしながら推理しよう。

図1のように、タイルの位置を①～⑮とします。
　まず、3番目の条件より、⑤，⑨，⑫は、A1枚とB2枚ですね。
　また、4番目の条件より、Eは上下左右にタイルがあるので、中央の4枚のいずれかですが、⑨はAかBですから、⑥か⑩のいずれかです。しかし、⑥の場合、⑤か⑨の少なくとも一方はBなので、条件を満たしません。

Eの周りは、A2枚とD2枚だからね。

　これより、Eは⑩に決まり、⑨はA、⑪と⑭はDとなります。
　また、⑨がAですから、⑤と⑫はBに決まり、ここまでで、図2のようになります。

図1

	ア	イ	ウ	エ
Ⅰ	①	②	③	④
Ⅱ	⑤	⑥	A	⑦
Ⅲ	⑧	⑨	⑩	⑪
Ⅳ	⑫	⑬	⑭	⑮

図2

	ア	イ	ウ	エ
Ⅰ	①	②	③	④
Ⅱ	B	⑥	A	⑦
Ⅲ	⑧	A	E	D
Ⅳ	B	⑬	D	⑮

　この時点で、残るタイルは、Aが3枚、Bが2枚、Cが3枚、Fが1枚ですね。

この確認が、けっこう大事！

　ここで、⑥，⑧，⑬について見ると、いずれもAとBに接していますので、2番目の条件より、A，B以外です。さらに、5番目の条件より、Fでもないので、⑥，⑧，⑬はいずれもCとわかります（図3）。
　この時点で残るタイルは、Aが3枚、Bが2枚、Fが1枚ですが、Fは①，④，⑮のいずれかですから、②，③，⑦はAまたはBとなります。
　そうすると、Aと接している③と⑦はBで、③のBと接する②はAとわかり、残るタイルは、Aが2枚とFが1枚なので、②のAと接する①がFで、残る④と⑮がAとなり、図4のようになります。

図3

	ア	イ	ウ	エ
I	①	②	③	④
II	B	C	A	⑦
III	C	A	E	D
IV	B	C	D	⑮

図4

	ア	イ	ウ	エ
I	F	A	B	A
II	B	C	A	B
III	C	A	E	D
IV	B	C	D	A

これより、正解は肢 1 です。

正解 1

A～Lの 12 人が下の図のような２つの円形テーブルに６人ずつそれぞれ内側を向いて等間隔に座っている。それぞれの位置関係についてA～Gの７人が次のように発言したとき、確実にいえることとして、最も妥当なのはどれか。

　　A　「私の両隣にはⅠとJが座っています。」
　　B　「私の左隣にはGが座っています。」
　　C　「私の右隣にはKが座っています。」
　　D　「私の右隣にはⅠが座っています。」
　　E　「私はCと同じテーブルに座っています。」
　　F　「私の正面にはⅠが座っています。」
　　G　「私の正面にはLが座っています。」

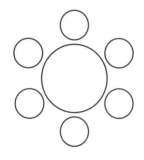 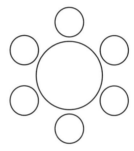

　1.　Aの正面にはHが座っている。
　2.　Bの正面にはKが座っている。
　3.　Dの左隣にはFが座っている。
　4.　Eの右隣にはGが座っている。
　5.　GとHは同じテーブルに座っている。

　6人はいずれもテーブルに向かって座っているからね。その人から見ての左、右、正面ってことだよ！

　円卓の場合、座席に区別はありませんから、適当な席に誰か１人を記入して、その人を基準に他の人を記入していきます。
　まず、Aの発言より、Aの両隣にⅠとJが座っていますが、左右どちらかわかりませんので、ⅠやJの情報を探します。
　そうすると、Dの発言から、Ⅰの左隣がDとなりますので、AはⅠの右隣とわかります。
　よって、Aの左隣にⅠ、右隣にJとなりますね。

さらに、Ｆの発言より、Ｉの正面にはＦが座っていますので、ここまでを図1の①のように表します。

また、Ｂの発言からＧの発言へとつなげると、Ｂ，Ｇ，Ｌの位置関係は、図の②のようになります。

①のテーブルにはあと1人しか座れませんので、①と②は別のテーブルですね。

図1

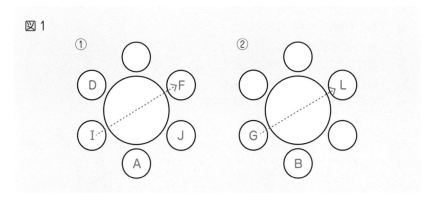

残るＣとＥの発言より、Ｃ，Ｋ，Ｅの3人も同じテーブルに座っていますが、空いている席数より、②のテーブルになります。

これより、②の2つ並んで空いているところに、Ｃの発言を満たすようにＣとＫ、残った席にＥを記入して、②のテーブルが完成します。

最後に、①の空いている席に、残ったＨを記入して、図2のようになります。

図2

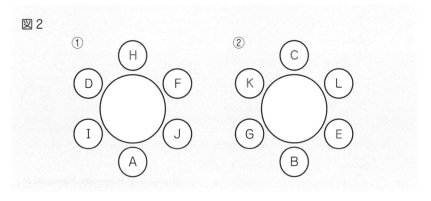

これより、正解は肢1です。

A～Fの6人がレストランで座った席及び出身地について、次のア～クのことが分かっている。

ア．A～Fの6人は、下図のように、長方形のテーブルを挟み向かい合って座った。

イ．Aの正面の人の隣には岐阜県出身の人が座った。

ウ．Bの正面の人の隣には静岡県出身の人が座った。

エ．Cの正面にはEが座った。

オ．DとEはテーブルの同じ側の両端に座り、その間にBが座った。

カ．北海道出身の人は1人であった。

キ．東京都出身の人はEとFの2人であった。

ク．静岡県出身の人の正面に座った人は、愛知県出身であった。

以上から判断して、北海道出身の人の正面に座った人として、正しいのはどれか。

1. A
2. B
3. C
4. D
5. E

> A～Fと出身地の2項目があるね。問題の図に書き込む場合は、○にA～F、その外に出身地とするなど、場所を分けて書いたほうがいいよ。

まず、条件エ，オより、D，B，Eがこの順で同じ列に座り、Eの正面にCなので、これを図1のように表し、残る席を①，②とします。ただし、D，B，Eの3人はどちらの列に座ったか、DとEが左右どちらに座ったかは、いずれも不明ですから、図は、上下左右に入れ替えた図も成立するという前提で見てください。

4通り書くのは面倒だからね。この後の作業で、上下左右が決まるかもしれないけど、この時点では、これでOK！

図1

D	B	E
①	②	C

※上下左右反転可

6人の出身地を確認すると、東京都が2人、岐阜県，静岡県，北海道，愛知県がそれぞれ1人で、条件キより、Eは東京都ですから、図2のように記入します。

また、条件ウより、Bの正面の隣である①またはCが静岡県ですが、条件クより、その正面が愛知県ですから、Cではなく①に決まり、図のようになります。

図2

D・愛	B	E・東
①・静	②	C

※上下左右反転可

①，②はAまたはFで、条件キより、Fは東京都なので、①はA、②はFとなり、条件イより、Bが岐阜県、残るCが北海道とわかり、図3のようになります。

図3

D・愛	B・岐	E・東
A・静	F・東	C・北

※上下左右反転可

これより、北海道出身の人の正面に座っているのはEとなり、正解は肢5です。

正解 ▶ 5

図のような3階建ての12室のマンションがある。このマンションには、A～Hの8人がいずれかの部屋に1人ずつ住んでおり、4室は空室である。A～Hの8人のうち5人は音楽家で、それぞれピアノ、ヴァイオリン、フルート、ドラム、クラリネットのいずれか異なる一つの楽器を自室のみで演奏する。音楽家が楽器を演奏するときには、自室のほか、両隣、一つ真上、一つ真下の部屋にも音が聞こえるが、それ以外の部屋には音が聞こえない。また、音楽家ではない3人は、楽器を演奏しない。次のことが分かっているとき、確実にいえるのはどれか。

3階	301 号室	302	303	304
2階	201	202	203	204
1階	101	102	103	104

- ○ 101号室には音楽家が住んでいる。また、104号室は空室である。
- ○ Aは3階に住んでいる。Aの両隣の部屋のうち、部屋の番号が小さい方は空室で、もう一方は空室ではない。
- ○ Bは音楽家ではない。Bの部屋では、ほかの部屋からピアノ、フルート、ヴァイオリン、クラリネットを演奏する音が聞こえる。
- ○ Cはヴァイオリンを演奏する。
- ○ Dの部屋では、A、Cが楽器を演奏する音が聞こえる。
- ○ FとHの部屋は隣どうしである。Fの部屋では、他の部屋からフルート、クラリネットを演奏する音が聞こえる。
- ○ Gは1階に住んでいる。Gの部屋では、C、Hが楽器を演奏する音が聞こえる。

1. Aは303号室に住んでおり、ピアノを演奏する。
2. Fは1階に住んでおり、ドラムを演奏する。
3. GはHの一つ真下の部屋に住んでおり、楽器を演奏しない。
4. Hは1階に住んでおり、フルートを演奏する。
5. 3階には、A～Hのうち3人が住んでいる。

本問も、A～Hと楽器の2項目ね。人数も多いし、空室もある！
PLAY5よりちょっと複雑になるけど、がんばって！

3番目の条件から、Bの上下左右の部屋に音楽家が住んでいることがわかり、このような部屋は202または203号室のいずれかですから、図1のように場合分けをします。

　音楽家は5人で、1番目の条件より、101号室とBの上下左右の部屋に住む5人とわかりますので、図の色の付いた5室が音楽家の部屋になります。3番目の条件より、Bの上下左右の部屋の人が演奏する楽器がわかりますので、残るドラムは101号室の人となります。

　また、5番目の条件より、Aは音楽家とわかり、2番目の条件より、Aは3階に住んでいますが、3階で音楽家の部屋は、Bの真上の1部屋だけですから、そこがAの部屋で、その左隣は空室、右隣は空室ではないとわかります。1番目の条件から、104号室も空室ですから、空室に×を記入し、図のようになります。

図1

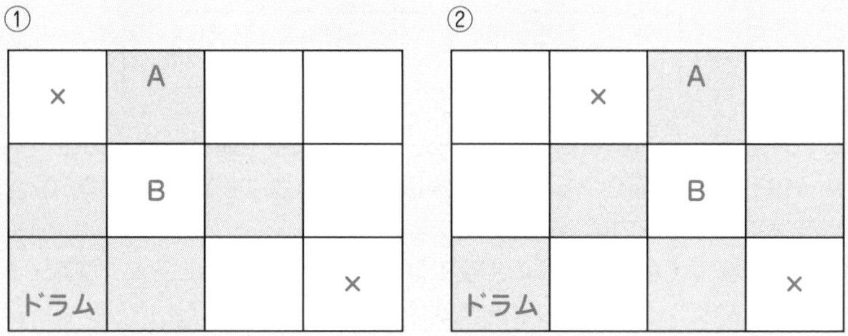

①

×	A		
	B		
ドラム			×

②

	×	A	
			B
ドラム			×

　ここで、5番目の条件より、Aの演奏が聞こえるのは、B以外では、Aの右隣の部屋のみですから、そこがDの部屋で、その真下の音楽家の部屋が、Cの部屋となります。4番目の条件より、Cはヴァイオリンですから、図2のように記入します。

　さらに、最後の条件より、1階でCの演奏が聞こえる部屋を探すと、①では103号室のみで、ここがGの部屋となりますが、②では条件を満たすGの部屋がなく、成立しません。

図2

①

②

よって、①のほうに決まり、Gの左隣の102号室がHの部屋で、6番目の条件より、Fの部屋は101号室となり、残るEの部屋が201号室で、Fが聞こえるフルートとクラリネットは、EまたはHが演奏し、残るピアノはAが演奏するとわかり、図3のようになります。

図3

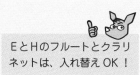

EとHのフルートとクラリネットは、入れ替えOK！

これより、確実にいえるのは肢2となります。

正解 2

図のように、正六角形の人工池の周囲にA～Fの六つの花壇があり、Bのみ位置が明らかにされている。六つの花壇には異なる色のバラがそれぞれ植えられており、色は赤，オレンジ，黄，白，ピンク，紫である。また、バラが咲く時期は色によって異なっており、さらに、バラの咲き方は色によって一重咲き又は八重咲きのいずれか一方となっている。次のことが分かっているとき、確実にいえるのはどれか。

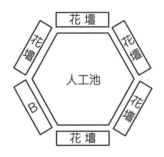

○　Bは黄のバラ、人工池に向かってBの右隣の花壇は紫のバラ、更にその右隣の花壇は白のバラであった。

○　人工池に向かってDの右隣の花壇は、オレンジのバラであった。

○　人工池に向かって紫のバラの花壇の対岸にある花壇は、赤のバラであった。

○　最初にバラが咲いた花壇はA、4番目はD、5番目はEであり、また、最後に咲いたバラの色は赤であった。

○　黄のバラの直後に紫のバラが、更にその直後に白のバラが咲いた。

○　オレンジのバラは、白のバラより後に咲いた。

○　いずれの花壇も両隣の花壇と咲き方が異なっており、また、Bは一重咲きであった。

1.　最初に、Aにピンクの一重咲きのバラが咲いた。
2.　3番目に、Cにオレンジの八重咲きのバラが咲いた。
3.　4番目に、Dに白の一重咲きのバラが咲いた。
4.　5番目に、Eにピンクの八重咲きのバラが咲いた。
5.　最後に、Fに赤の八重咲きのバラが咲いた。

> 六角形だけど、条件は円形と同じね。A～Fとバラの色の2項目があるけど、どうやって整理するかな？

図は、正六角形ですが、図1のように簡略化し、B以外を①〜⑤とします。
　まず、1番目と3番目の条件より、Bは黄、③は紫、④は白、①は赤となり、残る②と⑤はオレンジとピンクのいずれかとなります。
　そうすると、2番目の条件より、オレンジの左隣のDは①または④ですが、4番目の条件より、Dは赤ではありませんので、①ではなく④とわかり、⑤がオレンジで、②がピンクとなり、図2のようになります。

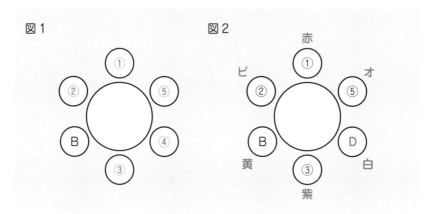

図1　　　　　　　　　　　図2

　次に、4番目の条件より、バラが咲いた順番を、表1のように整理します。

表1

1	2	3	4	5	6
A			D	E	
					赤

　図2より、Dは白ですから、5，6番目の条件より、黄（B）→紫→白（D）の順で、2〜4番目に咲いたことがわかり、白より後に咲いたオレンジは5番目（E）で、残る1番目（A）はピンクとなり、表2のようになります。

表2

1	2	3	4	5	6
A	B		D	E	
ピンク	黄	紫	白	オレンジ	赤

これより、図の②はＡ、⑤はＥで、残る①と③はＣとＦのいずれかですが確定せず、図３のようになります。

図３

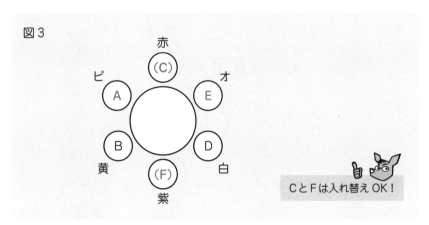

ＣとＦは入れ替えOK！

さらに、最後の条件より、一重咲きと八重咲きが交互に並ぶことがわかり、Ｂは一重咲きなので、一重咲きはＢ，Ｄ，①、八重咲きはＡ，③，Ｅとなります。
以上より、選択肢を検討すると、確実にいえるのは肢３となります。

正解　3

#04 位置関係②
方角を考慮して図を描く！

頻出度 ★★★☆☆ | 重要度 ★★★☆☆ | コスパ ★★★☆☆

方角を考慮した位置関係の問題で、ほとんどの場合、上を北とするなど方角を決めて図を描きます。このタイプの問題は、距離（長さ）の条件から図形を考えるものが多く、三平方の定理や相似から求めるなど、数的推理の要素が大きいです。

PLAY 1 方角と距離の条件から図を描く問題　　警視庁Ⅰ類 2011

A～Fの家と駅の位置関係について、次のア～オのことが分かっている。

ア．Aの家の8km真南にBの家があり、AとBの家を結ぶ線分上に駅がある。
イ．Cの家はBの家の真東にある。
ウ．Dの家はCの家の1km真北にあり、Dの家から北西に進むと駅を通りEの家に着く。
エ．Eの家はAの家の2km真西にある。
オ．Fの家は駅の真東、かつ、Dの家の北東にある。

以上から判断して、確実にいえるのはどれか。

1．Aの家から駅までの距離は2.5kmである。
2．Bの家から駅までの距離は5kmである。
3．Cの家から駅までの距離は$\sqrt{74}$kmである。
4．Dの家から駅までの距離は$4\sqrt{2}$kmである。
5．Fの家から駅までの距離は10kmである。

上を北方向として図を描こう！　まずは、誰かの家を基準として、そこにつなげるんだ。距離が示されている条件ア，ウ，エに着目してみて！

　方角の条件がありますので、上を北として地図を描くように位置関係を図にします。
　方角と距離がともに示されている条件ア，ウ，エに着目すると、アとエにはAの家が共通していますので、これらを組み合わせて図1のようになります。

図1

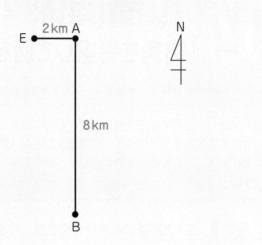

　次に、図1につながる条件を探すと、条件イにBの家、条件ウにEの家がありますので、これらを組み合わせていきます。

　条件ウより、Eから南東にDの家、その1km真南にCの家があり、条件イより、Cの家はBの家の真東にありますので、図2のように描けます。条件アとウより、ABとDEの交点が駅になりますので、これをSとします。

　ここで、Bの家の1km真北の点をMとすると、三角形AESと三角形MDSはともに直角二等辺三角形となりますので、AS＝2km, SM＝DM＝5kmがわかります。

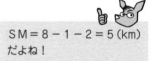

SM＝8－1－2＝5（km）だよね！

図2

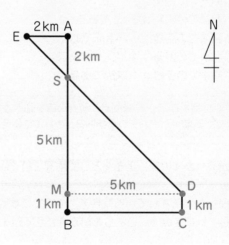

最後に、条件オを加えると図３のようになり、三角形ＳＤＦもまた直角二等辺三角形になります。

図３

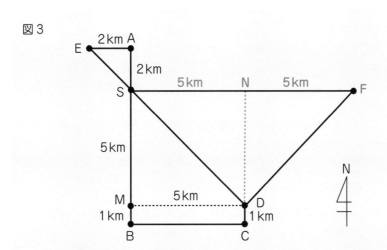

本問の選択肢は、すべて駅からの距離ですので、図３よりこれを検討します。

肢１，２について、Ａ，Ｂの家から駅までの距離は、それぞれ２km，６km です。

肢３について、直角三角形ＳＢＣをつくると、三平方の定理より、ＳＣ＝ $\sqrt{6^2 + 5^2} = \sqrt{61}$（km）となり、肢４について、三角形ＭＤＳの三辺比は１：１：$\sqrt{2}$ ですから、ＤＳ＝ $5\sqrt{2}$ km とわかります。

これより、肢５について、ＳＤ：ＳＦ＝１：$\sqrt{2}$ より、ＳＦ＝ $5\sqrt{2} \times \sqrt{2} = 5 \times 2 = 10$（km）と

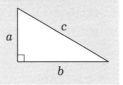

三平方の定理
図のような直角三角形において、$a^2 + b^2 = c^2$ が成り立つ。

求められますし、図のように、ＳＦの中点をＮとすると、ＳＮ＝ＦＮ＝5km からもわかりますね。

よって、正解は肢５です。

 正解 5

　ある地域の6地点A～Fの位置関係について調べたところ、次のことが分かった。

　ア　地点Aは、地点Bから真北に向かって45°の左前方にあり、かつ地点Fの真北にある。

　イ　地点Bは、地点Eから真北に向かって45°の右前方にあり、かつ地点Cの真東にある。

　ウ　地点Dは、地点Cから真南に向かって45°の左前方にあり、かつ地点Eの真北にある。

　エ　地点Eから地点Fまでの直線距離は、地点Bから地点Cまでの直線距離の $\frac{1}{2}$ 倍である。

　オ　地点Fは、地点Cから真南に向かって45°の左前方にあり、かつ地点Eの真東にある。

　以上から判断して、確実にいえるのはどれか。ただし、地点A～Fは平坦な地形上にあるものとする。

1.　地点Aは、地点Cから真北に向かって45°の右前方にある。
2.　地点Aは、地点Eから真北に向かって45°の右前方にある。
3.　地点Dは、地点Aから真南に向かって45°の右前方にある。
4.　地点Dは、地点Bから真南に向かって45°の右前方にある。
5.　地点Fは、地点Bから真南に向かって45°の右前方にある。

> 東京都では、過去問の焼き直し問題が多く出題されているのは有名な話。本問も、ここ10年余りの間に同様の問題が何回か出題されているけど、これはけっこういい問題だよ！

　とりあえず、条件エ以外について、図1のように、<u>方角のみで図を描きます</u>。

> たとえば、アのBとFの位置関係とかは不明だからね。気をつけて！

図1

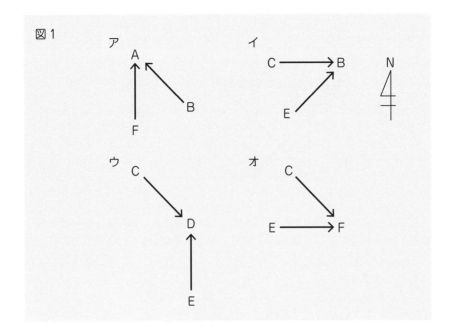

　ここで、条件エより、ＥＦ＝$\frac{1}{2}$ＢＣですから、ＥＦとＢＣについて確認すると、図１のイ，オより、いずれも東西に並ぶ位置関係とわかります。

　これより、図２のように、まず、ＢＣを東西に取ると、ＥとＦはそれぞれ、図の①，②の直線上にあるとわかります。

　また、図１のウより、Ｄもまた、直線②の上にあり、ＥはＤの真南ですから、ＥＦがＢＣの半分の長さになるようなＥとＦは、図３の位置に決まります。これより、Ｄの位置も図のように、わかりますね。

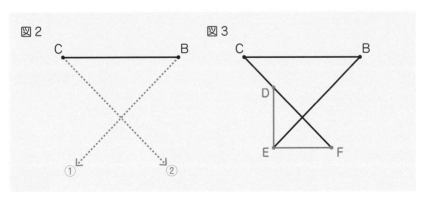

　残るＡについて、図１のアのように記入すると、図４のように完成します。

図4

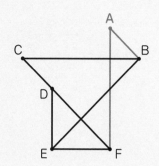

　ここで、選択肢を確認すると、肢3以外は、図4から明らかに誤りとわかります。肢3については、図5のように、各点を通る線を引いて確認すると、図の色の付いた部分は正方形になりますから、∠DAF = 45°で、確実にいえるとわかります。

図5

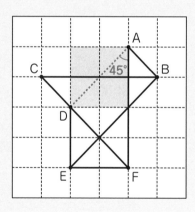

　よって、正解は肢3です。

　ある国にはA島～E島の五つの島があり、これらの島は空路で結ばれている。各島の位置と空路の概略は図のとおりで、各島間の交通事情について次のことが分かっているとき、確実にいえるのはどれか。なお、各島間の交通手段は航空機のみである。

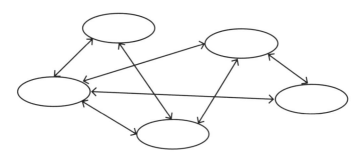

- ○　A島とB島は直行便で結ばれている。
- ○　A島からD島への直行便はない。
- ○　B島からD島への直行便はない。
- ○　B島からE島への直行便はない。

1.　A島からは、二つの島にのみ直行便で行くことができる。
2.　B島からC島への直行便はない。
3.　C島からE島への直行便はない。
4.　D島からE島への直行便はない。
5.　E島からは、三つの島にのみ直行便で行くことができる。

> 少し珍しいタイプだけど、ときどき出題されているよ。5つの島相互間の矢印の条件から、どれがどの島か考えてみて。

　5つの島を、図1のように①～⑤とし、空路が結ばれていない島間を探して破線を引くと、図のア～ウの3本とわかります。

図1

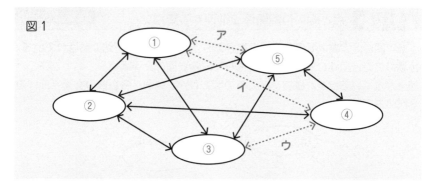

次に、2～4番目の条件より、空路で結ばれていない島間を破線で結ぶと、図2のようになります。

図2

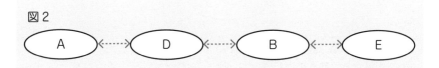

図2の3本の破線は、図1のア～ウのいずれかですから、そのうち2本の破線が集まるBとDは、①、④のいずれかで、1本だけが集まるAとEは、③、⑤のいずれかとわかります。

そうすると、残る②はCですね。

あとは、1番目の条件を加えて、Aが③、⑤のいずれかで場合分けをすると、次のようになります。

ここで、肢5の正解がわかるんだけどね！

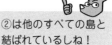

②は他のすべての島と結ばれているしね！

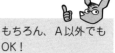

もちろん、A以外でもOK！

（1）Aが③の場合

Bは①，④のいずれかですが、1番目の条件より、Aと空路で結ばれていますので、①に決まります。

よって、Dは④、Eは⑤で、図3のようになります。

図3

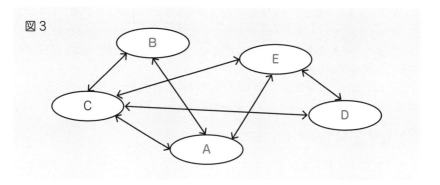

（2）Aが⑤の場合

同様に、Bは④、Dは①、Eは③で、図4のようになります。

図4

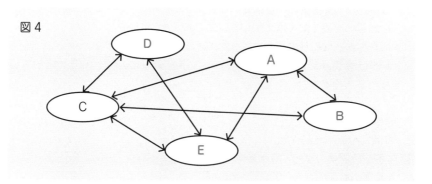

これより、選択肢を検討すると、正解は肢5となります。

#05 対応関係①
対応表に整理する！

頻出度 ★★★★★ | 重要度 ★★★★★ | コスパ ★★★☆

人と職業などの対応関係を推理する問題で、対応表という表を作成して情報を整理する問題がほとんどです。
ここでは、まず、一般的な2項目の対応関係の問題を扱います。

PLAY1 2項目の対応関係を推理する問題　　地方上級 2021

A〜Eの5人が青果店で、トマト，レタス，にんじん，セロリの4種類のうち何種類かの野菜を買った。4種類のうち5人の買った野菜について次のことが分かっているとき、正しく言えるのはどれか。

- ・4種類の野菜のうち、Aは3種類、Bは2種類、Cは2種類を買った。
- ・Cはにんじんを買い、Dはセロリを買った。
- ・にんじんを買った人は、5人中3人であった。
- ・にんじんとセロリの両方を買った人は、1人だけであった。
- ・レタスを買った人は2人だけで、トマトを買った人はその2人にEを加えた3人であった。

1. Aはセロリを買った。
2. Bはにんじんを買った。
3. 4種類の野菜のうち、Dは2種類を買った。
4. 4種類の野菜のうち、Eは2種類を買った。
5. セロリを買った人は、5人中3人であった。

A〜Eと4種類の野菜で対応表を作成し、条件を整理してみよう！

A〜Eの5人と4種類の野菜という2つの項目の対応関係を調べます。
次のような表（「対応表」といいます）のたてとよこにそれぞれの項目を配し、該当する（買った）ものに○、そうでないものに×を記入していきます。
まず、条件からわかることを一通り記入します。5番目の条件より、Eはトマトを買っていますが、レタスは買っていないとわかりますね。ここまで記入して、表1のようになります。

表1

	トマト	レタス	にんじん	セロリ	計
A					3
B					2
C			○		2
D				○	
E	○	×			
計	3	2	3		

また、5番目の条件より、トマトとレタスは、A〜Dのうち2人が両方とも買っていることになりますので、3種類を買ったAはこの2種類は買っているとわかります。

> Aはこの2種類を買わないと、合計3種類を買うことはできないよね。

また、Cがこの2種類を買った場合、にんじんと合わせて3種類になりますので、Cはこの2種類を買っていませんね。

これより、Cはにんじんとセロリの2種類を買ったとわかり、4番目の条件より、にんじんとセロリの両方を買ったのはCのみですから、Dはにんじんを買っていません。

また、Bがトマトとレタスの2種類を買っていないとすると、にんじんとセロリを両方買うことになりますので、トマトとレタスを買ったもう1人はBとわかり、ここまでで表2のようになります。

表2

	トマト	レタス	にんじん	セロリ	計
A	○	○			3
B	○	○	×	×	2
C	×	×	○	○	2
D			×	○	
E	○	×			
計	3	2	3		

これより、Dはトマトとレタスを買っておらず、また、にんじんを買った3人は、A，C，Eとわかり、にんじんを買ったAとEはセロリを買っていませんので、表3のようにわかります。

表3

	トマト	レタス	にんじん	セロリ	計
A	○	○	○	×	3
B	○	○	×	×	2
C	×	×	○	○	2
D	×	×	×	○	1
E	○	×	○	×	2
計	3	2	3	2	10

これより、正解は肢4です。

正解 4

にんじん…
キライ…

　ある店には、A〜Fの6人のアルバイトが勤務しており、ある週の月曜日から金曜日の勤務状況は以下のようであった。ここから正しくいえるのはどれか。

　　ア　いずれの日も3人が勤務した。
　　イ　AとBは、勤務した日も勤務しなかった日も同じであり、月曜日は勤務
　　　　しなかった。
　　ウ　Cは3日間勤務し、金曜日は勤務した。
　　エ　Dは、Eが勤務した日は勤務しており、また、Fが勤務した日も勤務し
　　　　ていた。
　　オ　EとFがともに勤務したのは1日だけで、この日の他にEが勤務したの
　　　　は水曜日のみで、Fが勤務したのは木曜日のみであった。

　1.　Aが勤務したのは1日だけであった。
　2.　Bは木曜日に勤務した。
　3.　Cは火曜日に勤務した。
　4.　Dは火曜日に勤務した。
　5.　Eは金曜日に勤務した。

> A〜Fと、月曜〜金曜で対応表を作成しよう。こういう、人と曜日の対応関係は、けっこう出題されているよ。

　A〜Fの6人と月曜日〜金曜日で、対応表を作成します。条件からすぐにわかるところを記入して表1のようになります。

表1

	月	火	水	木	金	計
A	×					
B	×					
C					○	3
D						
E			○			
F				○		
計	3	3	3	3	3	15

　条件エより、水曜日と木曜日はDも勤務しています。また、条件オより、Eとフは、月，火，金のいずれか1日はともに○で、あとの2日はともに×が入りますが、月曜日が2人とも×だとすると、この日に勤務しているのが3人になりませんので、EとFがともに○なのは月曜日で、条件エより、月曜日のDにも○、残るCには×が入ります。条件オより、EとFが勤務したのは、月曜日を含めて2日間だけですから、他の日には×を記入して表2のようになります。

表2

	月	火	水	木	金	計
A	×					
B	×					
C	×				○	3
D	○		○	○		
E	○	×	○	×	×	2
F	○	×	×	○	×	2
計	3	3	3	3	3	15

　ここで、条件イより、AとBが勤務した日を考えると、水曜日と木曜日は既に○が2つ入っていますから、AとBがともに○だと4人が勤務することになります

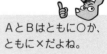

AとBはともに○か、ともに×だよね。

ので、この日はともに×で、残るCに〇が入ります。

　同様に、火曜日と金曜日は既に×が2つ入っていますから、AとBはともに〇で、金曜日のDに×が入ります。

　また、Cが勤務した3日間は水，木，金とわかりましたので、火曜日は勤務していませんから、残るDが火曜日に勤務したとわかり、表3のように決まります。

表3

	月	火	水	木	金	計
A	×	〇	×	×	〇	2
B	×	〇	×	×	〇	2
C	×	×	〇	〇	〇	3
D	〇	〇	〇	〇	×	4
E	〇	×	〇	×	×	2
F	〇	×	×	〇	×	2
計	3	3	3	3	3	15

　これより、選択肢を検討すると、正解は肢4となります。

 正解 ▶ 4

りんご，みかん，ぶどう，なし，ももが2個ずつ全部で10個ある。A～E
の5人がこの中からそれぞれ2個の果物を選んだ。選んだ結果について、以
下のことがわかっているとき、確実にいえることとして、最も妥当なのはどれ
か。

　○　AとEはりんごを選ばなかったが、Dはりんごを選んだ。
　○　Bはみかんを、Cはぶどうを、Eはなしを選んだ。
　○　AとBが選んだ果物はすべて異なっていたが、AとCが選んだ果物は1
　　　種類同じであった。
　○　BとCが選んだ果物は1種類同じであった。
　○　各人が選んだ果物の組合わせはそれぞれ異なっていた。
　○　2個とも同じ種類の果物を選んだ人はいない。

1.　Aはみかんを選んだ。
2.　Bはぶどうを選んだ。
3.　Cはりんごを選んだ。
4.　Dはなしを選んだ。
5.　Eはももを選んだ。

> A～Eと、果物で対応表を作ろう。ちょっとずつ難しくなるよ。

　A～Eと5種類の果物で対応表を作成し、1，2番目の条件を記入します。3
番目の条件より、Bが選んだみかんは、Aは選んでいないので、×を記入して、
表1のようになります。

表1

	りんご	みかん	ぶどう	なし	もも
A	×	×			
B		○			
C			○		
D	○				
E	×			○	

本問は、たて、よこ、
いずれも○は2個
ずつだよ。この程
度なら、合計欄は
いらないよね。

表1より、BとCのどちらか1人だけがりんごを選んでいますが、これがBの場合、Bはりんごとみかんを選んでいますから、4番目の条件より、BとCがともに選んだのはみかんになります。同様に、りんごを選んだのがCの場合、Cはりんごとぶどうを選んでいますので、BとCがともに選んだのはぶどうとなります。

　そうすると、いずれの場合においても、BとCは、なしとももは選んでいないので、×を記入すると、3番目の条件にある、AとCがともに選んだのはぶどうとわかり、Aのぶどうに○、その他の人のぶどうに×を記入します（表2）。

表2

	りんご	みかん	ぶどう	なし	もも
A	×	×	○		
B		○	×	×	×
C			○	×	×
D	○		×		
E	×		×	○	

　これより、りんごを選んだのはB、BとCがともに選んだのはみかんとわかり、みかんのDとEに×を記入すると、Eのももに○が入ります（表3）。

表3

	りんご	みかん	ぶどう	なし	もも
A	×	×	○		
B	○	○	×	×	×
C	×	○	○	×	×
D	○	×	×		
E	×	×	×	○	○

　残るAとDは、なしとももを1個ずつ選んでいますが、特定しません。
　これより、選択肢を検討すると、肢4は確実にいえず、正解は肢5です。

 正解 5

　　ある小学校では、月～金曜日の夜間、校庭を地域の五つの団体A～Eに貸し出すこととなった。A～Eは借りる曜日の希望調査に対して、順位を付けずに二つの曜日を回答したところ、希望した二つの曜日のうちいずれかの曜日に借りることができた。次のことが分かっているとき、確実にいえるのはどれか。

　　ただし、同じ曜日に複数の団体に貸し出すことはなかったものとする。

　○　月～金曜日のうち、四つの曜日は、希望した団体が複数あった。
　○　Aは、二つの曜日とも、Dと同じ曜日を希望した。
　○　Bは、水曜日と金曜日を希望した。
　○　Cは、希望した曜日のうち、火曜日には借りることができなかった。
　○　Dは、水曜日に借りることができた。
　○　Eは、希望した曜日が、B及びCとそれぞれ一つずつ同じであった。

1.　Aは、木曜日に借りることができた。
2.　Dは、月曜日と水曜日を希望した。
3.　Eは、火曜日と金曜日を希望した。
4.　水曜日を希望した団体は、A，B，D，Eであった。
5.　木曜日を希望した団体は、一つのみであった。

　PLAY 2 と同様に、A～Eと曜日で対応表を作ろう！「希望した」と「借りた」をどう区別するかな？

　　A～Eの5団体と月曜日～金曜日で対応表を作成します。各団体が希望した曜日には○、そのうち、借りることができた曜日には◎を記入することにしましょう。条件より、いずれの曜日にも1団体が借りていますので、たて、よことも、◎は1つずつ入ることになります。

　　まず、3番目の条件より、Bの水曜日と金曜日に○を記入し、さらに、5番目の条件より、Dの水曜日に◎が入りますので、Bは水曜日に借りられなかったことがわかり、金曜日の○が◎になります。

希望した曜日は2つだから、Bの月，火，木には×を記入しよう！

　　さらに、4番目の条件より、Cは火曜日を希望しましたので、○を記入し、2番目の条件より、AはDと同じ水曜日を希望しましたが、借りられませんでしたので、○を記入します。

　　ここで、最後の条件について、Eは、Bが希望した水曜日か金曜日のいずれかを希望しましたが、水曜日はD、金曜日はBが借りていますので、Eは、この曜日には借りられなかったとわかります。そうすると、Eが借りたのは、C

が希望したのと同じ曜日だったことになり、この曜日をＥが借りたということは、Ｃは借りられなかったわけで、４番目の条件より、火曜日とわかり、ここまでで表１のようになります。

表１

	月	火	水	木	金
A			○		
B	×	×	○	×	◎
C		○			
D			◎		
E		◎			

　そうすると、残るＡとＣは、月曜日と木曜日のいずれかに借りたことになりますが、条件に月曜日と木曜日を区別する要素がありませんので、ここから、この２つの曜日をＸ，Ｙと置きます。

　これより、ＡはＸ、ＣはＹの曜日に借りたとすると、２番目の条件より、ＤもＸを希望したことになります。

解説の都合上、Ｘ，Ｙと置くだけ。
実際は、（月），（木）のように（ ）を付けて、「入れ替えOK」という、いつもの方法で十分！

　残るは、Ｅが希望したもう１つの曜日で、最後の条件にあるＢと同じ水曜日か金曜日のいずれかとなります。ここで、１番目の条件より、１団体しか希望がなかった曜日は１つだけですが、この段階で、Ｙと金曜日はいずれも◎が１個入っているだけですので、どちらかに複数の希望があったこととなり、Ｅの○は金曜日に入ることがわかり、表２のようになります。

表２

	X	火	水	Y	金
A	◎	×	○	×	×
B	×	×	○	×	◎
C	×	○	×	◎	×
D	○	×	◎	×	×
E	×	◎	×	×	○

これより、ＸとＹが月曜日と木曜日のいずれかであることに気をつけて、選択肢を検討すると、肢1, 2, 5はいずれも可能性はありますが確実にはいえず、正解は肢3となります。

Challenge ２項目の対応関係を推理する問題

国家一般職 2020

　ある課にはＷ～Ｚの四つのプロジェクトがあり、それぞれのプロジェクトにはＡ～Ｇの７人のうちの何人かが所属している。次のことが分かっているとき、確実にいえるのはどれか。

　ただし、Ａ～Ｇは、所属しているプロジェクトの会議が同時に行われた場合、そのうちの一つにのみ出席したものとし、また、所属している別のプロジェクトの会議が同時に行われる以外の理由で会議を欠席した者はいないものとする。

○　Ａ～Ｇのうち、１人は全てのプロジェクトに所属しており、他の６人は二つのプロジェクトに所属している。

○　ある日の午前にＷ，Ｘのプロジェクトの会議が同時に行われたとき、Ｗのプロジェクトの会議の出席者はＡ，Ｂ，Ｇであり、Ｘのプロジェクトの会議の出席者はＣ，Ｄであった。

○　同日の午後にＹ，Ｚのプロジェクトの会議が同時に行われたとき、Ｙのプロジェクトの会議の出席者はＥ，Ｆ，Ｇであり、Ｚのプロジェクトの会議の出席者はＢ，Ｃであった。

○　この日、所属する全員が会議に出席したプロジェクトは一つのみであった。

1. Ｂは、全てのプロジェクトに所属している。
2. Ｄは、全てのプロジェクトに所属している。
3. Ｇは、全てのプロジェクトに所属している。
4. Ｗのプロジェクトに所属しているのは、Ａ，Ｂ，Ｃ，Ｇの４人である。
5. Ｙのプロジェクトに所属しているのは、Ｄ，Ｅ，Ｆ，Ｇの４人である。

　Ｗ～ＺとＡ～Ｇの対応だけど、本問はちょっとアタマ使うかな！

W～ZとA～Gで対応表を作成し、所属するところに〇を記入します。2,
3番目の条件より、ある日の出席者を記入すると、表1のようになります。

表1

	A	B	C	D	E	F	G
W	〇	〇					〇
X			〇	〇			
Y					〇	〇	〇
Z		〇	〇				

まず、2番目の条件より、午前に行われた2つの会議
のいずれにも出席しなかったEとFは、W，Xのいずれ
にも所属していないことがわかります。

同様に、3番目の条件より、午後のいずれにも出席し
なかったAとDは、Y，Zのいずれにも所属しておらず、
ここまでで、表2のようになります。

会議が重ならない
限り、出席するわ
けだからね。

表2

	A	B	C	D	E	F	G
W	〇	〇			×	×	〇
X			〇	〇	×	×	
Y	×			×	〇	〇	〇
Z	×	〇	〇	×			

そうすると、1番目の条件より、各人は2つまたは4つのプロジェクトに所
属していますから、AはXに、DはWに、EとFはZに、それぞれ所属して
いるとわかり、表3のようになりますね。

表3

	A	B	C	D	E	F	G
W	○	○		○	×	×	○
X	○		○	○	×	×	
Y	×			×	○	○	○
Z	×	○	○	×	○	○	

　これより、W，X，Zは、この日の会議で欠席者がいたことになり、4番目の条件にある、全員が出席したのはYで、これに出席していないBとCはYに所属していないとわかります。

　よって、BとCも2つに所属しているとわかり、BはXに、CはWには所属しておらず、1番目の条件にある、すべてに所属しているのはGとわかり、表4のようになります。

表4

	A	B	C	D	E	F	G
W	○	○	×	○	×	×	○
X	○	×	○	○	×	×	○
Y	×	×	×	×	○	○	○
Z	×	○	○	×	○	○	○

　よって、正解は肢3です。

正解 3

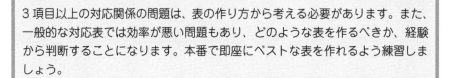

#06 対応関係②
表の作り方を考える！

頻出度 ★★★★☆ | 重要度 ★★★★★ | コスパ ★★★☆☆

3項目以上の対応関係の問題は、表の作り方から考える必要があります。また、一般的な対応表では効率が悪い問題もあり、どのような表を作るべきか、経験から判断することになります。本番で即座にベストな表を作れるよう練習しましょう。

PLAY 1　3項目の対応関係を推理する問題

国税専門官 2008

　A～Eの5人は、それぞれ異なる1学部（文学部，法学部，経済学部，工学部，医学部）の学生であり、それぞれ異なる1サークル（サッカー，テニス，美術，合唱，将棋）に所属している。次のことが分かっているとき、確実にいえるのはどれか。

　ア．医学部の学生は合唱サークルに所属している。
　イ．Aはテニスサークルにも美術サークルにも所属していない。
　ウ．Cは文学部の学生であり、美術サークルには所属していない。
　エ．サッカーサークルに所属しているのは、工学部の学生である。
　オ．経済学部の学生であるBは、将棋サークルに所属している。

1．Aは合唱サークルに所属している。
2．Dはサッカーサークルに所属している。
3．Eは医学部の学生である。
4．文学部の学生はテニスサークルに所属していない。
5．法学部の学生は美術サークルに所属している。

A～Eと学部とサークルという3項目の対応関係で、A～Eと学部、A～Eとサークルの2つの表を書くことになるかな。学部とサークルの条件をどのように処理するかがポイント！

A～Eと学部とサークルの3項目で次のような対応表を作成します。

本問は、1人に対して学部もサークルも1つずつが対応する「1対1」の対応関係になりますので、どこかに〇が入ったら、同じ列や行の他の欄にはすべて×を記入することを忘れないようにしましょう。

また、学部とサークルの関係は表の下に記入しておきます。

条件を一通り記入して、表1のようになりますね。

「1対1」の対応関係は、×の入れ忘れが命取りになるからね!

表1

	文	法	経	工	医	サ	テ	美	合	将
A	×		×				×	×		×
B	×	×	〇	×	×	×	×	×	×	〇
C	〇	×	×	×	×			×		×
D	×		×							×
E	×		×							×

↓ 経→将　工→サ　医→合　サ→工　　合→医　将→経

表1の下に記入した情報より、工学部とサッカー、医学部と合唱の情報をそれぞれ重ねると、Cのサッカーと合唱に×が入り、テニスに決まります。

ここから、学部とサークルの関係について、残る法学部の学生は美術とわかり、表2のようになります。

経済学部と将棋の情報はすでに一致しているね! 工学部と医学部にある「Cの×」を、サッカーと合唱にも記入するんだ!

表2

	文	法	経	エ	医	サ	テ	美	合	将
A	×	×	×				×	×		×
B	×	×	○	×	×	×	×	×	×	○
C	○	×	×	×	×	×	○	×	×	×
D	×		×				×			×
E	×		×				×			×

↓ ↓ ↓ ↓ ↓ ↓ ↓ ↓ ↓ ↓
テ 美 将 サ 合 エ 文 法 医 経

　残るところは確定しないので、ここで選択肢を検討すると、肢5が正解とわかります。

正解 5

PLAY 2　対応表の中に項目を記入する問題　　警視庁Ⅰ類2018

　A〜Eの5人が、「動物」,「植物」,「魚」,「昆虫」,「恐竜」の図鑑のうち、異なる図鑑を1冊ずつ所有している。1日1冊ずつ貸し借りをすることによって、5人全員が自分の図鑑以外のすべての図鑑を読めるようにした。貸し借りの状況として、以下のことがわかっているとき、確実にいえることとして、最も妥当なのはどれか。

　○　AはBの図鑑、Cの図鑑、動物の図鑑、植物の図鑑を順に借りた。
　○　Bは3番目にEの図鑑、4番目にAの図鑑を借りた。
　○　恐竜の図鑑は2番目にD、4番目にEに借りられた。

1. Aは「恐竜」の図鑑を所有していた。
2. Aは3番目にEの図鑑を借りた。
3. Cの図鑑を1番目に借りたのはAである。
4. Cは3番目にBの図鑑を借りた。
5. Dの図鑑を1番目に借りたのはCである。

　とりあえず、「誰が何番目に何を借りた」という条件を整理するには、どのような表が便利か考えてみて！

まず、A〜Eと借りた順番で対応表を作成し、借りた図鑑の情報を表中に記入します。図鑑の所有者はまだわかりませんので、所有者と種類の両方を入れる場所を用意し、条件からわかることを記入すると、表1のようになります。

表1

	1番目	2番目	3番目	4番目
A	B	C	動	植
B			E	A
C				
D		恐		
E				恐

　表1より、Aが3，4番目に借りたのはDまたはEの図鑑ですが、Eの図鑑はBが3番目に借りていますので、Aは3番目にD、4番目にEの図鑑を借りたことになります。

　これより、「動物」はD、「植物」はEの図鑑とわかりますね。さらに、「恐竜」が誰の図鑑かを考えると、2番目にDが「恐竜」を借り、そのとき、Cの図鑑はAが借りていますので、「恐竜」はCの図鑑ではありません。また、4番目の情報から同様に、Aの図鑑でもありませんので、Bの図鑑とわかり、表2のようになります。

　そうすると、残るAとCの図鑑が、「魚」と「昆虫」のいずれかですが、この2つは条件に全く登場しませんので、区別することができず、どちらの図鑑か特定できません。

表2

	1番目	2番目	3番目	4番目
A	B・恐	C	D・動	E・植
B			E・植	A
C				
D		B・恐		
E				B・恐

では、ここから、表の空欄を埋めていきます。5人の図鑑は、いずれのときも誰かに借りられていますので、表のたてにはA～Eが1人ずつ、また、よこには、借りた本人以外が1人ずつ並ぶことになります。

これより、まず、情報量の多い4番目に着目すると、表3の①、②はCとDですが、自分の図鑑は借りませんので、①はD、②はCとなります。

そうすると、表の③について、たてにD、E、よこにB、Cがありますので、Aとなり、同様に、④はC、⑤はBとわかります。

ここから、Dについて、⑥はEとなりますね。

Aの行には、B～Eが1人ずつ、Bの行には、A、C、D、Eが1人ずつってこと。
つまり、本人を含めると、A～Eが1人ずつだね。

表3

	1番目	2番目	3番目	4番目
A	B・恐	C	D・動	E・植
B			E・植	A
C			⑤	①
D	⑥	B・恐	③	②
E			④	B・恐

さらに、2番目について、表4の⑦は、たてにB、C、よこにA、Eがありますので、⑦はD、⑧はCとなり、1番目について、⑨はA、⑩はDで、残る⑪はE、⑫がAとわかります。

あとは、どこからでもいいから、サクサク入れていこう！ 図鑑の種類は、面倒だから書かなくてOK！

表4

	1番目	2番目	3番目	4番目
A	B・恐	C	D・動	E・植
B	⑧	⑦	E・植	A
C	⑨	⑪	B	D
D	E	B・恐	A	C
E	⑩	⑫	C	B・恐

以上より、表5のようになりますね。

表5

	1番目	2番目	3番目	4番目
A	B・恐	C	D・動	E・植
B	C	D	E・植	A
C	A	E	B	D
D	E	B・恐	A	C
E	D	A	C	B・恐

表5より、正解は肢4です。

 正解 4

 肢2，3は、問題の条件からわかるよね…。
受験生をナメてるよね…

　ある会社は、総務部，企画部，営業部，調査部の四つの部から成り、A～H
の8人が、四つの部のいずれかに配属されている。A～Hの8人の配属につ
いて次のことが分かっているとき、確実にいえるのはどれか。

○　現在、総務部及び企画部にそれぞれ2人ずつ、営業部に3人、調査部
　　に1人が配属されており、Cは総務部、D及びEは企画部、Hは調査部に
　　それぞれ配属されている。

○　現在営業部に配属されている3人のうち、直近の人事異動で営業部に異
　　動してきたのは、1人のみであった。

○　直近の人事異動の前には、各部にそれぞれ2人ずつが配属されており、
　　A及びCは、同じ部に配属されていた。

○　直近の人事異動で異動したのはA，C，F，Hの4人のみであった。

1. Aは、現在、営業部に配属されている。
2. Cは、直近の人事異動の前には、営業部に配属されていた。
3. Fは、直近の人事異動の前には、総務部に配属されていた。
4. Gは、現在、総務部に配属されている。
5. Hは、直近の人事異動の前には、営業部に配属されていた。

　A～Hと4つの部で対応表を作ってみても、あんまり役に立たな
いんだな…。こういう情報を与えられたとき、どうやって整理す
ればわかりやすいかな？　普通に考えてみて！

　4つの部と、A～Hで対応表を作成しても、1番目の条件で表の半分以上が
埋まり、その後はなかなか先へ進めません。

　本問は、異動前の情報もありますので、次のような表に、異動前と現在の人
員を記入してみます。

　まず、1番目の条件からわかる、現在の4名の配属を記入します。また、4
番目の条件から、異動したのは、A，C，F，Hの4人のみなので、B，D，E，
Gの4人は異動していません。これより、DとEは異動前から企画部であった
とわかり、ここまでで、表1のようになります。

表1

	異動前	現　在
総務		C
企画	D，E	D，E
営業		
調査		H

　また、2番目の条件より、現在の営業部の3人のうちの2人も、異動前から営業部でしたので、この2人はBとGとわかります。

　そうすると、3番目の条件より、異動前は各部に2人ずつなので、AとCの異動前の配属は調査部とわかり、表2のようになります。

Cは異動して総務部に配属されたんだからね。

表2

	異動前	現　在
総務		C
企画	D，E	D，E
営業	B，G	B，G
調査	A，C	H

　表2より、異動前の総務部は、残るFとHですね。また、現在のほうは、1番目の条件より、総務部と営業部にあと1人ずつですが、残るはAとFですから、異動前は総務部だったFは営業部へ、残るAは総務部へ異動したとわかり、表3のように決まります。

表3

	異動前	現　在
総務	F，H	C，A
企画	D，E	D，E
営業	B，G	B，G，F
調査	A，C	H

これより、正解は肢 3 です。

PLAY 4 グラフが使える問題

A〜E の 5 人でパーティーを開き、プレゼント交換を行った。次のア〜カの
ことがわかっているとき、確実にいえることとして、最も妥当なのはどれか。
ただし、各自は自分が持ってきたプレゼントとは異なるプレゼントを受け取っ
たものとする。

ア．A〜E の 5 人は、手帳，ネックレス，入浴剤，香水，マフラーのいずれ
　　か異なる 1 つの物を持ち寄った。
イ．手帳を持ってきた者は、香水をもらった。
ウ．A が持ってきたネックレスをもらったのは D ではない。
エ．B は香水をもらわなかった。
オ．C は入浴剤をもらった。
カ．D はマフラーを持ってきた。

1．A は手帳をもらった。
2．B が持ってきたプレゼントをもらったのは E である。
3．C が持ってきたプレゼントをもらったのは A である。
4．D が持ってきたプレゼントをもらったのは B である。
5．E が持ってきたプレゼントをもらったのは D である。

グラフという解法も使える問題。対応表とグラフの好きな方で解
いてみて！

解法 1

プレゼントを持ってきた（あげた）人ともらった人で対応表を作成します。
条件より、各人は 1 つの物を持ってきて、別の人から 1 つの物をもらったとわ
かりますので、「1 対 1」の対応になりますね。

まず、条件ウ，オ，カより、A はネックレス、D はマフラーを持ってきて、
C は入浴剤をもらったので、表 1 のように記入します。

条件ウより、A のネックレスをもらったのは D ではなく、また、C はネック
レスもマフラーももらっていませんので、ここまでを表に記入します。

表1

（もらった）

		A	B	C 入	D	E
A	ネ			×	×	
B						
C						
D	マ			×		
E						

（持ってきた）

　ここで、条件イの「手帳を持ってきて香水をもらった人」が誰かを考えると、表1より、A，C，Dではありませんので、BかEとなります。しかし、条件エより、Bは香水をもらっていませんので、Eとわかります。

　これより、AのネックレスをもらったのはEではありませんので、残るBとわかり、ここに〇を記入し、Bのたてには×を記入します。さらに、Eは、Dからもらっておらず、Cにあげていませんので、それぞれに×を記入し、表2のようになります。

Dはマフラーを持ってきたし、Cは入浴剤をもらっているからね！

表2

（もらった）

		A	B ネ	C 入	D	E 香
A	ネ		〇	×	×	×
B						
C			×			
D	マ		×	×		×
E	手		×	×		

（持ってきた）

　表2より、DのマフラーをもらったのはAで、Cは入浴剤をBからもらったことがわかり、それぞれに〇を記入し、他の欄に×を記入します。

　これより、香水を持ってきたのはCで、これをもらったのはE、そして、Eの手帳をもらったのはDとわかり、表3のようになります。

表3

<table>
<tr><th rowspan="2"></th><th></th><th>A
マ</th><th>B
ネ</th><th>C
入</th><th>D
手</th><th>E
香</th></tr>
<tr><td colspan="6" style="text-align:center">（もらった）</td></tr>
</table>

<table>
<tr><th rowspan="6">（持ってきた）</th><th></th><th></th><th>A
マ</th><th>B
ネ</th><th>C
入</th><th>D
手</th><th>E
香</th></tr>
<tr><td>A</td><td>ネ</td><td></td><td>○</td><td>×</td><td>×</td><td>×</td></tr>
<tr><td>B</td><td>入</td><td>×</td><td></td><td>○</td><td>×</td><td>×</td></tr>
<tr><td>C</td><td>香</td><td>×</td><td>×</td><td></td><td>×</td><td>○</td></tr>
<tr><td>D</td><td>マ</td><td>○</td><td>×</td><td>×</td><td></td><td>×</td></tr>
<tr><td>E</td><td>手</td><td>×</td><td>×</td><td>×</td><td>○</td><td></td></tr>
</table>

以上より、確実にいえるのは肢5とわかります。

解法2

次に、「グラフ」という図を使う解法をご紹介します。

図1のようにA〜Eを輪状に並べ、プレゼントのやり取りを矢印で示します。条件より、持ってきたものを（　）に記入し、その他にわかることを、とりあえず、図のように書き添えておきます。

図1

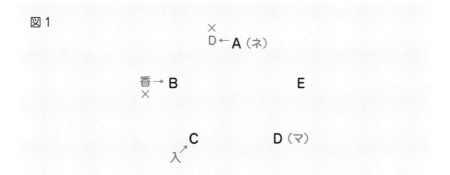

ここで、条件イの「手帳を持ってきて香水をもらった人」が誰かを考えると、A〜Dはいずれも不適で、Eとわかります。

そうすると、Aのネックレスをもらったのは、Eではありませんので、Bとわかり、図2のようになります。

図2

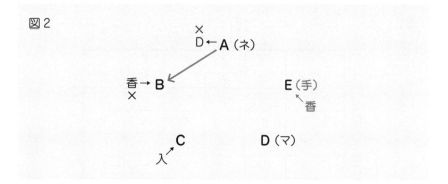

　さらに、BとCが、香水または入浴剤を持ってきたことになりますが、Cは入浴剤をもらっていますので、Bが入浴剤、Cが香水を持ってきたとわかり、入浴剤はCが、香水はEがもらって、図3のようになります。

図3

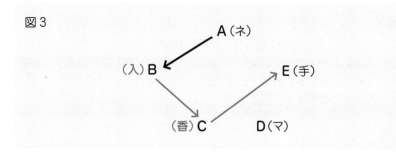

　図3より、DのマフラーをもらったのはAで、Eの手帳をもらったのはDとなり、図4のようになります。

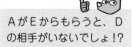
AがEからもらうと、Dの相手がいないでしょ!?

図4

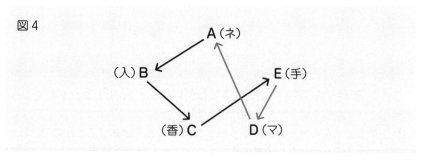

　よって、正解は肢5です。

正解　5

#07 試合①
リーグ戦は勝敗表で解く!

頻出度 ★★★☆☆ | 重要度 ★★★★☆ | コスパ ★★★☆☆

試合の問題で最もメジャーな「リーグ戦」の問題を扱います。ほとんどの問題は、「勝敗表」という表に勝ち負けなどの情報を整理します。この表は、スポーツが好きな人にはお馴染みの表ですね。

PLAY1 勝敗表に整理する問題

東京都Ⅰ類B 2020

　A～Fの6チームが、総当たり戦で野球の試合を行い、勝数の多い順に順位をつけたところ、次のことが分かった。

　ア　Aチームは、Bチームに勝ったがCチームに負け、3勝2敗であった。
　イ　Bチームは、EチームとFチームに負けた。
　ウ　Cチームは、最下位のチームに負け、3勝2敗であった。
　エ　Dチームは、Aチームに負けたがBチームとFチームに勝った。
　オ　Eチームは、Cチームに勝ち、4勝1敗であった。
　カ　Fチームは、最下位のチームよりも勝数が1勝だけ多かった。
　キ　引き分けの試合はなかった。

以上から判断して、確実にいえるのはどれか。

1.　Aチームは、Eチームに勝った。
2.　Bチームは、Cチームに負けた。
3.　Cチームは、Dチームに負けた。
4.　Dチームは、Eチームに負けた。
5.　Eチームは、Fチームに勝った。

勝ち負けの情報を勝敗表に整理しよう。本問は、条件が多いのでちょっと面倒だけど、割とカンタンな問題よ。

A〜Fの6チームで勝敗表を作成します。たてにA〜Fを取り、それぞれから見てよこのA〜Fに、勝ったら○、負けたら×、引き分けは△を記入します。1試合で○と×1つずつ（引き分けの場合は△2つ）をセットで記入するようにしましょう。

　まず、条件ア〜オからわかるところを記入して、表1のようになります。

表1

	A	B	C	D	E	F	成　績
A		○	×	○			3勝2敗
B	×			×	×	×	
C	○				×		3勝2敗
D	×	○				○	
E		○	○				4勝1敗
F		○		×			

　ここで、最下位のチームについて考えると、条件ウ，カより、C，Fではなく、Cより下位ですから、A，Eでもありませんので、BかDとなります。表1の段階で、Bは既に4敗していますが、Dは2勝していますので、最下位はBで、Cに勝って1勝4敗ですね。Cは、Bに負けて3勝2敗ですから、残るDとFには勝ったとわかります。また、条件カより、Fは2勝3敗となりますね。

　ここまでで、各チームの勝ち数を確認すると、Eは4勝、AとCは3勝、Fは2勝、Bは1勝で、5チーム合計で13勝となります。また、試合の総数は、6チームから2チームを組み合わせる方法で、$_6C_2 = \dfrac{6 \times 5}{2 \times 1} = 15$（試合）ですから、残るDの勝ち数は 15 − 13 = 2 で、Dは2勝3敗ですから、Eに負けたとわかり、表2のようになります。

総当たり戦だから、組合せの数だけ試合数があるってこと。この計算は、数的推理で確認してね。

表2

	A	B	C	D	E	F	成　績
A		○	×	○			3勝2敗
B	×		○	×	×	×	1勝4敗
C	○	×		○	×	○	3勝2敗
D	×	○	×		×	○	2勝3敗
E		○	○	○			4勝1敗
F		○	×	×			2勝3敗

　表2の残る部分については特定しませんので、ここで選択肢を確認すると、正解は肢4となります。

A＞E、F＞A、E＞F
のパターンと、その逆の
両方が成り立つよね。

正解▶4

A～Eの5チームが総当たり戦でサッカーの試合を行い、勝ち点の取得数で順位を決めた。以下のア～エのことがわかっているとき、確実にいえることとして、最も妥当なのはどれか。なお、勝率の算出は、勝率＝勝った試合数÷（全試合数－引き分けた試合数）で求めるものとする。

> ア：勝ったチームに2点、引き分けたチームに1点、負けたチームに0点が勝ち点として与えられた。
> イ：同じ順位のチームはなく、1位は全勝したDで、2位はBだった。
> ウ：AはBと引き分け、Aの勝率は5割だった。
> エ：全試合中で引き分けは2試合あり、CとEは全敗ではなかった。

1. AはEに勝った。
2. Aは4位だった。
3. Bの勝ち点は5点だった。
4. Cの勝ち点は2点だった。
5. Eは5位だった。

本問は、引き分けの試合もあるようだね。「勝率」をどう扱うかがポイントかな！ あと、CとEにも注目！

A～Eの5チームで勝敗表を作成し、条件からわかることを、表1のように記入します。

表1

	A	B	C	D	E	
A		△		×		勝率5割
B	△			×		2位
C				×		全敗ではない
D	○	○	○		○	1位
E			×			全敗ではない

ここで、CとEについて見ると、この2チーム
は条件が全く同じで区別できません。なので、表
2のように、この2チームにかっこをつけて、入
れ替え OK として作業を進めます。

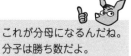

#5 PLAY 4のように、X，
Yと置いても OK！

　では、Aの「勝率5割」を考えます。5割 ＝
$\dfrac{1}{2}\left(=\dfrac{2}{4}\right)$ ですから、計算式にある「全試合数
－引き分けた試合数」は、2または4ですが、既
に引き分けが1試合ありますので、もう1試合引
き分けがあり、残る2試合で1勝したことがわか
ります。すなわち、1勝1敗2引き分けで、Aは、
CとEの一方に勝ち、もう一方と引き分けたので、
勝ったほうを（C）、引き分けたほうを（E）と
して、表のように記入します。

これが分母になるんだね。
分子は勝ち数だよ。

CとEは入れ替え OK だ
からね。

表2

	A	B	（C）	D	（E）	
A		△	○	×	△	勝率5割
B	△				×	2位
（C）	×				×	全敗ではない
D	○	○	○		○	1位
（E）	△			×		全敗ではない

　これより、Aの勝ち点は、2＋1×2＝4（点）で、条件イより、2位であ
るBの勝ち点はこれより高いので、CとEにはともに勝って、2×2＋1＝5
（点）とわかりますね。
　また、条件エより、CとEは全敗ではないので、（C）は（E）に勝ってい
ます。
　これより、勝ち点と順位を確認すると、Dは2×4＝8（点）で1位、Aは
4点で3位、（C）は2点で4位、（E）は1点で5位となり、表3のように
まとめます。

表3

	A	B	(C)	D	(E)		
A		△	○	×	△	3位	勝ち点4
B	△		○	×	○	2位	勝ち点5
(C)	×	×		×	○	4位	勝ち点2
D	○	○	○		○	1位	勝ち点8
(E)	△	×	×	×		5位	勝ち点1

　これより、選択肢を確認すると、肢1, 4, 5は、可能性はありますが確実にはいえず、正解は肢3となります。

正解 3

PLAY 3 勝敗表に整理する問題

　A～Fの6チームが、リーグ戦でテニスの試合を毎日3試合ずつ5日間行った。今、リーグ戦の結果について、次のア～エのことが分かっているとき、確実にいえるのはどれか。ただし、同率順位のチームはなく、すべての順位が確定し、引き分けた試合はなかった。

　ア. 1日目は、DがFに勝ち、BがAに勝ち、Cも勝った。
　イ. 2日目は、BがCに勝ち、Aも勝った。
　ウ. 3日目は、DがAに勝ち、Bも勝った。
　エ. 5日目は、BがFに勝ち、Eも勝ったが、Cは敗れた。

1. Aは5位である。
2. Bは2位である。
3. Cは4位である。
4. Dは優勝である。
5. Eは3位である。

> 勝敗表には、○×だけではなく、「○日目」の情報も記入できるよ。
> 本問は、#6 PLAY2 でやったことが参考になるかな。

条件より、毎日３試合ずつ５日間行っていますが、１日に行われる３試合は、6チームが2チームずつ３組に分かれて対戦すると解釈します。すなわち、どのチームも毎日1試合行っているということですね。

　条件アより、１日目は、DとF、BとAが対戦していますので、残るCとEが対戦し、CがEに勝ったとわかります。これと、条件イ〜エより、勝敗のわかる対戦について、試合日程（何日目）と結果を勝敗表に記入すると、表１のようになります。

問題文からだと、あるチームが１日に２試合以上行う可能性があるようにも取れるけど、それだと、問題が成立しないからね。
最近の問題は、割ときちんと書かれているから、あまり心配しないで！

表１

	A	B	C	D	E	F
A		1 ×		3 ×		
B	1 ○		2 ○			5 ○
C		2 ×			1 ○	
D	3 ○					1 ○
E			1 ×			
F		5 ×		1 ×		

　各チームは、毎日１試合していますので、表のたて、よことも、１〜５の日程が１つずつ入ります。

　条件ウより、Bは3日目に勝っていますが、その相手は、表１からDかEとなります。しかし、Dは3日目にAと対戦していますので、Bは3日目にEに勝ったとわかり、Dとは残る4日目に対戦したことになります。

　これより、Dは、C，Eとは2日目か5日目に対戦したことになりますが、Cは2日目にBと対戦していますので、Dは2日目にEと、5日目にCと対戦し、条件エより、DはCに勝っており、ここまでで表２のようになります。

表2

	A	B	C	D	E	F
A		1×		3×		
B	1○		2○	4	3○	5○
C		2×		5×	1○	
D	3○	4	5○		2	1○
E		3×	1×	2		
F		5×		1×		

　表2より、Eは、A，Fとは4日目か5日目に対戦したことになりますが、Fは5日目にBと対戦していますので、Eは5日目にAと、4日目にFと対戦し、条件エより、EはAに勝っています。

　これより、Aは、C，Fとは2日目か4日目に対戦していますが、Cは2日目にBと、Fは4日目にEと対戦していますので、Aは4日目にCと、2日目にFと対戦し、条件イより、AはFに勝っています。

　そうすると、残る空欄はCF戦のみで、3日目とわかり、表3のようになります。

表3

	A	B	C	D	E	F
A		1×	4	3×	5×	2○
B	1○		2○	4	3○	5○
C	4	2×		5×	1○	3
D	3○	4	5○		2	1○
E	5○	3×	1×	2		4
F	2×	5×	3	1×	4	

　ここで、残る勝敗について確認します。

　条件より、同率順位のチームがなく、引き分けもないので、勝ち数のみで順位が決まったことになり、全勝（5勝）から全敗（0勝）まで1チームずつとわかります。

そうすると、表3で、1つも〇が入っていないのはFのみですから、Fが0勝5敗で最下位となり、FはC，Eには負けているとわかります。

他のチームは、〇が少なくとも1つは入っているから、全敗の可能性があるのはFのみってこと！

　さらに、この段階で、〇が1つしか入っていないのはAのみですから、Aが1勝4敗で5位となり、AはCに負けています。

　これより、この段階で、Cは3勝2敗で3位とわかり、また、〇が2つしか入っていないのはEのみで、Eが2勝3敗で4位となり、EはDに負けています。

　そうすると、ここまでで表4のようになり、残るはBD戦のみですが、BとDはともに〇が4つ入っていますので、BD戦の勝者が5勝0敗で1位、敗者が4勝1敗で2位となりますが、確定はしません。

肢2と肢4は、可能性はあるけど、確実にはいえないってことだね。

表4

	A	B	C	D	E	F	
A		1×	4×	3×	5×	2〇	1勝4敗（5位）
B	1〇		2〇	4	3〇	5〇	
C	4〇	2×		5×	1〇	3〇	3勝2敗（3位）
D	3〇	4	5〇		2〇	1〇	
E	5〇	3×	1×	2×		4〇	2勝3敗（4位）
F	2×	5×	3×	1×	4×		0勝5敗（6位）

以上より、確実にいえるのは肢1となり、正解は肢1です。

正解　1

#08 試合②
トーナメント戦は図から考える!

頻出度 ★★★☆☆ | 重要度 ★★★★☆ | コスパ ★★★☆☆

リーグ戦と並んで、試合の問題の代表的なパターンです。リーグ戦に比べて出題数は少ないほうですが、近年はよく出題されています。すべての相手と対戦するリーグ戦と異なり、トーナメント戦は1回負けたら敗退ですから、「対戦した」という情報も貴重になりますよ。

PLAY 1　トーナメント図から推理する問題

地方上級 2020

A～Gの7チームが図のようなトーナメントでサッカーの試合を行った。トーナメントについて次のことがわかっているとき、確実にいえるものはどれか。

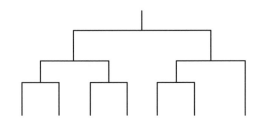

・Aは優勝した。
・CはFに勝った。
・BとD、EとFは対戦した。
・AとGは対戦していない。

1.　AとBは対戦した。
2.　CとGは対戦した。
3.　Cは1回だけ勝った。
4.　Dは1回だけ勝った。
5.　BとGの試合数は同じであった。

トーナメントは1回負けたら終わりだからね。まずは、Fの2試合に着目!

図1のように、7チームを①〜⑦とします。

図1

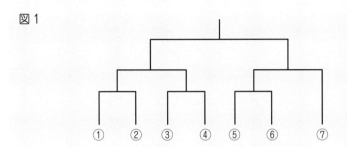

　まず、2, 3番目の条件より、FはCに負け、ここで敗退したことになります。ですから、Eとはその前に対戦して勝ったことになりますね。

　そうすると、CF戦は2回戦または3回戦（決勝戦）ですが、1番目の条件より、決勝戦ではありませんので、CF戦は2回戦、EF戦は1回戦とわかります。すなわち、2回戦に勝ったCは決勝に進んでいますので、決勝戦はAC戦となります。

　ここで、EF戦とCF戦が、図の左ブロック（①〜④）と右ブロック（⑤〜⑦）のいずれかで場合分けをします。

（1）C，E，Fが左ブロックの場合

　図2のように、①，②をEとF、③をCとします。右ブロックからはAが勝ち上がったわけですから、3番目の条件にあるBD戦は右ブロックの1回戦（⑤，⑥）で、その勝者がAと対戦したことになり、Aは⑦とわかります。残るGが④で、条件を満たしますね。

> ①〜④は区別がないからね。

図2

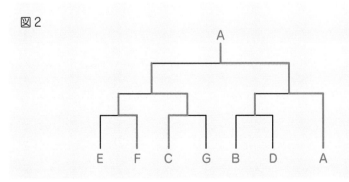

（2）C，E，F が右ブロックの場合

　図3のように、⑤，⑥がEとF、⑦がCとなります。この場合、左ブロックからAが勝ち上がったので、ＢＤ戦は左ブロックの1回戦ですから、①，②とすると、残る③，④がAとGとなり、4番目の条件に反します。

　よって、成立しません。

図3

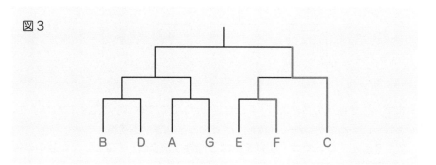

　これより、図2のように決まります。ＢＤ戦の勝敗は確定しませんので、肢1，4，5は可能性はありますが、確実にはいえず、正解は肢2となります。

　A～Fの6チームによって図のようなバレーボールのトーナメント戦が行われた。その結果について、次のことが分かっているとき、確実にいえるものとして最も妥当なのはどれか。

- ○　試合数が3回のチームは、1チームのみであった。
- ○　優勝したチームの試合数は2回であった。
- ○　Aチームは、自身にとっての2試合目で負けた。
- ○　BチームとCチームは、どちらも最初の試合で負けた。
- ○　Dチームの初戦の相手はEチームであり、その試合はEチームにとっての2試合目であった。

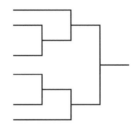

1.　Aチームは、1試合目でCチームと対戦した。
2.　Bチームは、1試合目でAチームと対戦した。
3.　Dチームは、Bチームとも対戦し、優勝した。
4.　Eチームは、Fチームとも対戦し、準優勝した。
5.　Fチームは、Aチームとも対戦し、準優勝した。

 1, 2番目の条件から、優勝、準優勝のチームのことがわかるよね。

　図1のように、6チームを①～⑥とします。

　まず、5番目の条件より、Dは、1回戦は不戦勝ですから、①または⑥となります。①と⑥に区別はありませんから、図2のように、Dを①とすると、Eは②または③ですが、②と③も区別はありませんので、Eを②とします。Eは1回戦は勝ち上がっていることになりますね。

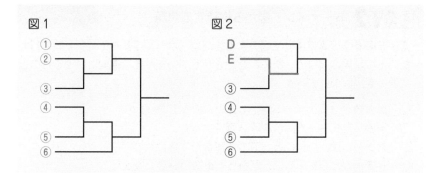

図1 / 図2

　ここで、1，2番目の条件より、試合数が3回のチームは、1回戦から始めて3回戦（決勝戦）まで試合をしていますので、優勝または準優勝ですが、優勝ではありませんので、決勝戦で負けて準優勝とわかります。また、優勝チームは試合数が2回ですから、Dまたは⑥のいずれかです。

　また、3番目の条件より、Aチームは2回目の試合で負けたので、優勝でも準優勝でもありませんから、2回戦（準決勝）で負けたとわかり、④または⑤となりますが、④と⑤にも区別はありませんから、Aを④とします。

③は1回戦敗退だし、⑥の2回目は決勝戦だからね。

　そうすると、③と⑤は1回戦敗退なので、3回試合をした準優勝のチームはEとわかります（図3）。

　これより、優勝したのはDではなく⑥ですが、4番目の条件より、BとCは最初の試合で負けていますから、残るFが優勝とわかり、BとCは③と⑤のいずれかとなり、図4のようになります。

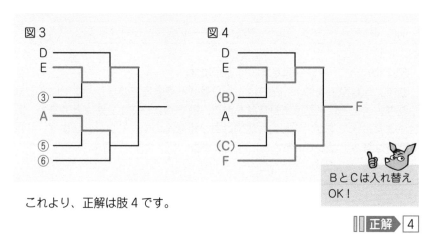

図3 / 図4

BとCは入れ替えOK！

　これより、正解は肢4です。

正解　4

106

　A〜Fの6チームによるサッカーのトーナメント戦が、次の図のような組合わせで行われた。次のア〜カのことが分かっているとき、確実に言えるものはどれか。

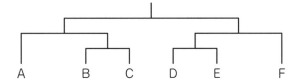

　ア．CはBに0対2で敗れた。
　イ．Bの得失点差は＋1であった。
　ウ．3試合行ったのはDだけで、得点は7点、失点は4点あった。
　エ．Eの得点は1点であった。
　オ．AとFの得点はそれぞれ3点であった。
　カ．全ての試合の勝敗は、得点の多い少ないにより決まった。

（注）「得点」と「失点」は、そのチームの全試合の得点又は失点の合計を、「得失点差」は、「得点」−「失点」をいう。

1．Aの得失点差は0点である。
2．AはDに勝った。
3．BはAに勝った。
4．DはAに2対1で勝った。
5．EはDに1対3で敗れた。

得失点も図に記入していこう！

　まず、条件ウより、Dは3試合行っていますので、決勝戦に進んでいます。また、3試合行ったのはDだけですから、条件アより、BはCに勝って2回戦に進んでいますが、決勝戦には進んでいませんので、2回戦でAに敗れ、Aが決勝戦に進んだことになり、図1のように、決勝戦のAD戦を除くすべての勝敗がわかります。

図1

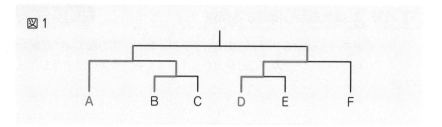

次に、得点、失点について整理します。

まず、EとFはいずれも1試合しかしていませんので、条件エ，オより、Eの1回戦の得点は1点、Fの2回戦の得点は3点となります。

そうすると、Dは、E，Fとの対戦で1＋3＝4（点）の失点がありますが、条件ウより、Dの失点は4点のみですから、決勝戦では失点していないことがわかります。これより、Aの決勝戦での得点は0点で、条件カより、決勝戦の勝者はDとなります。

さらに、Dは、1回戦の対E戦で2点以上、2回戦の対F戦で4点以上、計6点以上を得点していることになりますが、条件ウより、Dの得点は7点ですから、1回戦で2点、2回戦で4点、決勝戦で1点を得点したことになります。

また、条件オより、Aの得点は3点ですが、決勝戦では0点ですから、2回戦の対B戦で3点を得点したことになります。そうすると、条件イより、Bの得失点差は＋1ですが、条件アより、1回戦の失点は0なので、2回の試合の失点は0＋3＝3（点）ですから、得点は4点となります。そうすると、条件アより、1回戦の対C戦で2点得点していますので、2回戦の対A戦でも2点得点したとわかり、図2のようになります。

図2

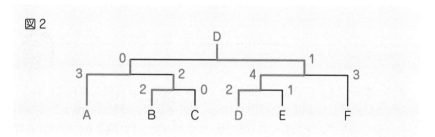

これより、Aについて、得点3点、失点2＋1＝3点で、得失点差は0点となり、肢1が正解となります。

#09 試合③ 数量条件を考える!

頻出度 ★★☆☆☆ | 重要度 ★★★☆☆ | コスパ ★★☆☆☆

これまでの試合の問題にも、勝率や得失点など数量条件が絡む問題はいくつか
ありましたが、ここでは、数量条件が主役の問題を扱います。
このタイプの出題数は、最近はそれほど多くないですが、少し前にはけっこう
出題されていた時期もありました。

PLAY 1 リーグ戦の試合数の問題

警視庁Ⅰ類 2012

バレーボールの大会が開催され、参加チームを 8 チームずつのリーグに分け、
各リーグで 1 回だけ総当たり戦を行ったところ、すべてのリーグの試合数の合
計が 504 試合になった。大会の参加チームの合計数として、正しいものはど
れか。

1. 80 　　2. 96 　　3. 112 　　4. 128 　　5. 144

> リーグ戦の試合数は、#7 PLAY1 で計算しているね。本問は、
> それさえわかればかなりカンタン!

8 チームでリーグ戦を行うときの試合数は、8 チームから 2 チームを組み合
わせる方法で、$_8C_2 = \dfrac{8 \times 7}{2 \times 1} = 28$（試合）となります。

これより、1 リーグでの試合数は 28 ですから、リーグの数は、$504 \div 28$
$= 18$ とわかります。

1 リーグに 8 チームですから、参加チーム数は、$8 \times 18 = 144$ となり、正
解は肢 5 です。

正解 5

56 チームが出場する野球のトーナメント戦が開催されることになり、1 日につき最大 4 試合まで行われ、また、同じチームが 1 日に 2 度試合をすることがないように日程を組んだ。優勝チームと準優勝チームが決まり、また、準決勝の 2 試合で敗れた 2 チームが対戦し、3 位と 4 位のチームが決まるまでにかかる最少の日数として、最も妥当なのはどれか。

1. 15 日　　　2. 16 日　　　3. 17 日　　　4. 18 日　　　5. 19 日

> トーナメント戦の試合数は、「参加チーム数 − 1（試合）」で求められるよ！　1 を引くのはなぜかわかる？

トーナメント戦では、試合をするごとに、負けたチームが敗退していきます。すなわち、1 試合で 1 チームずつ消えていくわけですね。そして、一度も負けずに勝ち残るのは優勝チームだけですから、参加チームの数から優勝チームを除いた数だけ試合を行えば、優勝チームを決めることができます。

通常のトーナメント戦は、優勝が決まったら終わりだよね。

そうすると、本問では、56 チームですから、55 試合で優勝チームと準優勝チームが決まりますね。その他に、準決勝で敗れた 2 チームの対戦（3 位決定戦）があるので、全部で 56 試合です。

条件より、1 日 4 試合したとして、56 ÷ 4 = 14（日）ですから、あとは、同じチームが 1 日に 2 試合しないという条件を考えることにします。

まず、準々決勝を終えて、ベスト 4 が出揃うまでは、同じチームが 1 日 2 試合せずに、1 日 4 試合行うことができますね。ここまでの試合数は、56 − 4 = 52（試合）で、ちょうど 13 日で終わります。

準々決勝 4 試合を同じ日に行えばいいね。

その後は、準決勝 2 試合、決勝戦、3 位決定戦の4 試合ですが、ここはすべてを同じ日に行うことはできません。しかし、準決勝 2 試合は 1 日で済みますし、決勝戦と 3 位決定戦も 1 日で行えますので、あと 2 日ですべての試合を終えることができます。

よって、最少の日数は、13 + 2 = 15（日）で、正解は肢 1 です。

正解 ▶ 1

　A～Fの6チームで、他の各チームと9試合ずつ対戦する総当たりの野球のリーグ戦が、行われている。表1は、各チーム40試合終了時点での勝敗と今後の対戦予定を表したものであり、表2は、これまでのDチームと各チームとの対戦成績を表したものである。順位は勝ち数の多い方が上位となり、同じ勝ち数の場合は、そのチームどうしの対戦成績の良いチームが上位の順位となる。この場合、現在4位のDチームが、今後の他チームの勝敗に関係なく3位以内になるための条件として最も妥当なのはどれか。

　ただし、引き分けはないものとする。

表1　勝敗表と今後の対戦予定

チーム	試合数	勝ち数	負け数	今後の対戦予定
A	40	25	15	Bと3試合，Fと2試合
B	40	24	16	Aと3試合，Cと2試合
C	40	23	17	Bと2試合，Dと3試合
D	40	22	18	Cと3試合，Eと2試合
E	40	16	24	Dと2試合，Fと3試合
F	40	10	30	Aと2試合，Eと3試合

表2　Dチームと各チームの対戦成績

		A	B	C	E	F
Dチームの対戦成績（勝ち－負け）		3－6	4－5	0－6	7－0	8－1

1. 5勝する必要がある。
2. 最低限4勝する必要がある。
3. 最低限3勝する必要がある。
4. 最低限2勝する必要がある。
5. 1勝すればよい。

> ちょっと難しいけど、いい問題よ！　Dが何勝すればいいかは、常
> 識的なところから検討してみて！

Dは現在4位ですが、EとFの現在の勝ち数は16勝と10勝ですから、残る5試合のすべてに勝っても22勝に満たないので、EやFに抜かれることはありません。

　したがって、Dが3位以内になるには、A〜Cのうち少なくとも1チームを確実に抜く必要がありますが、表1の「今後の対戦予定」と表2より、既にこれらのチームには負け越しが決まっているので、勝ち数が上回らなければいけません。

　条件は、選択肢より、1勝〜5勝のいずれかですから、1勝から順に、他のチームがどのような場合でも、確実に3位以内になれるかを検討します。

A，Bとの対戦は終わっているし、Cとの残り3試合にすべて勝っても、3－6で負け越しだよね!?

上位3チームの残り試合が、極端な結果であっても、確実に3位になれるかを検討するんだ！

(1) Dが1勝した場合

　1勝では、勝ち数23で、A〜Cの勝ち数を上回ることはできません。
　よって、1勝では3位以内になることは不可能です。

(2) Dが2勝した場合

　Dの勝ち数は24となり、現在のBに並びます。しかし、Dの残り試合はCと3試合、Eと2試合ですから、このうち2勝しても、Cに少なくとも1敗することになり、Cは1勝すれば勝ち数24になりますから、やはり、A〜Cの勝ち数を上回ることはできません。
　よって、2勝でも3位以内になることは不可能です。

(3) Dが3勝した場合

　Dの勝ち数は25となりますが、たとえば、Dの3勝の相手が、Cに1勝、Eに2勝だとすると、DはCに2敗することになり、Cはその2勝で勝ち数25になりますし、Bもまた、AまたはCに1勝すれば勝ち数25になります。
　よって、このような場合、DはA〜Cの勝ち数を上回ることはできず、3勝では確実に3位以内になるとはいえません。

(4) Dが4勝した場合

　Dの勝ち数は26となりますが、その4勝がCに2勝、Eに2勝の場合、CはDに1勝し、Bに2勝すれば、勝ち数26になりますし、さらに、Bもまた、Aに2勝すれば勝ち数26になり、AもBまたはFに1勝で勝ち数26になります。

よって、このとき、DはA～Cの勝ち数を上回ることはできず、4勝でも確実に3位以内になれるとはいえません。

(5) Dが5勝した場合

　Dの勝ち数は27となり、Cには3勝していますので、Cは残るBに2勝しても勝ち数25ですから、Dの勝ち数はCの勝ち数を上回ります。

　よって、確実に3位以内になることができます。

　以上より、5勝する必要があり、正解は肢1です。

正解 1

#10 数量条件からの推理①
表に整理してみる！

頻出度 ★★★☆☆ ｜ 重要度 ★★★★☆ ｜ コスパ ★★★☆☆

ここでは、対応表を作成して数量を記入するタイプと、カードの推理の問題を扱います。それぞれの出題数はさほど多くはありませんが、昔から普遍的に出題されているタイプになります。

PLAY 1　対応表に整理する問題

特別区Ⅰ類 2006

A〜Cの3人が花屋で買ったチューリップの色と数について、次のア〜カのことが分かっているとき、確実にいえるのはどれか。

ア．3人が買ったチューリップの合計数は、赤色が6本、白色が3本、黄色が5本であった。

イ．AとBがそれぞれ買ったチューリップの数は、同数であった。

ウ．AとCが買った黄色のチューリップの数は、同数であった。

エ．Bが買った白色と黄色のチューリップの数は、同数であった。

オ．Cが買ったチューリップの数は、3人の中で最も少なかった。

カ．3人のうち2人は赤色, 白色, 黄色の3種類のチューリップを買い、他の1人は2種類のチューリップだけを買った。

1．Aが買った赤色のチューリップの数は、1本であった。
2．Aが買った白色のチューリップの数は、1本であった。
3．Bが買った赤色のチューリップの数は、1本であった。
4．Cが買った赤色のチューリップの数は、1本であった。
5．Cが買った白色のチューリップの数は、1本であった。

A〜Cと3種類の色で対応表を作って、本数を記入しよう。同じ数は同じ文字や記号におくなど工夫してみてね。

A〜Cとチューリップの色で対応表を作成し、買った数を記入していきます。条件アは合計欄に、条件イ〜エについては、同数のところは同じ文字をそれぞれ記入すると、表1のようになります。

表1

	赤	白	黄	計
A			y	x
B		z	z	x
C			y	
計	6	3	5	14

　3人が買ったチューリップの総数は14本ですから、これを条件イ, オを満たすように分けると、（A, B, C）＝（5, 5, 4）または（6, 6, 2）のいずれかなので、ここで場合分けをします。

(1)（A, B, C）＝（5, 5, 4）の場合

　まず、黄色の本数について、合計5本ですから、yは1または2なので、（y, z, y）＝（1, 3, 1）または（2, 1, 2）のいずれかです。しかし、z＝3ではBが6本以上になるので、（2, 1, 2）に決まり、これより、Bの赤は5－（1＋1）＝3（本）とわかり、表2のようになります。

> y＝0では条件カを満たさないからね！

表2

	赤	白	黄	計
A			2	5
B	3	1	1	5
C			2	4
計	6	3	5	14

　ここで、AとCの赤と白の合計は、それぞれ3本、2本となりますが、条件カより、表のどこか1か所に「0」が入る組合せを探します。
　たとえば、Cについて、赤と白を1本ずつとすると、Aは赤を2本、白を1本買ったことになり、どこも「0」になりませんので、Cは赤と白のいずれかを2本買ったことになります。
　しかし、Cが白を2本とすると、Aの白も「0」となり、やはり条件カに反しますので、Cは赤を2本買ったことがわかり、表3のようになります。

表3

	赤	白	黄	計
A	1	2	2	5
B	3	1	1	5
C	2	0	2	4
計	6	3	5	14

(2)（A，B，C）＝（6，6，2）の場合

Cは2種類を1本ずつ買ったことになるので、表1で $y = 1$ となり、これより、$z = 3$ となりますが、このとき、Bは白と黄色で6本になり、Bもまた2種類しか買っていないことになりますので、条件カを満たしません。

よって、表3のように決まり、ここから確実にいえるのは、肢1です。

 正解 1

　A～Eは、それぞれ商品を売っており、5人の間で商品を売買した。全員が2人以上の者に商品を売り、同じ人から2品以上買う人はいなかった。また、5人とも、売った金額も買った金額も500円であり、収支はゼロだった。次のア～キのことが分かっているとき、確実にいえるのはどれか。ただし、商品の価格は全て100円単位で端数がないものとする。

　　ア　Cは、AとEそれぞれに100円の商品を売った。
　　イ　Bは、Dに200円の商品を売った。
　　ウ　Bが商品を売った相手は、2人だった。
　　エ　Eは、Bに100円の商品を売った。
　　オ　Dは、Aから300円の商品を買った。
　　カ　Dは、他の全員に商品を売った。
　　キ　400円の商品と100円の商品の2品だけを売った人は、1人だけだった。

1．Bは、Aに商品を売らなかった。
2．Cは、Bに200円の商品を売った。
3．Dは、Aに100円の商品を売った。
4．Dは、Eに100円の商品を売った。
5．Eは、Cに商品を売らなかった。

> 売った人と買った人で対応表を作って、商品の金額を記入しよう！

　A～Eの売買について、条件からわかることを、表1のように整理します。

表1

| | | \multicolumn{6}{買った} | | | | | |
		A	B	C	D	E	計
売った	A				300		500
	B				200		500
	C	100				100	500
	D						500
	E		100				500
	計	500	500	500	500	500	

　表1の段階で、Dが買った金額の合計は500円に達していますので、C，Eからは買っていないとわかります。

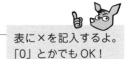
表に×を記入するよ。
「0」とかでもOK！

　これより、CはBに300円の商品を売ったことになりますので、条件カより、BはDから100円の商品を買い、Aからは買っていないとわかりますね。

　ここで、条件キにある、400円と100円の2品だけを売った人について考えると、表1より、A，B，Cではなく、また、条件カより、Dでもないので、Eとわかります。

　すなわち、Eは、AかCのいずれかに400円の商品を売ったことになりますが、Aの場合、条件カより、AはDからも100円以上の商品を買っていますので、Eから400円の商品を買うと500円を超え、条件に反します。よって、EはCに400円の商品を売り、Aには売っていないとわかりますので、条件カより、CはDから100円の商品を買い、A，Bからは買っていないとわかります（表2）。

表2

		買 っ た					
		A	B	C	D	E	計
売った	A		×	×	300		500
	B			×	200		500
	C	100	300		×	100	500
	D		100	100			500
	E	×	100	400	×		500
	計	500	500	500	500	500	

　表2より、AはEに200円の商品を売っていますね。

　ここで、条件ウより、BはAかEのいずれかに300円の商品を売っていますが、EはBから300円の商品を買うと、500円を超えますので、BはAに300円の商品を売り、Eには売っていないとわかります。

　これより、AとEは、Dからそれぞれ100円, 200円の商品を買ったとわかり、表3のようになります。

表3

		買 っ た					
		A	B	C	D	E	計
売った	A		×	×	300	200	500
	B	300		×	200	×	500
	C	100	300		×	100	500
	D	100	100	100		200	500
	E	×	100	400	×		500
	計	500	500	500	500	500	

　これより、確実にいえるのは肢3です。

 正解▶ 3

　　1〜13までの数字を1つずつ書いた13枚のカードをA〜Dの4人に配った。以下のア〜エのことがわかっているとき、確実にいえることとして、最も妥当なのはどれか。

　　ア　Aには2枚のカードを配った。
　　イ　Bには3枚のカードを配り、その中には「1」と書かれたカードがあり、3枚の数字の合計は21である。
　　ウ　Cには4枚のカードを配り、その中には「13」と書かれたカードがあり、4枚の数字の合計は38である。
　　エ　Dには4枚のカードを配り、その4枚のカードに書かれた数字はすべて奇数である。

1.　Aは「2」と書かれたカードを持っている。
2.　Aは「6」と書かれたカードを持っている。
3.　Cは「9」と書かれたカードを持っている。
4.　Cは「11」と書かれたカードを持っている。
5.　Dは「9」と書かれたカードを持っている。

> このタイプは、表にするほどではないけど、カードを固定して作業するとわかりやすいかな。

　　条件イ，ウ，エより、Dに配られた奇数のカードは、3，5，7，9，11の5枚のうち4枚ですね。また、Bに配られた3枚のうち、「1」を除く2枚のカードの数の和は、21 − 1 = 20ですから、(8, 12)または(9, 11)のいずれかです。しかし、(9, 11)がBに配られると、Dの奇数が4枚になりませんので、(8, 12)に決まり、ここまでを表1のように整理します。

「13」はCだから、(7, 13)はなし！

表1

1	2	3	4	5	6	7	8	9	10	11	12	13
B							B				B	C

また、Cに配られた4枚のうち、「13」を除く3枚のカードの和は、38 − 13 = 25 であり、「25」は奇数ですから、<u>少なくとも1枚は奇数</u>となります。

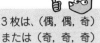

3枚は、(偶, 偶, 奇)または(奇, 奇, 奇)のいずれかだね。

　そうすると、残る奇数5枚のうち、4枚はDで、残る1枚がCとなり、ここで場合分けします。Cの3枚の和は25で、平均は8を超えますから、<u>比較的大きな数の可能性が高い</u>ので、残る奇数で最大の11から検討します。

無駄な作業しないように、可能性の高いほうからやろう！

（1）Cに「11」が配られた場合

　Cの残りの2枚は偶数で、和は 25 − 11 = 14 ですから、表1から（4, 10）に決まります。これより、Dには（3, 5, 7, 9）が配られ、残る（2, 6）がAに配られたとわかります（表2−①）。

表を見ながら、残っている数字から探せばいいね。

（2）Cに「9」が配られた場合

　同様に、Cの残り2枚の和は 25 − 9 = 16 ですから、（6, 10）に決まります。これより、Dには（3, 5, 7, 11）が配られ、残る（2, 4）がAに配られたとわかります（表2−②）。

表2

	1	2	3	4	5	6	7	8	9	10	11	12	13
①	B	A	D	C	D	A	D	B	D	C	C	B	C
②	B	A	D	A	D	C	D	B	C	C	D	B	C

　また、Cに「7」が配られた場合、Cの残り2枚の和は 25 − 7 = 18 ですが、表1にこれを満たすカードはなく、Cに「5」「3」が配られた場合も同様です。
　よって、表2の2通りが成立し、いずれにおいても確実にいえるのは肢1のみで、正解は肢1です。

正解　1

PLAY **4** カードの数を推理する問題

　白と黒のカードが 5 枚ずつ計 10 枚あり、白と黒いずれのカードにも 1 ～ 5 の数字が書かれてある。いま、A ～ E の 5 人に白と黒のカードを 1 枚ずつ配った。次のア～エの条件を満たす場合、E が受け取った 2 枚のカードの数字の組合せとして正しいものはどれか。

> ア．連続した 2 つの数字が書かれたカードを受け取った者は A だけで、その合計は 5 人の中で最大であった。
>
> イ．2 枚とも同じ数字が書かれたカードを受け取った者は B だけだった。
>
> ウ．2 枚のカードの数字の合計が同じだった者は 2 人いて、そのうちの 1 人は C であった。またその合計は 5 人の中で最小であった。
>
> エ．D が受け取った 2 枚のカードの数字の合計は奇数だった。

1.　1 と 4　　　2.　1 と 5　　　3.　2 と 4　　　4.　2 と 5　　　5.　3 と 5

> まず、A のカードの数を考えてみて！

　1 ～ 5 の合計は 15 ですから、10 枚のカードの数字の合計は 15 × 2 = 30 となり、各人が受け取ったカードの数字の合計の平均は 30 ÷ 5 = 6 となります。

　そうすると、まず、条件アより、A の 2 枚のカードの数字は連続していますので、その和は、最大で 4 + 5 = 9、次は 3 + 4 = 7 となります。しかし、A は合計が最大なので、3 + 4 = 7 の場合、その他の 4 人は 6 以下で、合計が 30 − 7 = 23 ですから、内訳は（6, 6, 6, 5）しかなく、条件ウに反します。

合計が最小の者が 2 人にならないからね。

　よって、A は 4 と 5 とわかり、どの条件にも色の区別がありませんので、表 1 のように記入します。

表 1

	1	2	3	4	5
（白）				A	
（黒）					A

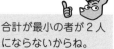

白と黒は入れ替え OK だよ！

　次に、条件イより、B のカードは 2 枚とも数字が同じで、1 ～ 3 のいずれかですが、1 が 2 枚なら、合計は 1 + 1 = 2 で、単独の最小となり、条件ウに

合計が 2 になる人は 2 人もいないでしょ !?

反します。

　そうすると、2が2枚、または、3が2枚で、ここで場合分けをします。

（1）Bのカードが2の場合

　Bのカードの合計は2＋2＝4ですが、残るカードの組合せは、最小で1＋3＝4ですから、条件ウより、Cは1と3で、BとCの2人が最小となります。

　そうすると、残るカードは、1, 3, 4, 5が1枚ずつなので、合計が5～8で、さらに、連続する2数にならないよう2組に分けると、(1, 4)(3, 5)となり、条件エより、合計が奇数になる(1, 4)はDで、(3, 5)がEとなり、白黒1枚ずつになるよう記入すると、表2のように成立します。

最小の4と最大の9の間ってこと！ 条件アより、連続はAだけなので、(3, 4) はNG！

表2

	1	2	3	4	5
（白）	D	B	C	A	E
（黒）	C	B	E	D	A

（2）Bのカードが3の場合

　Bのカードの合計は3＋3＝6で、ちょうど平均ですから、最小にはなりません。

　そうすると、残るカードのうち、連続しない2数で、合計が最小になるのは、表3より、1＋4＝5ですが、同じ5になる組合せをもう1組作ることはできませんので、条件ウを満たせず、成立しません。

表3

	1	2	3	4	5
（白）			B	A	
（黒）			B		A

　以上より、表2のように決まり、Eのカードは3と5で、正解は肢5です。

A〜Eの5人が、ある日の19時ちょうどに駅の改札口で待ち合わせることとした。次のことが分かっているとき、確実にいえるのはどれか。

ただし、正確な時刻に設定されていない時計の、正確な時刻とのずれは一定であるものとする。

○　Aが改札口に到着したのは、Aの腕時計では18:57であり、Dの腕時計では19:02であった。

○　Bが改札口に到着したのは、Bの腕時計では19:02であり、Eの腕時計では18:59であった。

○　Cが改札口に到着したのは、Cの腕時計では19:05であり、Bの腕時計では19:08であった。

○　Dが改札口に到着したのは、Dの腕時計では19:09であり、Cの腕時計では19:03だった。

○　Eが改札口に到着したのは、正確な時刻で19:01であった。

○　腕時計を正確な時刻に設定していたのは、2人であった。

1.　Aは1番目に到着し、その正確な時刻は18:58であった。
2.　Bは2番目に到着し、その正確な時刻は18:56であった。
3.　Cは3番目に到着し、その正確な時刻は19:05であった。
4.　Dは4番目に到着し、その正確な時刻は19:03であった。
5.　Eは5番目に到着した。

> 同じ時刻に、それぞれの時計が示してた時刻を整理してみよう！

まず、条件からわかることを、表1のように整理します。

表1

	正確な時刻	Aの時計	Bの時計	Cの時計	Dの時計	Eの時計
Aが到着		18:57			19:02	
Bが到着			19:02			18:59
Cが到着			19:08	19:05		
Dが到着				19:03	19:09	
Eが到着	19:01					

ここで、たとえば、Aが到着したときの各人の時計の時刻を調べます。

　Dが到着したときの、CとDの時計の時刻のずれより、Cの時計はDの時計より6分遅れていますので、Aが到着したときの、Cの時計は18:56を示していたことになります。

　また、Cが到着したときの、BとCの時計のずれより、Bの時計はCの時計より3分進んでいますので、Aが到着したときの、Bの時計は18:59となります。

　同様に、Bが到着したときの、BとEの時計のずれより、Eの時計はBの時計より3分遅れていますので、Aが到着したときの、Eの時計は18:56となります。

　ここで、Aが到着したときの各人の時計は表2のようになり、条件より、時計の時刻が正確な人が2人いるわけですから、同じ時刻を示すCとEとわかります。

　これより、CとEの時計の時刻から、B～Dが到着したときの正確な時刻も表のように判明し、到着順は、A→B→E→D→Cとなります。

表2

	正確な時刻	Aの時計	Bの時計	Cの時計	Dの時計	Eの時計
Aが到着	18:56	18:57	18:59	18:56	19:02	18:56
Bが到着	18:59		19:02			18:59
Cが到着	19:05		19:08	19:05		
Dが到着	19:03			19:03	19:09	
Eが到着	19:01					

　よって、確実にいえるのは肢4となります。

正解 4

#11 数量条件からの推理②
条件を満たす数字を考える！

頻出度 ★★★☆☆ ｜ 重要度 ★★★★☆ ｜ コスパ ★★★☆☆

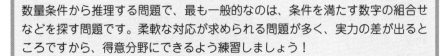

数量条件から推理する問題で、最も一般的なのは、条件を満たす数字の組合せなどを探す問題です。柔軟な対応が求められる問題が多く、実力の差が出るところですから、得意分野にできるよう練習しましょう！

PLAY 1　条件から年齢を推理する問題

国家一般職 2016

　大，中，小の三つのサイズの莢（さや）があり、大サイズの莢には豆が5粒、小サイズの莢には豆が3粒入っている。また、中サイズの莢には豆が4粒又は5粒入っているが、その数は莢を開いてみなければ分からない。

　いま、A～Dの4人がそれぞれいくつかの莢を取り、その莢から豆を取り出して、自分の年齢の数だけ豆を集めることとした。各人が次のように述べているとき、4人の年齢の合計はいくつか。

　　A：「大サイズの莢を2個、中サイズの莢を2個、小サイズの莢を2個取ったところ、自分の年齢と同じ数の豆が入っていた。」
　　B：「中サイズの莢を4個取ったところ、自分の年齢より4粒多く豆が入っていた。また、4個の莢のうち少なくとも1個には、豆が5粒入っていた。」
　　C：「自分の年齢はAとBの年齢の合計と同じである。1個だけ小サイズの莢を取り、残りは大サイズの莢を取ったところ、自分の年齢と同じ数の豆が入っていた。」
　　D：「私は、Bより2歳年上である。小サイズの莢を5個以上取ったところ、自分の年齢と同じ数の豆が入っていた。」

1. 91　　　2. 92　　　3. 93　　　4. 94　　　5. 95

各人の発言から、まずは、考えられる年齢の範囲を確認しよう！

各人の発言から、それぞれの年齢を検討します。

　まず、Aの発言より、Aが取った莢に入っていた豆の数は、大2個と小2個で、$5 \times 2 + 3 \times 2 = 16$ で、中2個には、最小で $4 \times 2 = 8$、最大で $5 \times 2 = 10$ の豆が入っていますので、合計すると、最小で $16 + 8 = 24$、最大で $16 + 10 = 26$ の範囲とわかり、Aの年齢は24歳〜26歳のいずれかとなります。

　次に、Bの発言より、Bが取った中4個の莢のうち、少なくとも1個は5粒で、残りは4または5粒ですから、最小で $5 + 4 \times 3 = 17$、最大で $5 \times 4 = 20$ の範囲となり、Bの年齢は、これより4小さいので、13歳〜16歳のいずれかとなります。

　さらに、Cの発言より、Cの年齢は、AとBの合計ですから、最小で $24 + 13 = 37$（歳）、最大で $26 + 16 = 42$（歳）の範囲ですが、Cが取った大の莢に入っていた豆の合計数は5の倍数で、小1個には3粒ですから、合わせて5の倍数＋3粒となり、37〜42でこれを満たすのは、$5 \times 7 + 3 = 38$ のみで、Cの年齢は38歳となります。

　さらに、Dの発言より、DはBより2歳年上なので、15歳〜18歳のいずれかですが、Dが取った小の莢に入っていた豆の数は $3 \times 5 = 15$ 以上の3の倍数ですから、15歳または18歳となります。

　しかし、Dが18歳の場合、Bは $18 - 2 = 16$（歳）ですから、Aは $38 - 16 = 22$（歳）となり、条件を満たしません。よって、Dは15歳で、Bは $15 - 2 = 13$（歳）、Aは $38 - 13 = 25$（歳）となり、

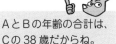

AとBの年齢の合計は、Cの38歳だからね。

4人の年齢の合計は、$25 + 13 + 38 + 15 = 91$（歳）とわかり、正解は肢1です。

正解　1

A君は、次の図のような穴が8つあるもぐらたたきに挑戦した。次のア〜ウのことが分かっているとき、**有り得ない**ことはどれか。ただし、もぐらには1〜8点の点数が付いており、各穴のもぐらは2回顔を出すものとする。

ア．A君は、合計点で20点を獲得した。
イ．A君が2回目にたたいて得たもぐらの点数は、1回目の2倍であった。
ウ．A君がもぐらをたたいて点数を得た回数は、5回であった。

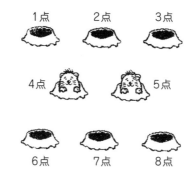

1点　　2点　　3点

4点　　5点

6点　　7点　　8点

1．点数を得たもぐらには、1点と2点のもぐらはなかった。
2．点数を得たもぐらは、3つの穴のもぐらであった。
3．3回目から5回目までに点数を得たもぐらは、3点以下のもぐらであった。
4．点数を得たもぐらは、4つの穴のもぐらであり、奇数点のもぐらはなかった。
5．点数を得たもぐらには、同じ穴のもぐらはなく、7点のもぐらがあった。

> 「有り得ない」のを探す問題は、最近はあまり出ていないけど、「有り得る」のを消去していけばいいからね。

ア〜ウの条件を満たす得点の組合せを、1回目の得点から場合分けして検討します。

まず、1回目が1点の場合、条件イより、2回目は2点、条件ア、ウより、3〜5回目で17点ですから、（1，8，8）（2，7，8）（3，6，8）…と、この場合だけでも複数あります。

さらに、<u>1回目が2点〜4点の場合</u>も同様に複数の成立例があり、すべて挙げるのは大変ですね。

しかし、本問は「有り得ない」ことを求めるわけですから、「有り得る」ものは消去できますので、選

> 成立例を1つか2つ見つけたところで選択肢を切っていく作戦でもいいけど、本問は成立例がかなりありそうだから、うまく切れるか心配だよね!?

択肢の内容それぞれについて一例を探し、有り得るかを確認しましょう。

肢1 3点以上のもぐらで、条件を満たす得点の組合せを検討します。

条件イより、1回目が3点で、2回目が6点の場合、条件ア、ウより、3～5回目で11点なので、これを満たす組合せを探すと、たとえば次のような組合せで成立します。

1回目	2回目	3回目	4回目	5回目	計
3点	6点	3点	4点	4点	20点

肢2 肢1で挙げた例より、3種類の得点で成立することが確認できます。

肢3 3～5回目が3点以下ということは、1, 2回目が高得点の場合を検討すればいいでしょう。

そうすると、1回目が4点、2回目が8点の場合、3～5回目で8点ですから、たとえば次のような組合せで成立します。

1回目	2回目	3回目	4回目	5回目	計
4点	8点	2点	3点	3点	20点

肢4 偶数点のもぐらは、2点, 4点, 6点, 8点の4種類ですから、これらの得点のみで、しかも4種類を一通り得点している組合せを探します。

しかし、これらを一通り得点したところで、2＋4＋6＋8＝20（点）より、4回で20点に達し、5回で20点という条件を満たすことができません。

よって、このようなことは、有り得ません。

肢5 7点を含む5種類の点数で合計20点になる組合せを探します。7点を除くと残り4回で13点なので、たとえば次のような組合せが可能です。

1回目	2回目	3回目	4回目	5回目	計
1点	2点	4点	6点	7点	20点

以上より、正解は肢4です。

正解 4

PLAY 3　倍数から考える問題 　　　　　　　　地方上級 2020

　各国代表選手のみが出場したマラソン大会が行われ、選手全員が完走し、同順位はいなかった。このマラソン大会に出場したA〜Eの選手について、次のことが分かっているとき正しくいえるのはどれか。

　・各国代表選手はいずれも5人だった。
　・Aより順位が上の人数とAより順位が下の人数は同じだった。
　・Bは41位で、A〜Eの中では最下位だった。
　・Cは23位、Dは32位だった。
　・Eの順位は、Aより4つ下だった。

1.　出場選手の数は60人以下である。
2.　A〜Eの中で、Aの順位は上から2番目である。
3.　A〜Eの中で、Eの順位は上から3番目である。
4.　AとCの順位の差は5つ違いである。
5.　AとDの順位の差は1つ違いである。

　まずは、1，3番目の条件から、出場選手数ってどんな数か考えてみよう！ ポイントは、同順位はいないってことかな！

　まず、1番目の条件より、出場選手の数は5の倍数で、3番目の条件より41人以上です。

　また、2番目の条件より、Aより順位が上の人数がn人とすると、下の人数もn人なので、Aを含めた出場選手は$2n + 1$（人）と表せ、これは奇数ですね。

$2n$は2の倍数（偶数）だからね。

これより、出場選手の数は、41 以上の 5 の倍数で奇数ですから、45, 55, 65, …という数になり、これらを「$2n + 1$」の式に当てはめ、A と E の順位を計算します。

（1）出場選手の数が 45 人の場合

　$2n + 1 = 45$ より、$n = 22$ ですから、A の前に 22 人がいて、A は 23 位となります。しかし、4 番目の条件より、23 位は C ですから、条件を満たしません。

（2）出場選手の数が 55 人の場合

　同様に、$n = 27$ ですから、A は 28 位です。そうすると、5 番目の条件より、E は 32 位となりますが、4 番目の条件より、D と同順位で、条件を満たしません。

（3）出場選手の数が 65 人の場合

　同様に、$n = 32$ ですから、A は 33 位で、E は 37 位となります。この場合は、どの条件とも矛盾しませんので、条件を満たします。

（4）出場選手の数が 75 人の場合

　同様に、$n = 37$ ですから、A は 38 位で、E は 42 位となり、3 番目の条件より、5 人の最下位は 41 位の B ですから、条件を満たしません。

　これより、出場選手が 85 人以上の場合も、（4）同様に、条件を満たさないことがわかり、（3）の場合に確定します。
　ここから、選択肢を確認します。

肢 1　出場選手の数は 65 人です。

肢 2　A ～ E の中では、C（23 位）→ D（32 位）→ A（33 位）→ E（37 位）→ B（41 位）の順となり、A は 3 番目です。

肢 3　肢 2 より、E は 4 番目です。

肢 4　A と C の順位の差は $33 - 23 = 10$ です。

肢 5　A と D の順位の差は $33 - 32 = 1$ で、確実にいえます。

正解 5

頻出度 ★★☆☆☆ | 重要度 ★★★☆☆ | コスパ ★★☆☆☆

数量条件を数式にして考える問題を扱います。数的推理の「整数問題」と少し似た問題になり、算数・数学の要素も含まれますが、計算はさほど複雑ではありません。

PLAY 1 条件から数式を立てる問題

東京都Ⅰ類 2005

タケノコ掘りに行ったA～Eの5人が掘ったタケノコの本数について、次のア～エのことが分かった。

ア．Bの本数は、Cの本数とEの本数の和からAの本数を引いた本数より2本少なかった。

イ．Dの本数は、Aの本数より2本多く、Cの本数より7本少なかった。

ウ．Eの本数は、Aの本数より多く、Dの本数より少なかった。

エ．掘ったタケノコの本数が同じ者はいなかった。

以上から判断して、掘ったタケノコの本数が2番目に多い者の本数と4番目に多い者の本数の差として、正しいのはどれか。

1．4本　　2．5本　　3．6本　　4．7本　　5．8本

この条件では、実際のタケノコの本数は確定しないね。誰かの本数を適当な数に仮定したらどうかな？

A～Eの掘った本数をそのままA～Eとして、条件ア～ウを式に表します。

ア　$B = C + E - A - 2$
イ　$D = A + 2 = C - 7$
ウ　$D > E > A$

ここで、本問にある条件は、いずれも「…より何本少ない」という、A～Eの比較ばかりで、実際のタケノコの本数を特定できる条件が含まれていないことがわかります。

　そうすると、成立例はたくさんあると考えられますので、適当な数値を仮定して一例を見つければ、本問の答えは求められるでしょう。

　では、たとえば、A＝1と仮定してみましょう。これに従って、B～Eは次のように表せますね。

たとえば、誰かの本数や、何人かの本数の合計などがあれば、それをもとにそれぞれの本数を特定できるよね！

条件イより、D＝A＋2＝1＋2＝3
　　　　　　A＋2＝C－7 ⇒ 1＋2＝C－7 ⇒ C＝10
条件ウに代入して、D＞E＞A ⇒ 3＞E＞1 ⇒ E＝2
条件アに代入して、B＝C＋E－A－2＝10＋2－1－2＝9

　これより、（A，B，C，D，E）＝（1，9，10，3，2）となり、この場合、2番目はB＝9、4番目はE＝2で、その差は7本とわかり、正解は肢4です。

あくまで一例だから、気をつけてね。

　また、一例で判断するのが不安であれば、A～Eを、この中の一文字を使って表すことで比較する方法もあります。この解法のほうが一般的であり正攻法ですね。

　ア～ウの式を変形して、たとえば、全員をAで表すと次のようになります。

Aだと、条件イからD,Eを簡単に表せるしね。もちろん、A以外でもOKだけど、Bみたいに情報が少なく複雑なのはやめたほうがいいね。

条件イより、D＝A＋2　　C＝A＋9 …①
条件ウにD＝A＋2を代入して、A＋2＞E＞Aより、E＝A＋1 …②
条件アに①，②を代入して、B＝（A＋9）＋（A＋1）－A－2＝A＋8

　これより、A～Eについて、次のように比較できます。

A	B	C	D	E
A	A＋8	A＋9	A＋2	A＋1

よって、Ｃ＞Ｂ＞Ｄ＞Ｅ＞Ａとなり、２番目のＢと４番目のＥの差は、
（Ａ＋8）－（Ａ＋1）＝7（本）と確認できます。

正解 4

本問は条件ウが要注意だね！ ２本差
のＡとＤに挟まれた整数Ｅは１つに
決まることに気づいたかな!?

硬貨の入ったA〜Eの5つの箱があり、そのうちの1つの箱には7枚の硬貨が入っており、他の箱にはそれぞれ数枚の硬貨が入っている。今、次のア〜エのことが分かっているとき、確実にいえるのはどれか。

ア．Aの箱に入っている硬貨とCの箱に入っている硬貨の枚数の和は、Eに入っている硬貨の枚数の2倍である。

イ．Aの箱に入っている硬貨とDの箱に入っている硬貨の枚数の和は、18枚である。

ウ．Bの箱に入っている硬貨は、Dの箱に入っている硬貨の枚数の半分である。

エ．Cの箱に入っている硬貨とEの箱に入っている硬貨の枚数の差は、2枚である。

1．AとBの箱に入っている硬貨の合計は10枚である。
2．BとCの箱に入っている硬貨の合計は15枚である。
3．CとDの箱に入っている硬貨の合計は20枚である。
4．DとEの箱に入っている硬貨の合計は22枚である。
5．EとAの箱に入っている硬貨の合計は11枚である。

> 本問は、すべての箱に入っている枚数がちゃんとわかるよ。まずは、7枚の箱はどれか考えてみて！

A〜Eの箱に入っている硬貨の枚数をそのままA〜Eとして、条件ア〜ウを式に表します。

$$\text{ア} \quad A + C = 2E$$
$$\text{イ} \quad A + D = 18$$
$$\text{ウ} \quad B = \frac{1}{2}D$$

ここで、条件にある「7枚の硬貨が入った箱」を考えます。

A〜Eは整数で、条件ウより、Dは2で割れるので偶数です。

そうすると、条件イより、A = 18 − Dで、18は偶数ですから、Aもまた偶数です。

さらに、条件アより、C = 2E − Aで、2Eも偶数ですから、Cも偶数です。

偶数 − 偶数 = 偶数
だからね！

そして、条件エより、Cと2枚差のEも偶数となります。

よって、<u>B以外</u>はすべて偶数となり、7枚の硬貨が入っているのはBの箱とわかります。

ここが最大のポイント！

これより、B＝7を代入して、次のようになります。

ウにB＝7を代入して、$\frac{1}{2}$D＝7 　∴D＝14

イにD＝14を代入して、A＝4

アにA＝4を代入して、C＝2E－4 　…①

ここで、条件エより、CとEは2枚差なので、次のように場合分けをして、①に代入します。

C＝E－2の場合
　①に代入して、E－2＝2E－4
　　　　　　　　－E＝－2　　　∴E＝2
　E＝2を代入して、C＝2－2＝0 　⇒ 条件に反する

C＝E＋2の場合
　①に代入して、E＋2＝2E－4
　　　　　　　　－E＝－6　　　∴E＝6
　E＝6を代入して、C＝6＋2＝8

よって、次のように決まります。

A	B	C	D	E
4枚	7枚	8枚	14枚	6枚

これより、選択肢を検討すると、正解は肢2となります。

正解▶ 2

#13 その他の推理①
矛盾なく組み合わせる!

頻出度 ★★☆☆☆ ｜ 重要度 ★★★☆☆ ｜ コスパ ★★★☆☆

これまでの推理問題と同じ系統で、どのカテゴリにも入らない変わった推理問題もけっこうあり、特に地方上級と国家（総合・一般・専門）でよく出題されています。一見、「これ何の問題?」と思うでしょうが、これまでと同じ考え方で解けますし、見た目より簡単な問題が多いです。まず、本章では、条件から矛盾のないよう推理するタイプの問題をご紹介します。

PLAY1 表から判断する問題

裁判所職員 2019

下は、男女6名の教員で構成されたあるチーム（専任教諭と常勤講師がいる）による、1週間（月曜～金曜）の授業担当表である。例えば月曜は、BとDとFの3人が担当し、その内訳は男性教員が2名で、常勤講師が1名であることを表している。

	A	B	C	D	E	F	男性	常勤
月		○		○		○	2	1
火			○		○	○	1	1
水	○		○		○		2	1
木	○			○		○	2	1
金	○	○	○				2	0

この表から正しく言えるものは次のうちどれか。

1. Aは男性の常勤講師である。
2. Bは女性の専任教諭である。
3. Cは女性の常勤講師である。
4. Dは男性の専任教諭である。
5. Eは男性の常勤講師である。

共通部分が多い曜日に着目して! まずは性別からね。

まず、性別について、火曜と水曜に着目します。ここではCとEが共通で、あと1名は、火曜はF、水曜はAですね。これにより、火曜→水曜で男性が1名増えているので、Aが男性で、Fは女性とわかります。

　そうすると、月曜の男性2名はBとDとわかり、ここまでを表1のように記入します。

表1

	A	B	C	D	E	F	男性	常勤
月		男○		男○		女○	2	1
火			○		○	女○	1	1
水	男○		○		○		2	1
木	男○			男○		女○	2	1
金	男○	男○	○				2	0

　表1より、金曜の男性2名はAとBで、残るCは女性ですから、火曜の男性1名はEとなり、表2のように性別が判明します。

表2

	A	B	C	D	E	F	男性	常勤
月		男○		男○		女○	2	1
火			女○		男○	女○	1	1
水	男○		女○		男○		2	1
木	男○			男○		女○	2	1
金	男○	男○	女○				2	0

　次に、常勤講師の人数を見ると、金曜は0ですから、A，B，Cは専任教諭とわかります。そうすると、水曜の常勤講師1名はEとわかり、火曜の1名もEですから、Fは専任教諭となります。これより、月曜と木曜の常勤講師1名はDとわかり、表3のように記入します。

表3

	A	B	C	D	E	F	男性	常勤
月		男○		男○常		女○	2	1
火			女○		男○常	女○	1	1
水	男○		女○		男○常		2	1
木	男○			男○常		女○	2	1
金	男○	男○	女○				2	0

以上より、正解は肢5です。

正解 5

「0」の入力に対して正常な出力が得られて、「1」の入力に対してエラーが出力される回路と、「1」の入力に対して正常な出力が得られて、「0」の入力に対してエラーが出力される回路がある。回路はA〜Eの全部で五つあり、各回路を4回操作し、そのときの入力が表のとおりであったとき、1回目は四つ、2回目は二つ、3回目は二つ、4回目は二つの正常な出力が得られた。このとき、確実にいえるものとして最も妥当なのはどれか。

	A回路	B回路	C回路	D回路	E回路
1回目	0	0	1	0	1
2回目	1	1	1	0	1
3回目	1	1	0	1	1
4回目	1	1	0	0	0

1. 「1」の入力に対して正常な出力が得られる回路は、三つ以上ある。
2. 「0」の入力に対して正常な出力が得られる回路は、三つのみである。
3. A回路とD回路は、「0」の入力に対して正常な出力が得られる。
4. C回路とE回路は、「1」の入力に対して正常な出力が得られる。
5. B回路は「0」の入力に対して、D回路は「1」の入力に対して正常な出力が得られる。

> PLAY1と同じタイプだね。まずは、1回目と2回目の違いに着目してみよう！

　まず、1回目と2回目の入力の違いについて見ると、C，D，Eについては、1，2回目とも同じ数値を入力していますが、AとBは、1回目に「0」、2回目に「1」を入力しています。

　これにより、1回目には正常な出力が4つであったのが、2回目には2つに減ったわけですから、AとBは「0」が正常で、「1」がエラーであるとわかります。

　これより、AとBは3，4回目もエラーとなり、表の正常に色を付け、エラーをグレーにすると、表1のようになります。

1回目はA，Bとも正常だったのが、2回目はともにエラーに変わったので、正常が2つ減ったってことだね。

表1

	A回路	B回路	C回路	D回路	E回路
1回目	0	0	1	0	1
2回目	1	1	1	0	1
3回目	1	1	0	1	1
4回目	1	1	0	0	0

　次に、C，D，Eについては、1～4回目のいずれも、3つのうち2つが正常となることがわかります。

　これより、2回目と3回目について見ると、Eは同じ「1」ですが、CとDは異なる数値を入力していますので、いずれか一方のみ正常で、もう片方はエラーとなります。ここから、Eの「1」は正常とわかりますね。

> 2回目と3回目は、Eともう1つが正常ってこと。Eは「1」が正常なので、「0」がエラーってことだね。

　そうすると、4回目については、Eは「0」がエラーですから、CとDの2つが正常となり、C，Dとも「0」が正常で、「1」がエラーですから、表2のようになります。

表2

	A回路	B回路	C回路	D回路	E回路
1回目	0	0	1	0	1
2回目	1	1	1	0	1
3回目	1	1	0	1	1
4回目	1	1	0	0	0

　これより、A～Dの4つは「0」、Eのみ「1」が正常となり、正解は肢3です。

正解 3

6つの商業施設A～Fについて、所在地と業務分類を調べたところ、以下のことが分かった。

> ア．A，B，C，Dのうち、東京にあるものは2つであり、百貨店は2つである。
>
> イ．B，C，D，Eのうち、東京にあるものは1つであり、百貨店は2つである。
>
> ウ．C，D，E，Fのうち、東京にあるものは2つであり、百貨店は1つである。

以上から判断して、確実にいえるのはどれか。

1. Aは、東京にあるが、百貨店ではない。
2. Cは、東京にはないが、百貨店である。
3. Dは、東京にあるが、百貨店ではない。
4. Eは、東京にはないが、百貨店である。
5. Fは、東京にあるが、百貨店ではない。

「～の中に○個」という条件をすべて満たす組合せを考える定番問題！ 本問は、所在地と業務形態の2種類があるけど、それぞれで考えればOK！

まず、東京にあるものから検討します。

条件より、東京にあるものの数は次のように表せます。

```
ア  A  B  C  D            →  2つ
イ     B  C  D  E         →  1つ
ウ        C  D  E  F      →  2つ
```

ここから、東京にあるものを○、ないものを×とします。

条件イより、（B，C，D）に○は多くても1つですから、条件アより、Aは○に確定します。

そうすると、アのもう1つの○は（B，C，D）にあり、イのEは×に確定します。

同様に、条件イより、（C，D，E）にも○は多くて1つなので、条件ウより、Fも○に確定します。

<u>ウのもう1つの○は（C，D）にあり、イのBも×に</u>確定し、次のようになります。

Eは×だからね！

A	B	C	D	E	F
○	×			×	○

CとDについては、どちらか片方が○、片方が×で、確定しませんので、<u>この時点で、肢2，3は消去できます。</u>

次に、百貨店について、条件を次のように表します。

他は今のところ
OK！

ア	A	B	C	D			→	2つ
イ		B	C	D	E		→	2つ
ウ			C	D	E	F	→	1つ

こちらも、百貨店を○、そうでないものを×とします。

条件イ，ウより、（C，D，E）に○が1つで、<u>Bは○、Fは×</u>に確定します。

ここで、肢5が正解！

そうすると、条件アより、（A，C，D）に○が1つありますので、ここで、次のように場合分けをします。

（1）Aが○の場合

C，Dが×になりますので、条件イより、Eが○になり、次のようになります。

A	B	C	D	E	F
○	○	×	×	○	×

（2）Aが×の場合

C，Dのいずれかが○になりますので、条件イより、Eが×になり、次のようになります。

A	B	C	D	E	F
×	○			×	×

よって、確定するのはBとFのみで、確実にいえるのは肢5です。

正解 5

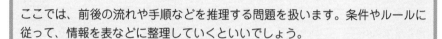

#14 その他の推理② 手順を考える!

頻出度 ★★★☆☆ | 重要度 ★★★☆☆ | コスパ ★★★☆☆

ここでは、前後の流れや手順などを推理する問題を扱います。条件やルールに従って、情報を表などに整理していくといいでしょう。

PLAY 1 前後の流れを推理する問題

地方上級 2020

ある回転寿司店でA〜Cの3人がレーンの上流から図のように順に座っており、マグロ3皿とサーモン3皿の計6皿を5秒間隔にある順で流すときの取り方を考える。3人は目の前の皿だけを取ることができ、取り方のルールは次のとおりである。

皿が流れ始める所　皿が流れる方向

テーブル

Ⓐ　Ⓑ　Ⓒ

・3人はある皿を取ると、5秒後に来た次の皿は取ることができないが、それ以降は取ることができ、再び取った場合も同様である。
・BとCは取ることができる皿を全て取る。
・Aはサーモンについては取ることができる皿を全部取り、マグロについては取ることができる皿のうち1皿目だけを取る。

このルールに従って取ったとき、6皿中5皿目を取ったのはBで、その皿はマグロであった。このとき、正しくいえるのはどれか。

1. 6皿中2皿目はサーモンである。
2. 6皿中3皿目はAが取った。
3. 6皿中4皿目はマグロである。
4. Cは計2皿取った。
5. 1人はマグロを取っていない。

> ポイントは、3皿目を取ったのが誰かな!

3番目の条件より、1皿目はAが取りますが、1，2番目の条件より、Aは次の皿を取れませんので、2皿目はBが取ったとわかり、ここまでを表1のように整理します。

表1

1皿目	2皿目	3皿目	4皿目	5皿目	6皿目
				マグロ	
A	B			B	

そうすると、3皿目はAまたはCが取ることになりますが、これをAが取った場合、次の4皿目はBが取りますので、Bは5皿目をとることができず、条件に反します。よって、3皿目はAではなくCが取ったことになります。

すなわち、Aが取らなかった3皿目はマグロで、それはAにとって2皿目のマグロであったためですから、Aが取った1皿目もマグロであったとわかり、表2のように記入します。

表2

1皿目	2皿目	3皿目	4皿目	5皿目	6皿目
マグロ		マグロ		マグロ	
A	B	C		B	

これより、1，3，5皿目がマグロで、残る皿がサーモンとなり、4皿目と6皿目はいずれもAが取ったとわかり、表3のようになります。

表3

1皿目	2皿目	3皿目	4皿目	5皿目	6皿目
マグロ	サーモン	マグロ	サーモン	マグロ	サーモン
A	B	C	A	B	A

表3より、正解は肢1です。

 正解 1

一組 48 枚のカードが重ねてある。下から 20 枚を取って一番上に重ね、4 等分して上から 1 段目と 2 段目を入れ替え、3 段目と 4 段目を入れ替える作業を 3 回繰り返す。この作業を終えた後の一番下のカードは、作業前には上から何枚目にあったか。

1. 8 枚目   2. 16 枚目   3. 24 枚目   4. 32 枚目   5. 40 枚目

48 枚で考えちゃダメ！ 何枚ずつかのグループで考えよう！

カードの枚数は 48 枚で、移動するカードの枚数は、最初に 20 枚、次に、48 ÷ 4 ＝ 12 枚ですから、すべて 4 で割れますので、上から 4 枚ずつ 12 組に分けて、順に No.1 ～ 12 とします。

そうすると、まず、最初の移動で、下の 20 枚＝ 5 組である、No.8 ～ 12 を上に重ねますので、左方向を上として書くと、図 1 のようになりますね。

図1

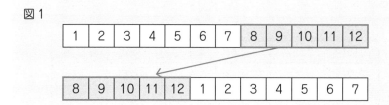

さらに、3 組ずつ 4 段に分けて、1 段目と 2 段目、3 段目と 4 段目を入れ替えると、図 2 のようになります。

> 1 ～ 48 で作業を行うのは大変だけど、1 ～ 12 ならそうでもないでしょ !?

図2

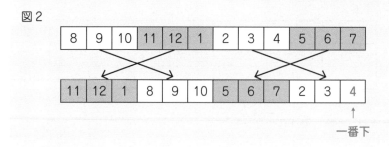

ここで 1 回目の作業が終わり、この時点で一番下になるのは No.4 ですね。

すなわち、初めに上から4番目にあった組が一番下になることを覚えておきましょう。

では、同様に、2回目の作業を行うと、図3のようになります。

図3

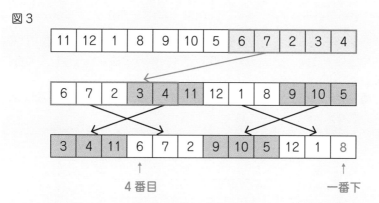

4番目　　　　　　　　　　　　一番下

この時点で、一番下になるのはNo.8で、やはり、2回目の作業開始時に上から4番目にあった組になります。

そうすると、この状態から3回目の作業を行った後、一番下は、やはり、上から4番目のNo.6になることがわかり、この組の一番下のカードは、初めに 4 × 6 ＝ 24枚目にあったカードとなり、正解は肢3です。

No.1の一番下は4、No.2の一番下は8…だから、No.6の一番下は24ってこと！

正解 ▶ 3

ある企業の職員Aは、表計算ソフトを用い、60種類の商品の管理を行っている。下表はそのリストであり、三つの属性（商品番号，単価，個数）がそれぞれ入力されている。また、表については、次のことが分かっている。

○ 商品番号の列には、上から順に1～60の値がそれぞれ入力されている。

○ 単価の列には、上から順に900，300，600の値が繰り返し入力されている。

○ 個数の列には、上から順に50，20，40，20，30，20の値が繰り返し入力されている。

	商品番号	単価	個数
1行目	1	900	50
2行目	2	300	20
3行目	3	600	40
⋮	⋮	⋮	⋮
60行目	60	600	20

Aは、ある日、個数の列を昇順（数の小から大に進む順序）に並べ替えた後、商品番号が3の倍数の行を上から1行ずつ削除した。次に、単価の列を昇順で並べ替えた。このとき、最終的なリストについて確実にいえるのはどれか。

ただし、この表計算ソフトで並べ替えを行う場合、三つの属性（商品番号，単価，個数）のうち一つを指定し、その属性の値に基づき、表全体を並べ替えるものであり、属性の値が一致するものについては、その並べ替えを行う前の順序が保たれるものとする。また、表から行を1行削除した場合、それ以降の行は、それぞれ一つ上の行に移動するものとする。

1. 10行目の商品番号は、5である。
2. 15行目の単価は、900である。
3. 25行目の個数は、40である。
4. 30行目の単価は、600である。
5. 40行目の商品番号は、55である。

まず、リストの初めのほうを書き上げて、それぞれの操作後の並び方を確認してみて！

まず、商品番号, 単価, 個数の対応を、左方向を上として、表 1 のようにいくつか書き上げて確認します。

表 1

商品番号	1	2	3	4	5	6	7	8	9	10	11	12	…
単　価	900	300	600	900	300	600	900	300	600	900	300	600	…
個　数	50	20	40	20	30	20	50	20	40	20	30	20	…

　初めに、個数について昇順に並べ替えますので、個数と商品番号の対応を確認すると、商品番号が偶数の行は、個数がすべて最小の「20」ですから、まず、初めに偶数番号が小さいほうから順に並び、その数は、60 行のうちの半分の30 行となります。

　次に、個数「30」の商品番号は、最初が「5」で、次が「11」、その後も、6間隔で現れますから、「5, 11, 17, 23…」と並びます。
同様に、個数「40」の商品番号は「3, 9, 15, 21…」で、個数「50」の商品番号は「1, 7, 13, 19…」となり、「30」「40」「50」の商品の数は、いずれも 10行ずつですから、この時点で、表 2 のように並ぶことがわかります。

6 行に 1 行の間隔だから、60 行の中では10 行ずつだね。

表 2

商品番号	2, 4, 6, 8, 10, …	5, 11, …	3, 9, …	1, 7, …
個　数	20	30	40	50
行　数	30 行	10 行	10 行	10 行

　次に、商品番号が 3 の倍数の行を削除しますが、偶数で 3 の倍数になるのは、2 と 3 の公倍数、つまり、6 の倍数です。1 ～ 60 に 6 の倍数は 10 個あり、これらはすべて最初の 30 行の中にありますので、ここから 10 行が削除されます。
　また、奇数で 3 の倍数になるのは、3, 9, 15…で、これは、個数「40」の商品番号と一致します。したがって、個数「40」の 10 行が削除され、この時点で表 3 のように並ぶことになります。

表3

商品番号	2, 4, 8, 10, 14, …	5, 11, 17, …	1, 7, 13, …
個　数	20	30	50
行　数	20行	10行	10行

　最後に、単価について昇順に並べ替えますので、単価と商品番号の対応を、表1で確認すると、単価「600」の商品番号はすべて3の倍数なので、既に消去されており、「900」と「300」のみ残っていることがわかります。

　そうすると、単価「300」が上に並び、その後に「900」が並ぶことになりますが、表3の最初の20行（個数「20」）の中で「300」になる番号を探すと「2, 8…」、「900」になる番号は「4, 10…」で、いずれもその後6間隔で現れることがわかり、それぞれ10行ずつとなります。

　次に、個数「30」について確認すると、いずれも単価「300」ですから、個数「20」で単価「300」の10行の後に、この10行が並ぶことになります。

　最後に、個数「50」については、いずれも単価「900」ですから、個数「20」で単価「900」の10行の後に、この10行が並び、表4のようになります。

> 単価は3つ、個数は6つの数が繰り返すから、商品番号6つで1循環するでしょ!?

表4

商品番号	2, 8, 14, …	5, 11, 17, …	4, 10, 16, …	1, 7, 13, …
単　価	300	300	900	900
個　数	20	30	20	50
行　数	10行	10行	10行	10行

　これより、選択肢を確認します。

肢1　10行目の商品番号は偶数になります。

肢2　15行目の単価は300です。

肢3　25行目の個数は20です。

肢4　30行目の単価は900です。

肢5　40行目は最後の行で、商品番号は「1, 7, 13…」の10番目ですから、
　　　　$1 + 6 \times 9 = 55$ となり、確実にいえます。

正解 ▶ 5

#15 その他の推理③ 柔軟に考える！

頻出度 ★★★☆☆ ｜ 重要度 ★★★☆☆ ｜ コスパ ★★★☆☆

判断推理にはその他にも色々な問題が出題されています。ここでは、その一例として、ちょっと面白い問題を取り上げます。決して難しくはありませんので、柔軟に取り組んでみてください。

PLAY 1 組合せを考える問題

地方上級 2022

A～Hの8人を4組のペアで分けることを2回行った。次のことがわかっているとき、正しくいえるのはどれか。

- ・1回目と2回目に同じ相手とペアを組んだ者はいなかった。
- ・Aは、1回目にBとペアを組んだ。
- ・Bは、2回目にHとペアを組まなかった。
- ・Cは、1回目にHとペアを組み、2回目にEとペアを組んだ。
- ・Fが1回目にペアを組んだ相手と、Gが2回目にペア組んだ相手は同じだった。

1. Aは2回目にFと組んだ。
2. Bは2回目にDと組んだ。
3. DはGと一度も組まなかった。
4. Eは1回目にFと組んだ。
5. Hは2回目にAと組んだ。

最後の条件にある、1回目にFと組んだ相手は誰かがポイントかな！

まず、2，4番目の条件より、組んだことがわかっているペアを、表1のように整理します。

表1

1回目	2回目
A，B	C，E
C，H	

　ここで、5番目の条件にある、1回目にFと組んだ相手を考えると、D，E，Gのいずれかですが、その人は2回目にGと組んでいますので、Gではなく、また、Eは2回目にCと組んでいますので、Eでもありませんから、Dに決まります。

　これより、1回目はDとF、2回目はDとGが組み、1回目の残るもう1組はEとGとわかります（表2）。

表2

1回目	2回目
A，B	C，E
C，H	D，G
D，F	
E，G	

　そうすると、2回目のあと2組は、A，B，F，Hの4人ですが、1，3番目の条件より、Bの相手は、A，Hではありませんので、Fに決まり、残るもう1組がAとHとわかります（表3）。

表3

1回目	2回目
A，B	C，E
C，H	D，G
D，F	B，F
E，G	A，H

よって、正しくいえるのは肢5となります。

正解 5

PLAY 2 数量条件と対応関係の問題

　ある学校の料理部にはA～Dの4人が所属しており、各人が作った料理の人気投票を行った。料理は全部で6品あり、2人が1品ずつ、残りの2人が2品ずつ料理を作り、各人3票を自分以外の人が作った料理に投票した。次のことが分かっているとき、確実にいえるのはどれか。

　ただし、同一の料理に2票以上投票した者はいないものとする。

○　A～Dのそれぞれについて得票数の合計をみると、互いに異なり、最多の人は6票で最少の人は1票であった。

○　AはB，C，Dが作った料理に投票した。

○　CはDが作った料理に投票したが、DはCが作った料理には投票しなかった。

○　得票数が0票の料理はCが作った料理であった。

1．Aは1品だけ料理を作った。
2．BはC，Dが作った料理に投票した。
3．Cが作った料理の得票数の合計は2票であった。
4．DはBが作った料理には投票しなかった。
5．Dが作った料理の得票数の合計は3票であった。

誰が何品作ったかわかったら、料理と投票者で対応表を作成してみて。でも、ちょっと推理が必要かな。最近の国家（総合・一般・専門）らしい問題かも！

A～Dはそれぞれ3票を投票していますので、4人
の得票数の合計は3×4＝12（票）です。1番目の
条件より、最多は6票、最少は1票ですから、残る2
人で、12－6－1＝5（票）となり、2票と3票と
わかります。

得票数は互いに異なるので、（1票, 4票）はNG！

　ここで、最多の6票を取った人について考えると、条件より、1品で最多3
票ですから、2品作り、いずれも満票だったことになります。すなわち、他の
3人から2票ずつ得たわけですが、2番目の条件より、B，C，Dはいずれも、
Aから1票しか得ていませんので、6票を取ったのはAとわかります。

　また、4番目の条件より、Cは得票数0票の料理を作っていますが、Aから
1票得ていますので、2品作り、そのうちの1品はAから得票し、もう1品は
0票だったとわかり、ここまでを表1のように表します。

表1

（料　理）

	A	A	B	C	C	D
（投票）A			○	○	×	○
B	○	○			×	
C	○	○				
D	○	○			×	
得票数	3	3			0	

　また、B，C，Dは、A以外にあと1票ずつ投票していますが、3番目の条
件より、CはDに投票していますので、Bには投票しておらず、DはCに投票
しなかったので、Bに投票したとわかります。

　そうすると、BとDは、いずれも2票以上得票していますので、2票または
3票で、Cの得票数が1票であったとわかります。

　これより、BはCに投票しておらず、Dに投票して、Dが3票、Bが2票で、
表2のようになります。

表2

		A	A	B	C	C	D
（投票）	A			○	○	×	○
	B	○	○		×	×	○
	C	○	○	×			○
	D	○	○	○	×	×	
	得票数	3	3	2	1	0	3

（料　理）

以上より、正解は肢5です。

||| 正解 5

PLAY 3　相互の関係を考える問題　　　　裁判所職員 2017

　A～Fの6人は、あるカルチャースクールの講師で、それぞれ英会話，中国語，茶道，囲碁，水彩画，俳句のいずれかの科目を専門としている。6人は自分の専門科目を6人のうちの異性の誰かに教え、そして6人のうちの異性の誰かからある科目を習っている。そのため、6人は自分の専門科目と習っている科目の2つを得意としているが、他の4科目は得意ではない。次のア～オのことが分かっているとき、確実に言えるものはどれか。

　ア．Aに茶道を習っている女性がいる。
　イ．Bが教えている女性は、Fに教えている。
　ウ．Eは、Dに中国語を教えている人に英会話を教えている。
　エ．Fは俳句が得意である。
　オ．囲碁と水彩画の2科目を得意としている人がいる。

1．Aは、茶道と水彩画が得意である。
2．Bは、俳句を教えている人に中国語を教えている。
3．Cは、Aに囲碁を教えている。
4．Dは、水彩画を教えている。
5．俳句と囲碁の2科目が得意な人はいない。

> このタイプもときどき出題されているよ。わかるところから図にしてみよう！

6人は、自分の専門科目と習っている科目の2
科目を得意としているわけですから、習っている
科目は1科目だけです。すなわち、1人の異性か
ら習い、1人の異性に教えていますので、男女の
内訳は3人ずつとわかります。

もし、男性が4人で、女性が2人とかだと、女性は複数の男性から習うことになるよね!?

　ここで、条件ア～ウについて、図1のように、
不明な人物をX～Zとして表すと、男女交互に並ぶことから、A，B，Fの3
人は男性とわかります。

図1

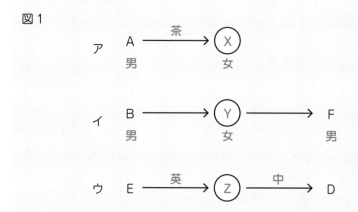

　そうすると、残るC，D，Eが女性となり、図1のZは男性ですから、A，B，
Fのいずれかとなります。しかし、Zは中国語を教えていますので、条件アより、
Aではなく、また、得意な2科目は中国語と英会
話になりますので、条件エより、Fでもありませ
んので、Bに決まり、図1のイとウを合わせて、
図2のようになります。

ZがBだと、条件イのYはDになるね。

図2

イ＋ウ　E ──英──→ B ──中──→ D ────→ F
　　　　女　　　　　男　　　　　女　　　　　男

　ここで、条件オについて、囲碁と水彩画を得意
としている人を考えると、図2と条件エより、E，
B，D，Fではありませんので、残るAかCですが、
条件アより、Aでもありませんので、Cに決まり

EとBは英会話、BとDは中国語、Fは俳句が得意だからね。

ます。Cは女性ですから、A，B，Fのいずれか
から囲碁または水彩画を習っていますが、Aは茶
道、Bは中国語を教えていますので、Fから習っ
ているとわかります。

　そうすると、残るAは、Cから習い、Eに教え
ていることになり、FはCに囲碁または水彩画を
教えていますので、Dから俳句を習っているとわ
かり、図3のようになります。

BはEから、FはDから
習っているので、Aは残
るCから習っている。
BはDに、FはCに教え
ているので、Aは残るE
に教えているわけだ！
まあ、図でわかるよね！

図3

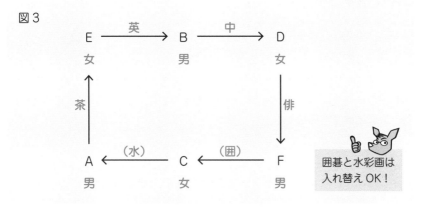

囲碁と水彩画は
入れ替えOK！

以上より、確実にいえるのは肢2となります。

正解 2

#16 集合算①
ベン図に整理する！

頻出度 ★★★★☆ ｜ 重要度 ★★★★☆ ｜ コスパ ★★★★☆

基本的に3つの属性で分けられた集合の問題で、「ベン図」という図に整理するのが便利です。全体的に頻出度は高めですが、特に東京都ではほぼ毎年出題されています。

PLAY1 ベン図に整理する基本問題

裁判所職員 2020

100人の外国人旅行者（以下、「旅行者」とする）を対象として、日本で寿司、カレーライス及びラーメンを食べたことがあるかについての調査を行ったところ、次の結果が得られた。

ア　寿司，カレーライス及びラーメンのうちいずれも食べたことがない旅行者は10人である。
イ　寿司またはラーメンを食べたことがある旅行者は85人である。
ウ　寿司を食べたことがある旅行者は55人である。
エ　ラーメンとカレーライスの両方を食べたことがある旅行者は8人である。
オ　寿司，カレーライス及びラーメンを全て食べたことがある旅行者は3人である。

このとき、ラーメンのみを食べたことがある旅行者の数として正しいものはどれか。

1. 15人　　　2. 18人　　　3. 22人　　　4. 25人　　　5. 28人

まずはベン図の使い方をマスターしよう！

全体で100人の集合を、3種類の食べ物について、食べたことがあるかないかで分けたわけですね。このような問題は、図1のような「ベン図」に整理するのが定石です。

　ベン図はそれぞれの食べ物を食べたことがある旅行者の集合で、食べたことのある人が内側、ない人が外側になります。3種類いずれも「ある」「ない」の2通りですから、2×2×2＝8（通り）のグループ（図の $a \sim h$）に分けられるのがわかりますね。

参考書によっては、「キャロル表」という表を使っていることもあるけど、基本的な仕組みは同じだからね。

必ず内側と外側のいずれかに分類できることが鉄則！
「YES」「NO」「どちらでもない」とかの条件だとベン図は使えないからね。

図1

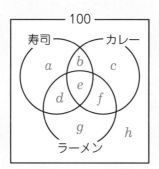

では、ここに、条件からわかることとして、まず、以下のことを記入します。

ア　$h = 10$
ウ　寿司の合計 ＝ 55
エ　$e + f = 8$　　オ　$e = 3$　→　$f = 5$

条件エの段階で、e と f のまたがる部分に「8」と記入しておくといいね。
条件オで、e, f がわかったら消してしまおう！

　また、求める「ラーメンのみ」は g ですから、ここをチェックして図2のようになります。

図2

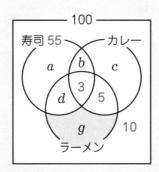

残る条件イについて考えると、「寿司またはラーメン」とは、図1の $(a+b+d+e)+f+g$ の部分で、$(a+b+d+e)$ は寿司の集合ですから、次のようになります。

「寿司とラーメン」じゃないからね。$(d+e)$ の部分と誤解しないように！

イ　寿司の合計 $(55)+f(5)+g=85$
　　$g=85-55-5=25$

これより、求める g は 25 人とわかり、正解は肢4です。

正解 4

すし…♡

　ある学校の生徒全員に、3問のクイズX，Y，Zを出題し、3問全問に解答してもらった。生徒のクイズの正解状況について模式的に表すと図のようである。

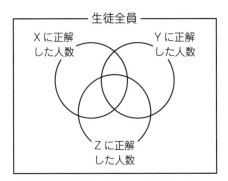

　いま、クイズに正解した人数について、次の三つの情報が与えられている。

- ・Xに正解した人数
- ・Xにだけ正解した人数
- ・YとZの2問だけに正解した人数

　これらの三つの情報に加えて、次の情報のいずれか一つが与えられると「3問とも正解した人数」が確実に求められる。その情報はどれか。

1. Zに正解した人数
2. XとZの2問だけ正解した人数
3. 1問だけ正解した人数
4. 2問だけ正解した人数
5. 少なくとも1問正解した人数

　ちょっと面白い問題をやってみよう！ 変わっているけど難しくはないよ！

図のように、ベン図の 8 つのグループを $a \sim h$ とします。

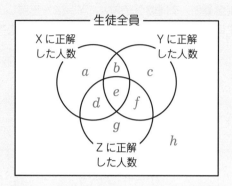

条件から、与えられている情報は以下の 3 つですね。

X に正解した人数 　　　　　　　　→ $a + b + d + e$ …①
X にだけ正解した人数 　　　　　　→ a …②
Y と Z の 2 問だけに正解した人数 　→ f …③

①〜③の他に、①から②の人数を引いて、③を足すと、以下の情報もわかります。

①−②+③ → $b + d + e + f$ …④

④は「2 問以上正解した人」になりますから、ここから肢 4「2 問だけ正解した人数」を引くと、「3 問とも正解した人数」が求められます。
　よって、正解は肢 4 です。

　ある会社で社員の生活習慣について調査を行った。次のことが分かっているとき、確実にいえるのはどれか。

○　睡眠時間の平均が 6 時間以上の者は 72 人であり、6 時間未満の者は 48 人である。
○　朝食を食べる習慣がない者は 51 人である。
○　朝食を食べる習慣があり、運動する習慣がなく、睡眠時間の平均が 6 時間未満の者は 20 人である。
○　朝食を食べる習慣がなく、睡眠時間の平均が 6 時間未満の者のうち、運動する習慣がある者は、そうでない者より 2 人多い。
○　運動する習慣がなく、睡眠時間の平均が 6 時間未満の者は 25 人である。
○　運動する習慣があり、睡眠時間の平均が 6 時間以上の者のうち、朝食を食べる習慣がある者は 15 人であり、そうでない者より 5 人少ない。

1.　運動する習慣がある者は 55 人である。
2.　睡眠時間の平均が 6 時間以上で、朝食を食べる習慣があり、運動する習慣がない者は 15 人である。
3.　睡眠時間の平均が 6 時間未満で、朝食を食べる習慣があり、運動する習慣がある者は 20 人である。
4.　睡眠時間の平均が 6 時間以上の者のうち、朝食を食べる習慣がある者は、そうでない者より少ない。
5.　朝食を食べる習慣がない者のうち、運動する習慣がある者は、そうでない者より少ない。

少し複雑になるけど、カンタンな計算だけで解けるよ！

　条件に一通り目を通すと、以下の 3 項目について 2 通りずつ分類されているのがわかります。

　　睡眠時間の平均　→　6 時間以上／6 時間未満
　　朝食を食べる習慣　→　ある／ない
　　運動する習慣　→　ある／ない

　これより、図 1 のように、睡眠時間の平均が 6 時間以上の人（6h 以上）、朝食を食べる習慣のある人（朝食）、運動する習慣のある人（運動）の集合で

ベン図を描き、条件を整理します。

まず、1番目の条件より、睡眠時間6h以上は72人で、6h未満は48人ですから、全体では72 + 48 = 120（人）とわかります。そうすると、2番目の条件から朝食ありは120 − 51 = 69（人）となりますね。

また、3番目の条件もすぐに記入できますので、これを記入し、残る箇所を図のように$a \sim g$とします。

図1

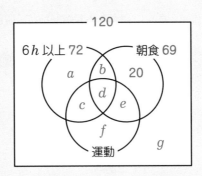

ここで、4，5番目の条件より、次のようにわかります。

4番目の条件　$f = g + 2$　…①
5番目の条件　$20 + g = 25$　∴$g = 5$　→　①に代入して、$f = 7$

さらに、6番目の条件より、$d = 15$，$c = 20$となり、ここまでで図2を得ます。

図2

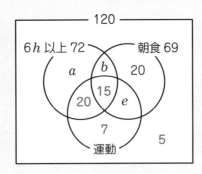

ここから、以下のように求められます。

「朝食なし」の集合から、
$a + 20 + 7 + 5 = 51$　∴ $a = 19$

「6h 以上」の集合に、$a = 19$ を代入して、
$19 + b + 20 + 15 = 72$　∴ $b = 18$

「朝食あり」の集合に、$b = 18$ を代入して、
$18 + 20 + 15 + e = 69$　∴ $e = 16$

以上を記入して、図3を得ます。

図3

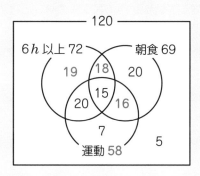

これより、選択肢を検討します。

肢1　「運動あり」の合計は 58 人です。

肢2　図の b で、18 人です。

肢3　図の e で、16 人です。

肢4　「6h 以上」のうち、「朝食あり」は $b + d = 18 + 15 = 33$（人）、「朝食なし」は $a + c = 19 + 20 = 39$（人）ですから、前者のほうが少なく、本肢は確実にいえます。

肢5　「朝食なし」のうち、「運動あり」は $c + f = 20 + 7 = 27$（人）、「運動なし」は $a + g = 19 + 5 = 24$（人）で、前者のほうが多いです。

正解　4

　ある学校の生徒を対象に、スマートウォッチ，パソコン，ＡＩスピーカー，携帯電話の４機器についての所有状況を調査した。次のことが分かっているとき、パソコンを所有しているがスマートウォッチを所有していない生徒の人数として最も妥当なのはどれか。

○　スマートウォッチとＡＩスピーカーのどちらか１機器又は両方の機器を所有している生徒は、必ずパソコンを所有している。

○　パソコンを所有している生徒は必ず携帯電話を所有している。

○　１機器のみを所有している生徒の人数と、２機器のみを所有している生徒の人数と、３機器のみを所有している生徒の人数と、４機器全てを所有している生徒の人数は、全て同じであった。

○　携帯電話を所有している生徒は 100 人であった。

○　携帯電話を所有していない生徒は 10 人で、ＡＩスピーカーを所有していない生徒は 80 人であった。

1.　15 人　　　2.　20 人　　　3.　25 人　　　4.　30 人　　　5.　35 人

4 種類の集合が出てくるけど、ベン図をどう描くか考えてみよう！

　本問は、機器が４つありますから、ベン図も４つ描くことになりますが、1,2番目の条件から、図１のような関係になりますので、図のように $a \sim f$ として、ここに人数を記入していきます。

今までの３枚の描き方で、４枚を描くのはちょっとムリだけど、このような条件なら描けるよね。
このベン図の描き方は、187 ページで詳しく解説するからね。

図1

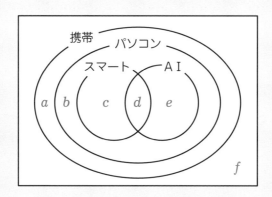

4，5番目の条件より、携帯電話を所有している生徒は100人で、所有していない生徒（*f*）は10人ですから、全体では110人とわかります。

また、図1より、4機器のうちいずれか1機器以上を所有している生徒は、全員携帯電話を所有していますので、3番目の条件より、1機器のみ、2機器のみ、3機器のみ、4機器すべて所有している生徒はそれぞれ25人となりますね。

そうすると、1機器のみというは携帯電話のみで、図1の*a*の部分、2機器のみは携帯電話とパソコンのみで*b*の部分、また、4機器すべては*d*の部分で、それぞれ25人となります。

さらに、3機器のみは*c* + *e*の部分で、ここも25人ですが、5番目の条件より、AIスピーカーを所有しているのは110 − 80 = 30（人）ですから、*e* = 30 − 25 = 5（人）で、*c* = 25 − 5 = 20（人）とわかります（図2）。

図2

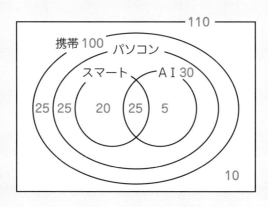

以上より、パソコンは所有しているがスマートウォッチは所有していない生徒は、図1の $b + e$ の部分で、図2より、$25 + 5 = 30$（人）となり、正解は肢4です。

正解 4

PLAY 5　3グループに分けるタイプの問題　　東京消防庁Ⅰ類2004

あるペットショップが、犬，小鳥，熱帯魚を飼っているか否かのアンケートを行ったところ、480人から有効回答があり、そのうち340人が犬を飼っている。小鳥を飼っているのは120人で、熱帯魚を飼っているのは150人いた。どれか1種類のみを飼っているのは310人で、3種類すべてを飼っているのは20人である。残りはどれか2種類を飼っている人と、いずれも飼っていない人である。いずれも飼っていない人数は何人か。

1. 10人　　2. 20人　　3. 30人　　4. 40人　　5. 50人

特殊なパターンだけど、ときどき出題されているから、解法を覚えて！ 最近だと、2020年の警視庁にも出題されているよ。

犬，小鳥，熱帯魚を飼っている人の集合でベン図に描きます。条件より、それぞれの集合の人数と、3種類すべてを飼っている人の数を記入し、その他は図のように $a \sim g$ とします。

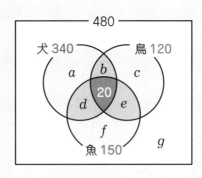

さて、本問は、集合算の中でも特殊なタイプで、集合を「1種類のみ」「2種類のみ」「3種類すべて」という基準で分けているという特徴があります。

仕組みがわかれば、ベン図を描かなくとも解けるようになりますので、解法

を覚えて下さい。

　まず、このまま文字を使って確認します。3つの集合の合計について、図より次のような関係が成り立ちますね。

$$\underset{\text{(犬)}}{(a+b+d+20)}+\underset{\text{(小鳥)}}{(b+c+e+20)}+\underset{\text{(熱帯魚)}}{(d+e+f+20)}=340+120+150$$

　さらに、これを整理すると、次のようになります。

$$(a+c+f)+(2b+2d+2e)+3\times 20=610$$

　「$a+c+f$」は、図より「1種類のみ」を飼っている人の合計とわかり、条件より310人ですから、これを代入して次のようになります。

$$310+2(b+d+e)+3\times 20=610$$
$$2(b+d+e)=240$$
$$\therefore b+d+e=120$$

　「$b+d+e$」は2種類のみ飼っている人の合計で、これが120人とわかります。

　ここでわかるように、このような問題は、それぞれを文字におかなくとも、「1種類のみ」「2種類のみ」「3種類すべて」の3グループにまとめて考えればいいわけです。

　本問であれば、「1種類のみ」が310人で、これは<u>1回だけ数え</u>、「2種類のみ」はx人として<u>2回数え</u>、「3種類すべて」は20人で、<u>3回数える</u>れば、次のような簡単な方程式ですみます。

図において、ベン図が2枚重なっているところは2回、3枚重なったところは3回数えれば、3枚のベン図の合計になるでしょ!?

$$310\times 1+2x+20\times 3=340+120+150$$
$$2x=240 \quad \therefore x=120$$

　これより、いずれも飼っていない人数は次のように求められます。

有効回答数 − 1 種類以上飼っている人数
＝有効回答数 −（1 種類 ＋ 2 種類 ＋ 3 種類）
＝ 480 −（310 ＋ 120 ＋ 20）
＝ 480 − 450
＝ 30

よって、30 人となり、正解は肢 3 です。

#17 集合算②
表や線分図に整理する！

| 頻出度 ★★☆☆☆ | 重要度 ★★★☆☆ | コスパ ★★★★☆ |

集合算の問題のほとんどはベン図を使って解けますが、中には例外もあります。ここでは、その代表的なパターンを2種類ご紹介します。

PLAY 1 　表に整理する問題

東京都Ⅰ類 2005

　ある大学の学園祭で 150 人の学生が参加したクイズ大会において、出題された第1問および第2問の2題のクイズについて解答状況を調べたところ、次のア〜カのことが分かった。

ア　クイズ大会に参加した女子学生の人数は、56 人であった。
イ　第1問を正解した男子学生の人数は、78 人であった。
ウ　第1問が不正解であった女子学生の人数は、11 人であった。
エ　第1問が不正解であった学生の人数と第2問が不正解であった学生の人数との和は、92 人であった。
オ　第2問を正解した学生の人数は、男子学生が女子学生より9人多かった。
カ　クイズ大会に参加した学生の全員が、第1問および第2問の2題のクイズに答えた。

　以上から判断して、第2問が不正解であった男子学生の人数として、正しいのはどれか。

1. 46 人　　　　2. 47 人　　　　3. 48 人　　　　4. 49 人　　　　5. 50 人

過去に同様の問題が何度か出題されている。少し複雑に見えるけど、それほど難しくはないよ。

　参加した学生の人数が、どのように分類されているかを考えると、まず、「男子と女子」、そして、クイズの「正解と不正解」ですが、これらは、第1問と第2問のそれぞれについて条件がありますから、次のような表に整理しましょう。

　まず、条件アより、女子は 56 人ですから、男子は 150 − 56 = 94（人）で、さらに、条件イ，ウを記入して表1のようになりますね。

求める第2問不正解の男子はチェックしておきましょう。

表1

(第1問)

	正解	不正解	計
男子	78		94
女子		11	56
計			150

(第2問)

	正解	不正解	計
男子			94
女子			56
計			150

　第1問について、表1より、不正解の男子は、94 − 78 = 16（人）、正解の女子は、56 − 11 = 45（人）とわかります。さらに、正解、不正解それぞれの合計を出して、表2のように完成します。

　また、条件エより、第2問が不正解であった学生の人数は92 − 27 = 65（人）となり、これより、第2問が正解の人数は 150 − 65 = 85（人）とわかります。

表2

(第1問)

	正解	不正解	計
男子	78	16	94
女子	45	11	56
計	123	27	150

(第2問)

	正解	不正解	計
男子			94
女子			56
計	85	65	150

　ここで、第2問が正解の男子と女子について、その和は85人で、条件オより、差は9人ですから、和差算（173ページ）を使うと、男子の人数は（85 + 9）÷ 2 = 47（人）、女子の人数は、47 − 9 = 38（人）がわかります。これを合計から引いて、第2問が不正解の人数を求め、表3のように完成します。

表3

(第1問)

	正解	不正解	計
男子	78	16	94
女子	45	11	56
計	123	27	150

(第2問)

	正解	不正解	計
男子	47	47	94
女子	38	18	56
計	85	65	150

よって、第2問不正解の男子は47人となり、正解は肢2です。

||| 正解 ▶ 2

和差算

2つの数AとB（A＞B）の、和（A＋B）と差（A－B）について、以下のようになります。

和＋差　→　（A＋B）＋（A－B）＝A＋B＋A－B＝2A
和－差　→　（A＋B）－（A－B）＝A＋B－A＋B＝2B

すなわち、「2A＝和＋差」、「2B＝和－差」ですから、それぞれの両辺を2で割って、次のことが成り立ちます。

大きいほうの数（A）＝（和＋差）÷2
小さいほうの数（B）＝（和－差）÷2

PLAY 2　最少人数を考える問題　　　　　　警視庁Ⅰ類 2016

一人暮らしの大学生50人を対象に、家具・家電製品の所持状況に関する調査を実施したところ、以下のことが分かっているとき、ベッド，コタツ，アイロン，パソコン全てを所持している学生の最少人数として、最も妥当なのはどれか。

・ベッドを所持している者：37人
・コタツを所持している者：32人
・アイロンを所持している者：41人
・パソコンを所持している者：45人

1. 5人　　　2. 6人　　　3. 7人　　　4. 8人　　　5. 9人

線分図に整理して理解しよう！ 慣れれば図を描く必要はなくなるよ！

まず、ベッドとコタツの両方を所持している者の最少人数を考えます。

それぞれを所持している人数を合計すると 37 + 32 = 69（人）ですが、全体の人数は 50 人ですから、図 1 のように、最少でも 69 − 50 = 19（人）が重なっており、これが両方を所持している最少人数となります。

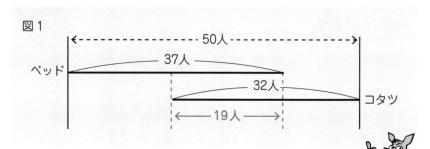

図1

これより、ベッドとコタツの両方を所持している者が最少の 19 人として、さらに、アイロンも所持している者の最少人数を同様に考えると、図 2 のように、19 + 41 − 50 = 10（人）となります。

もちろん、重なっている部分はもっと多いかもしれないけど、ここは最少人数だからね。

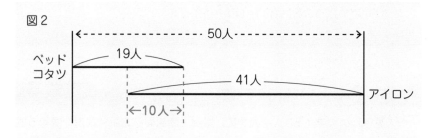

図2

同様に、この 10 人について、さらにパソコンを所持している者の最少人数を考えると、図 3 のように、10 + 45 − 50 = 5（人）となります。

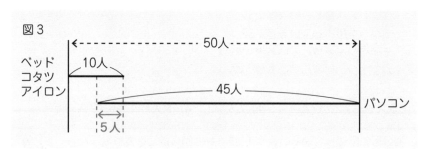

図3

よって、4つすべてを所持している者の最少人数は5人とわかり、正解は肢1です。

正解 1

結果的には、37 + 32 + 41 + 45 − 50 × 3 で求められる！ 覚えておくと便利かも。

PLAY3 最少人数を考える問題

東京都Ⅰ類A 2020

ある中学校の生徒30人に、国語，数学，理科，社会の4教科についてそれぞれ好きか嫌いかを聞いたところ、国語を好きな生徒が26人、数学を好きな生徒が22人、理科を好きな生徒が20人、社会を好きな生徒が16人いた。このとき、確実にいえるのはどれか。ただし、全ての生徒は4教科について、それぞれ好きか嫌いかのいずれかであった。

1. 4教科全てを好きな生徒は、少なくとも1人いた。
2. 4教科全てを嫌いな生徒は、少なくとも2人いた。
3. 国語，数学，理科の3教科全てを好きな生徒は、少なくとも9人いた。
4. 国語，数学，社会の3教科全てを好きな生徒は、少なくとも4人いた。
5. 数学，理科，社会の3教科全てを嫌いな生徒は、少なくとも3人いた。

PLAY2の類題だよ。図を描かずに解いてみよう！

PLAY2の結果から、計算方法がわかりましたので、ここでは図を描かずに計算してみましょう。

とりあえず、PLAY2と同様の手順で、4教科すべてを好きな生徒の最少人数を計算します。まず、国語と数学の両方を好きな生徒の最少人数は以下のようになりますね。

国語と数学　26 + 22 − 30 = 18（人）　…①

さらに、このうち理科も好きな生徒の最少人数は次のようになります。

国語と数学と理科　18 + 20 − 30 = 8（人）　…②

　ここで、さらに社会も好きな生徒の最少人数を
考えますが、8 人と 16 人では合わせても 30 人
に満たないので、②のうち社会も好きな生徒は 1
人もいない可能性があります。

もちろん、いる可能性もあ
るけどね。いない可能性も
あるってこと！

　これより、肢 1 は確実にはいえませんね。
　また、肢 2 については、すべての生徒がいず
れかの科目を好きである可能性は十分にありま
し、同様に、肢 5 についても、すべての生徒が
数学，理科，社会のいずれかの科目を好きである
可能性があり、いずれも確実にはいえません。

各科目を好きな生徒の合計
（26 + 22 + 20 + 16）は
30 以上だから、全員がど
れかに当てはまる可能性が
あるってことだよ。

　さらに、肢 3 については、②より 8 人とわかり、
誤りですね。残る肢 4 は、①のうち社会も好きな生徒ですので、以下のように
確認できます。

国語と数学と社会　18 + 16 − 30 = 4（人）

これより、肢 4 は確実にいえ、正解は肢 4 です。

でも、最近の問題は、割と
マトモだから、大丈夫！

東京都の集合算って、以前は、めっちゃ
ムズかしかったのよね…？

#18 命題と論理①
論理式で解く！

これまでの一般的な推理問題とは少し異なる分野ですが、出題頻度は高く、特に、国家（総合・一般・専門）と地方上級でほぼ毎年出題されています。ほとんどの問題は、与えられた命題を「論理式」という式に表すことで判断しやすくします。まずは、「基本事項」で「論理式」のルールを覚えてください。

基本事項

①命題

　真か偽かの区別ができる文章や式を「命題」といいますが、本章の問題を解くうえでは、あまり考えないほうがいいです。

②論理式

　「AならばBである」という命題を「A → B」と表します。

　たとえば、「リンゴは果物である」は「リンゴ→果物」と表し、これは、「リンゴ」に該当するもの（要素）は、すべて「果物」に該当するという意味になります。

　すなわち、「A → B」は、「AはすべてBに該当する」という意味です。

　「A」の否定「Aでない」は「$\overline{A}$」と表します（「　 ̄」は「バー」と読む）。

　すべての事象は、「A」か「Aでない」のいずれかなので、「$\overline{A}$」の否定は「A」となります。

③対偶

　「A → B」に対して「$\overline{B} → \overline{A}$」をその対偶といいます。矢印の前後を入れ替えて両方を否定した命題ですね。

　たとえば、「リンゴは果物である」の対偶は「果物でなければリンゴではない」となり、もとの命題と対偶は同じ内容（「同値」といいます）となります。

　これより、内容を変えずに、論理式の形だけを変えたいときは、対偶を作ればいいのです。

④三段論法

「A → B」と「B → C」という2つの命題には「B」が共通していますので、これをつなげて「A → B → C」と表し、ここから「A → C」が導けます。

たとえば、「リンゴは果物である」「果物はビタミンが豊富だ」を合成すると、「リンゴ→果物→ビタミン」となり、ここから「リンゴ→ビタミン」、すなわち、「リンゴはビタミンが豊富だ」が導けるわけです。

このように、共通部分をまとめて命題をつなげたとき、間にいくつの項目を挟んでいても、XからYに矢印がつながれば、「X → Y」が導けるわけです。

⑤命題の分解

「∧」（かつ），「∨」（または）で結ぶ2つの項目を含む命題もあります。その2つの分解については、次のようになります。

$$ⅰ）「A → B ∧ C」＝「A → B」「A → C」$$
$$ⅱ）「A → B ∨ C」⇒ 分解は不可能$$
$$ⅲ）「A ∧ B → C」⇒ 分解は不可能$$
$$ⅳ）「A ∨ B → C」＝「A → C」「B → C」$$

※「∨」は基本的に「少なくともどちらかを満たす」を表し、「両方とも満たす」場合を含みます。すなわち、「二者択一」の意ではありません。

ⅰ～ⅳそれぞれの例を挙げると、次のようになります。

ⅰ）「子供はハンバーグもカレーライスも好きだ」
　＝「子供はハンバーグが好きだ」「子供はカレーライスが好きだ」のように、「ハンバーグ」と「カレーライス」は分解できます。

ⅱ）「男の子は野球かサッカーが得意だ」
　⇒男の子は、「野球とサッカーの少なくとも1つは得意だ」ということですから、「男の子は野球が得意だ」「男の子はサッカーが得意だ」とは必ずしもいえません。よって、この場合の「野球」と「サッカー」を分解することはできません。

ⅲ）「単位を取得して論文がパスすれば卒業だ」
　⇒「単位の取得」と「論文のパス」の両方ができれば「卒業」なので、「単位を取得すれば卒業だ」「論文がパスすれば卒業だ」とは、必ずしもいえません。よって、この場合も分解はできません。

ⅳ）「推薦入試か一般入試に通れば入学確定だ」
　＝「推薦入試に通れば入学確定だ」「一般入試に通れば入学確定だ」のよう

に、分解できます。

⑥ド・モルガンの法則

　「Ａ∧Ｂ」や「Ａ∨Ｂ」の否定を考えます。

　まず、「Ａ∧Ｂ」の否定について、たとえば、「英語とフランス語を話せる人」は、論理式で「英語∧フランス語」と表すと、これの否定は「$\overline{英語∧フランス語}$」となります。つまり「『英語とフランス語を話せる人』以外の人」ということで、「英語もフランス語も話せない人」だけではなく、「英語は話せるがフランス語は話せない人」や「英語は話せないがフランス語は話せる人」も含まれます。

　そうすると、これを一言でいうと「英語を話せないか、またはフランス語が話せない人」となり、論理式では「$\overline{英語}∨\overline{フランス語}$」と表すことになり、次のようになります。

$$「\overline{英語∧フランス語}」=「\overline{英語}∨\overline{フランス語}」$$

　つまり、「英語」と「フランス語」を個々に否定し「∧」を「∨」に変えると、同じ意味になるということです。

　次に、「Ａ∨Ｂ」の否定について、たとえば「英語かフランス語が話せる人」は、論理式で「英語∨フランス語」と表すと、これの否定は「$\overline{英語∨フランス語}$」となります。つまり「『英語かフランス語が話せる人』以外の人」で、これは「どちらも話せない人」ということですよね。

　これより、次のようになります。

$$「\overline{英語∨フランス語}」=「\overline{英語}∧\overline{フランス語}」$$

　この場合も、個々に否定して「∨」を「∧」に変えると、同じ意味になるのがわかります。

　これより、次のような法則が成り立ち、これを「ド・モルガンの法則」といいます。

$$「Ａ∧Ｂ」の否定　「\overline{Ａ∧Ｂ}」=「\overline{Ａ}∨\overline{Ｂ}」$$

$$「Ａ∨Ｂ」の否定　「\overline{Ａ∨Ｂ}」=「\overline{Ａ}∧\overline{Ｂ}」$$

　夏休み中にどこへ行ったかについて「水族館へ行った人は映画館には行かなかった」と言うためには、次のア〜オのうち二つが言えればよい。それらはどれか。

　　ア　映画館に行った人は、美術館に行かなかった
　　イ　水族館に行った人は、美術館に行かなかった。
　　ウ　美術館に行った人は、映画館に行った。
　　エ　美術館に行った人は、水族館に行った。
　　オ　美術館に行かなかった人は、水族館に行かなかった。

1. ア, イ
2. ア, エ
3. ア, オ
4. イ, ウ
5. ウ, オ

> ア〜オを論理式に表してみよう！

　まず、「水族館へ行った人は映画館には行かなかった」を、次のように論理式（基本事項②）に表します。

　　　　水族館 ⟶ 映画館‾　　…①

実際に問題を解くときは、「水 → 映‾」とか、適当に略して書くといいよ！

　また、これの対偶（基本事項③）を作ると次のようになります。

　　　　映画館 ⟶ 水族館‾　　…②

　さらに、ア〜オを論理式で表し、そのうちの２つをつなげて、①または②を導けるか考えます（基本事項④）。

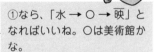

①なら、「水 → ○ → 映‾」となればいいね。○は美術館かな。

ア　映画館 ⟶ 美術館

イ　水族館 ⟶ 美術館

ウ　美術館 ⟶ 映画館

エ　美術館 ⟶ 水族館

オ　美術館 ⟶ 水族館

　ここで、アとオをつなげると、次のようになり、②
が導けるとわかります。

ア＋オ　映画館 ⟶ 美術館 ⟶ 水族館

　よって、正解は肢3です。

正解▶ 3

PLAY 2　命題を論理式に表す問題

国家一般職 2020

　ある会社における、英語，ドイツ語，フランス語，スペイン語，中国語，ロ
シア語を通訳できる者の在籍状況について次のことが分かっているとき、論理
的に確実にいえるのはどれか。

　○　ドイツ語を通訳できる者は、フランス語を通訳できる。
　○　スペイン語を通訳できる者は、中国語を通訳できる。
　○　フランス語を通訳できる者は、中国語を通訳でき、かつ、ロシア語を通
　　　訳できる。
　○　英語を通訳できない者は、ロシア語を通訳できない。

1. 英語を通訳できる者は、フランス語を通訳できる。
2. ドイツ語を通訳できる者は、英語を通訳できる。
3. フランス語を通訳できない者は、スペイン語を通訳できない。
4. スペイン語を通訳できない者は、中国語を通訳できない。
5. ロシア語を通訳できない者は、英語を通訳できない。

> まずは、1番目の命題を論理式で表して、そこにつながる命題を
> 探してみよう。3番目の命題は分解して、4番目の命題は対偶を
> 作るよ！

まず、与えられた命題を上から順にア〜エとして、それぞれ論理式で表します。

$$ア \quad ドイツ \longrightarrow フランス$$
$$イ \quad スペイン \longrightarrow 中国$$
$$ウ \quad フランス \longrightarrow 中国 \wedge ロシア$$
$$エ \quad 英語 \longrightarrow \overline{ロシア}$$

ウの「中国」と「ロシア」は、<u>イやエでは単独</u>で扱われていますので、次のように、分解（基本事項⑤）します。

他の命題でも「中国∧ロシア」ならこのままでいいけど、ここは分解しないとつながらないでしょ！

$$フランス \longrightarrow 中国 \qquad フランス \longrightarrow ロシア$$

また、<u>エは対偶を作って</u>、次のようになります。

ウと共通する項目（ロシア）で、どちらかにバーがついていると、そのままつなげることができないので、対偶を作って形を揃えるんだ！

$$ロシア \longrightarrow \overline{英語}$$

これより、ア〜エをつなげて、次のようになります。

$$ドイツ \longrightarrow フランス \longrightarrow 中国 \longleftarrow スペイン$$
$$\downarrow$$
$$ロシア \longrightarrow \overline{英語}$$

これより、選択肢を確認します。

肢1 論理式で「英語」から「フランス」に矢印はつながりませんので、「英語→フランス」は導けません。

肢2 「ドイツ」から「英語」に矢印がつながりますので、「ドイツ→英語」は導けます。

肢3 「$\overline{フランス} \to \overline{スペイン}$」の対偶は「スペイン→フランス」ですが、導けません。

肢4 「$\overline{スペイン} \to \overline{中国}$」の対偶は「中国→スペイン」ですが、導けません。

　よって、正解は肢2です。

正解 2

PLAY 3　ド・モルガンの法則を使う問題

国家総合職 2020

　次の推論のうち、論理的に正しいのはどれか。

1. ある花壇において、気温が10℃以上であるならば、赤色の花が咲く、又は、黄色の花が咲くことが分かっている。また、赤色の花が咲くならば、青色の花が咲くことが分かっている。このとき、青色の花が咲かないならば、気温が10℃未満であることが論理的に推論できる。

2. ある林において、葉っぱが落ちている、かつ、ドングリが落ちているならば、野鳥が5種類以上見られることが分かっている。また、雨が強い日は、ドングリが落ちていることが分かっている。このとき、野鳥が5種類未満しか見られないならば、雨が強くないことが論理的に推論できる。

3. ある家のベランダにおいて、風が強い日は風鈴が鳴っており、鳥が止まっている日は猫が寝ていることが分かっている。また、猫が寝ていない日は風鈴が鳴っていないことが分かっている。このとき、風が強い日は鳥が止まっている日であることが論理的に推論できる。

4. あるサンゴ礁において、サンゴが産卵する日は、満月かつ水温が24℃以上であることが分かっている。また、月が雲で隠れている日は、サンゴが産卵しないことが分かっている。このとき、満月でない、又は、水温が24℃未満であるとき、月が雲で隠れていることが論理的に推論できる。

5. ある池において、雪が積もっている、又は、曇っている日は、錦鯉が見えないことが分かっている。また、錦鯉が見えない日は、白鳥が見えることが分かっている。このとき、白鳥が見えないならば、雪が積もっておらず、かつ、曇っていないことが論理的に推論できる。

> 総合職の過去問の中でも本問はけっこうカンタン！　ここで、ド・モルガンの法則を理解して！

選択肢のそれぞれについて、わかっていることを論理式で表して確認します。

肢1 次のように論理式に表します。

$$10℃以上 \rightarrow 赤 \lor 黄 \quad \cdots① \qquad 赤 \rightarrow 青 \quad \cdots②$$

①の右側は分解できないので、②とつなげることができません。そうすると、「青」と「10℃以上」をつなげることはできませんので、「$\overline{青}$→$\overline{10℃以上}$」を導くことはできません。

肢2 同様に、次のように表します。

$$葉っぱ \land ドングリ \rightarrow 野鳥5以上 \quad \cdots① \qquad 雨 \rightarrow ドングリ \quad \cdots②$$

肢1と同様に、①の左側は分解できないので、「野鳥5以上」と「雨」はつながらず、「野鳥5以上→$\overline{雨}$」を導くことはできません。

肢3 同様に、次のように表します。

$$風 \rightarrow 風鈴 \quad \cdots① \qquad 鳥 \rightarrow 猫 \quad \cdots② \qquad \overline{猫} \rightarrow \overline{風鈴} \quad \cdots③$$

③は対偶「風鈴→猫」として、①〜③をつなげると、次のようになります。

$$風 \rightarrow 風鈴 \rightarrow 猫 \leftarrow 鳥$$

ここから、「風→鳥」は導けません。

肢4 同様に、次のように表します。

$$産卵 \rightarrow 満月 \land 24℃以上 \quad \cdots① \qquad 雲 \rightarrow \overline{産卵} \quad \cdots②$$

②は対偶「産卵→$\overline{雲}$」として、①とつなげると、次のようになります。

$$\overline{雲} \leftarrow 産卵 \rightarrow 満月 \land 24℃以上$$

これでは、「$\overline{雲}$」と「満月 $\land$ 24℃以上」はつながりませんので、「$\overline{満月} \lor \overline{24℃以上}$→雲」は導けません。

肢 5 同様に、次のように表します。

雪∨雲 → $\overline{錦鯉}$ …①　　　$\overline{錦鯉}$ → 白鳥 …②

①と②をつなげて、次のようになります。

雪∨雲 → $\overline{錦鯉}$ → 白鳥

これより、「雪∨雲→白鳥」が導け、これの対偶を作って、ド・モルガンの法則（基本事項⑥）で変形すると、次のようになります。

雪∨雲 → 白鳥　　=　　$\overline{白鳥}$ → $\overline{雪∨雲}$　　=　　$\overline{白鳥}$ → $\overline{雪}$∧$\overline{雲}$
　　　　　　　　（対偶）　　　　　　　　　（ド・モルガン）

よって、「$\overline{白鳥}$→$\overline{雪}$∧$\overline{雲}$」が導け、本肢の推論は論理的に正しいです。

以上より、正解は肢5です。

||| 正解▷ 5

PLAY 4　論理的に判断する問題

裁判所職員 2017

あるグループが5問からなるテストを受けた。次のア～ウのことが分かっているとき、確実に言えるものはどれか。

ア．第1問又は第4問に正解した者は、第3問は間違えた。
イ．第2問を間違えた者は、第3問又は第4問に正解した。
ウ．第4問に正解した者は、第5問を間違えた。

1. 第2問を間違え、第5問に正解した者は、第3問に正解した。
2. 第5問に正解した者は、第4問を間違え、第2問に正解した。
3. 第1問と第4問を間違えた者は、第3問に正解した。
4. 第3問に正解した者は、第4問を間違え、第5問に正解した。
5. 第3問と第4問を間違えた者は、第1問と第2問に正解した。

命題イは、他とうまくつながらないけど、これはこれで論理式にしておいて、あとはちょっと考えてみよう！

命題アは「第1問∨第4問→第3問」ですが、これは、「第1問→第3問」「第4問→第3問」と分解します。

さらに、命題ウは「第4問→第5問」で、命題アにつなげます。

命題イは「第2問→第3問∨第4問」で、これは分解できませんので、次のように分けて書いておきます。

$$第1問 \longrightarrow \overline{第3問} \longleftarrow 第4問 \longrightarrow \overline{第5問} \quad \cdots ①$$

$$\overline{第2問} \longrightarrow 第3問∨第4問 \quad \cdots ②$$

これより、選択肢を確認します。

肢1 ①の「第4問→第5問」の対偶を作ると「第5問→第4問」となり、第5問を正解した者は第4問を間違えています。

また、第2問を間違えた者は、②より、第3問か第4問に正解しています。

そうすると、第2問を間違え、さらに、第5問を正解している場合は、第4問ではなく、第3問に正解したことになり、本肢は確実にいえます。

肢2 同様に、第5問に正解した者は第4問を間違えていますが、第2問に正解したかはわかりません。

肢3 ①の「第1問→第3問←第4問」の対偶を作ると、「第1問←第3問→第4問」となり、第3問に正解した者は、第1問も第4問も間違えていますが、その逆は確実にはいえません。

肢4 同様に、第3問に正解した者は第4問を間違えていますが、第5問に正解したかはわかりません。

肢5 ②の対偶を作ると、「第3問∨第4問→第2問」より、ド・モルガンの法則を使って「第3問∧第4問→第2問」となり、第3問と第4問の両方を間違えた者は、第2問に正解していますが、第1問に正解したかはわかりません。

よって、正解は肢1です。

#19 命題と論理② 図や表を描いて解く！

頻出度 ★★☆☆☆ ｜ 重要度 ★★★☆☆ ｜ コスパ ★★★★☆

論理の問題のほとんどは論理式で解きますが、中には、論理式では表せない問題、論理式ではわかりにくい問題などもあります。その代表例として、ベン図に表すパターンと、全通りを書き上げるパターンをここで扱います。

基本事項

①ベン図

命題をベン図で表す方法は、次の通りです。

ⅰ）「AならばBである」

論理式「A → B」で表せる命題は、Aに該当するものはすべてBに該当するという意味ですから、Aの集合はBの集合に包まれ、図1のような表し方ができます。

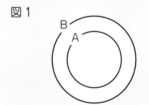

図1

ⅱ）「AならばBでない」

論理式「A → $\overline{B}$」で表せる命題は、Aに該当するものは、Bには該当しないという意味ですから、それぞれの集合は交わりを持たず、図2のような表し方になります。

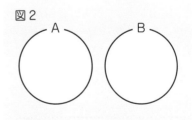

図2

ⅲ）「あるＡはＢである」

　　Ａに該当するもので、Ｂにも該当
するものが存在するという意味で
す。

　　各集合に存在する「もの」を「要
素」といい、図３のＡとＢの交わ
りの部分に要素が存在することを表
します。

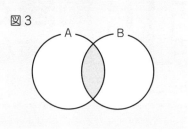

図３

　　要素が存在する領域には、斜線を引くなどの印をつけておきましょう。

②全称命題と特称命題

　　①のⅰ）ⅱ）のように、論理式で表せる命題を「全称命題」といい、ⅲ）の
ように、要素の存在を表す命題を「特称命題」といいます。

　　特称命題は論理式で表せないので、これを含む問題は、一般にベン図で解く
ことになります。

PLAY1 **ベン図が有効に使える問題**　　　国家専門職 2020

　　あるサークルのメンバーに、行ったことがある国について尋ねたところ、次
のことが分かった。このとき、論理的に確実にいえるのはどれか。

　　○　米国に行ったことがある者は、英国とロシアに行ったことがある。
　　○　英国に行ったことがある者は、中国に行ったことがある。

1.　英国に行ったことがあるが、米国に行ったことがない者は、ロシアに行っ
　　たことがある。
2.　ロシアに行ったことがあるが、米国に行ったことがない者は、中国に行っ
　　たことがある。
3.　ロシアと中国に行ったことがある者は、英国に行ったことがある。
4.　中国に行ったことがないが、ロシアに行ったことがある者は、英国に行っ
　　たことがある。
5.　中国に行ったことがあるが、ロシアに行ったことがない者は、米国に行っ
　　たことがない。

　　本問は、全称命題（基本事項②）だから、論理式で表せるけど、
　　選択肢の検討がちょっと大変！「解法２」ではベン図を使ってい
　　るから、比較してみて！

まず、論理式で表す解法から解説します。

1番目の命題「米→英∧ロシア」は、「米→英」「米→ロシア」と分解し、これに、2番目の命題をつなげて、次のようになります。

$$
\begin{array}{ccccc}
米 & \rightarrow & 英 & \rightarrow & 中 \\
\downarrow & & & & \\
ロシア & & & &
\end{array}
$$

これより、選択肢を確認します。

肢1 「英国に行ったことがある者」「米国に行ったことがない者」のいずれも、ロシアに行ったことがあるか不明ですから、確実にはいえません。

肢2 「ロシアに行ったことがある者」「米国に行ったことがない者」のいずれも、中国に行ったことがあるか不明ですから、確実にはいえません。

肢3 「ロシアに行ったことがある者」「中国に行ったことがある者」のいずれも、英国に行ったことがあるか不明ですから、確実にはいえません。

肢4 「英→中」の対偶「中̄→英̄」が導けますので、「中国に行ったことがない者」は、英国に行ったことがありません。そうすると、「中国に行ったことはないが、ロシアに行ったことがある者」も、英国には行ったことがないことになり、本肢は誤りです。

> この人たちは、「中国に行ったことない者」の一部だからね。

肢5 同様に、「ロシア̄→米̄」が導けますので、「ロシアに行ったことがない者」は米国に行ったことがありません。そうすると、「中国に行ったことがあるが、ロシアに行ったことがない者」は、米国に行ったことがないとわかり、本肢は確実にいえます。

> 中国に行ったことがあろうがなかろうが、「ロシアに行ったことがない者」に変わりないでしょ！

本問は、簡単に論理式で表せましたが、選択肢の内容が少々わかりにくいですね。このような場合は、ベン図（基本事項①）に表してみるという方法もありますので、ここで、ベン図を描いてみましょう。

まず、米国は、英国とロシアに包まれます。英国とロシアの関係は不明ですから、図1のように、一部分が交わる形で描きます。

4か国だから、ベン図もそんなに面倒じゃないね。5，6か国以上になると、ちょっと大変かな。

包んだり、包まれたり、離れたりの関係かはわからないってこと。
一部交わるように描くことで、あらゆる可能性を残しておくんだ。

図1

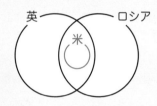

さらに、2番目の条件より、英国を包むように、中国を加えます。中国とロシアの関係も不明ですから、一部分を交わらせておきましょう（図2）。

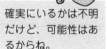

ロシアまで包まないようにね！

図2

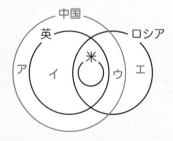

これより、図2のようにア〜エとして、選択肢を確認します。

肢1 図2のイの部分に該当する者がいる可能性がありますので、「英国に行ったことがあるが、米国に行ったことがない者」の中に、ロシアに行ったことがない者がいる可能性があります。よって、確実にはいえません。

確実にいるかは不明だけど、可能性はあるからね。

肢2 同様に、エに該当する者がいる可能性がありますので、確実にはいえません。

肢3 同様に、ウに該当する者がいる可能性がありますので、確実にはいえません。

肢4 エに該当する者は、英国には行っていませんので、誤りです。

肢5 アとイに該当する者は、米国には行っていませんので、確実にいえます。

よって、正解は肢5です。

正解 5

PLAY2 ベン図に整理する問題

警視庁Ⅰ類2016

> ある大学では、英語，フランス語，ドイツ語，中国語のうち1ヶ国語以上履修しなければ卒業が認められないことになっている。この大学の卒業生を対象に在学中の外国語の履修状況についてアンケートをとったところ、以下のことがわかった。このとき、確実にいえることとして、最も妥当なのはどれか。
>
> ・フランス語を履修した者の中にはドイツ語を履修した者はいなかった。
> ・中国語を履修した者は、英語も履修していた。
> ・英語を履修した者の中には、フランス語を履修した者がいた。
> ・ドイツ語を履修した者は、ドイツ語も含めて2ヶ国語以上履修していた。
>
> 1. フランス語を履修した者の中には、中国語を履修した者がいた。
> 2. 英語を履修した者は、英語も含めて2ヶ国語以上履修していた。
> 3. ドイツ語を履修した者の中には、中国語を履修した者がいた。
> 4. ドイツ語を履修した者は、英語も履修していた。
> 5. 3ヶ国語を履修した者がいた。

本問には、特称命題（基本事項②）があるので、論理式では表せない。ベン図が本領を発揮する問題だよ！

3番目の命題は、「特称命題」ですから、本問はベン図に表します。

まず、3番目の命題について、図1のようになり、色の付いた部分に該当する者がいると確認できます。

図1

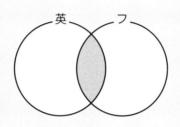

さらに、2番目の命題より、中国語を英語に含まれるように加えます。このとき、中国語を履修した者の中に、フランス語も履修した者がいる可能性がありますので、フランス語とも交わりを持つように加えて、図2のようになります。

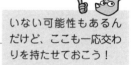

いない可能性もあるんだけど、ここも一応交わりを持たせておこう！

図2

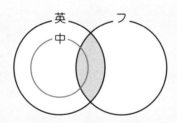

最後に、ドイツ語を加えますが、1番目の命題より、ドイツ語はフランス語と交わりを持たないので、図3のようになります。

図3

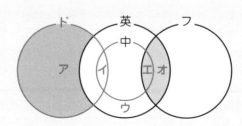

ここで、4番目の命題より、図3のアに該当する者はいないことがわかり、ここに注意して、選択肢を確認します。

肢1　フランス語と中国語は、エに該当する者ですね。3番目の命題より、エ＋オ（図3の色付き部分）には確実に該当する者がいますが、エにいるかどうかはわかりません。
　　　　よって、確実にはいえません。

> もちろん、エにもいる可能性はあるけどね。オのみって可能性もあるからね。

肢2　図3のウ（英語のみ）に該当する者がいる可能性がありますので、確実にはいえません。

肢3　図3のイに該当する者がいるかどうかはわかりません。
　　　　よって、確実にはいえません。

肢4　アに該当する者はいませんので、ドイツ語を履修した者は、全員英語を履修しているのがわかります。
　　　　よって、確実にいえます。

肢5　3か国語を履修したのはイとエですが、ここに該当する者がいるかどうかはわかりません。
　　　　よって、確実にはいえません。

　以上より、正解は肢4です。

正解 4

　あるファッションブランドA，B，Cについて、たくさんの人を対象にアンケート調査を行い、これらのブランドを「好き」または「嫌い」のいずれかを選んでもらった。

　次のことがわかっているとき、確実にいえるのはどれか。

・Aだけが好きな人がいる。
・Bだけが好きな人がいる
・AとBの両方が好きな人で、Cが嫌いな人はいない。
・Cが好きな人がいる。Cが好きな人は全員、AとBも好きである。
・AとBの両方が嫌いな人がいる。

1. A，B，Cの3種類とも嫌いな人はいない。
2. A，B，Cのうち、2種類が好きな人がいる。
3. Cが嫌いな人は全員、Bが嫌いである。
4. Bが好きでCが嫌いな人は全員、Aが嫌いである。
5. AとCの両方が嫌いな人は全員、Bが好きである。

　論理式やベン図にして考えるより、いっそ全部書き上げたほうが速い！ って問題もあるのよね。

　本問の場合、特称命題がありますので、ベン図に表すことも考えられます。

　しかし、A，B，Cの「好き」「嫌い」の組合せは、2 × 2 × 2 ＝ 8（通り）しかありませんので、このような問題は、8通りすべてを書き上げて、条件を満たす具体的な組合せを探すという解法が便利です。

8通りの組合せを調べると、表1のようになりますね。

表1

	A	B	C
①	○	○	○
②	○	○	×
③	○	×	○
④	○	×	×
⑤	×	○	○
⑥	×	○	×
⑦	×	×	○
⑧	×	×	×

　まず、1，2番目の条件より、④と⑥に該当する人はいることがわかります。
　また、3番目の条件より、②に該当する人はいません。
　さらに、4番目の条件より、③，⑤，⑦に該当する人はいませんが、①に該当する人はいることになります。
　そうすると、⑦がいないので、5番目の条件より、⑧に該当する人はいることになりますね。
　ここで、該当者がいる組合せだけを残すと表2のようになります。

表2

	A	B	C
①	○	○	○
④	○	×	×
⑥	×	○	×
⑧	×	×	×

　これより、選択肢を確認します。

肢1　⑧に該当する人がいますので、誤りです。

肢2　表2より、そのような人はいません。

肢3 ⑥に該当する人がいますので、誤りです。

肢4 ⑥に該当する人で、確実にいえます。

肢5 肢1同様、誤りです。

　よって、正解は肢4です。

║ 正解 ▷ 4

PLAY 4 全通り調査する問題

裁判所職員 2020

> A，B，C，D，Eの5人は家族で、次のことがわかっている。
>
> ア　Aが風邪をひくならBは風邪をひかない。
> イ　AとCの少なくともどちらかが風邪をひくならEも風邪をひく。
> ウ　Bが風邪をひかないならDとEのうち片方だけが風邪をひく。
>
> ある日、A〜Eの5人のうち3人が風邪をひいた。確実に風邪をひいた者を全て挙げているのは次のどれか。
>
> 1. AとC　　　2. BとC　　　3. BとD　　　4. DとE　　　5. E

ポイントは「3人」ってことだね。3人になる場合を直接調べたほうが速そうだ！

　本問の命題は、論理式やベン図に表すのも難しいですし、まして、式や図から3人の場合を読み取るのは困難です。ここは、3人になる場合を書き上げてみましょう。

　風邪を「ひく」を○、「ひかない」を×として表に整理します。

　まず、Aが○の場合について、命題アより、Bは×で、命題イより、Eは○ですね。

　そうすると、命題ウから、Bが×なら、DとEは片方だけですから、Dは×で、残るCが○で、表1−①のように成立します。

表1

	A	B	C	D	E
①	○	×	○	×	○

ここで、肢1，5に絞られるね。

次に、Aが×の場合について、Bも×とすると、命題ウより、DとEの片方が×になり、○が3人になりません。よって、この場合は、Bは○です。

　さらに、Cも○なら、命題イより、Eが○になり、Cが×なら、DとEが○で、表2-②, ③のように成立します。

A×、B○なら、あとは、命題イだけを考えればいいね。

表2

	A	B	C	D	E
①	○	×	○	×	○
②	×	○	○	×	○
③	×	○	×	○	○

　表2より、①～③のいずれにおいても確実に風邪をひいたのはEのみで、正解は肢5です。

| 正解 ▶ 5 |

#20 真偽の推理
仮定を立てる!

頻出度 ★★☆☆☆ | 重要度 ★★★★☆ | コスパ ★★★☆☆

> 条件は主に発言の形で与えられ、嘘の発言などが含まれている「嘘つき問題」
> というタイプです。基本的には、仮定を立てて推理を進め、矛盾が起きるか、
> 条件を満たさないと NG という解法になります。

PLAY1 発言の真偽を仮定して推理する問題 　　警視庁Ⅰ類2019

A，B，Cの3人が以下のような発言をした。このとき、確実にいえること
として、最も妥当なのはどれか。

A 「BとCはともに嘘つきである。」
B 「CとAはともに嘘つきである。」
C 「AとBはともに嘘つきである。」

1. Aは嘘をついている。
2. Aは嘘をついていない。
3. 3人のうち、1人が嘘をついている。
4. 3人のうち、2人が嘘をついている。
5. 全員が嘘をついている。

> まずは、カンタンな問題から始めよう! 最近の警視庁は、このレ
> ベルの真偽の問題をよく出題しているよ。

まず、Aの発言を〇（本当）と仮定すると、BとCはいずれも嘘つきとなり
ます。Aは嘘つきではありませんから、BとCの発言はいずれも×（嘘）となり、
成立します。

また、Bの発言を〇と仮定した場合も、同様に、AとCの発言は×で成立し、
Cの発言を〇と仮定した場合も同様です。

すなわち、次の3通りが成立し、いずれにおいても、2人が嘘をついている
とわかります。

A	B	C
○	×	×
×	○	×
×	×	○

よって、正解は肢４です。

正解 4

PLAY 2 ２つの発言から推理する問題

東京消防庁Ⅰ類 2014

Ａ～Ｅの５人は、スペイン語，ポルトガル語，フランス語，ドイツ語，イタリア語のうちの１つだけが得意で、同じ言語が得意な者はいない。それぞれに得意な言語について聞いたところ、次のように発言した。

Ａ 「私はイタリア語が得意で、Ｄはポルトガル語が得意だ。」
Ｂ 「私はフランス語が得意で、Ｃはポルトガル語が得意だ。」
Ｃ 「私はポルトガル語が得意で、Ａはドイツ語が得意だ。」
Ｄ 「私はポルトガル語が得意で、Ｂはスペイン語が得意だ。」
Ｅ 「私はイタリア語が得意で、Ｃはドイツ語が得意だ。」

各人が発言の前半か後半のどちらかでのみ本当のことを言い、残りの半分は誤ったことを言っているとき、スペイン語が得意な者として、最も妥当なのはどれか。

1．Ａ　2．Ｂ　3．Ｃ　4．Ｄ　5．Ｅ

このタイプはけっこうよく出題されていて、割と解きやすい問題が多いよ。片方を○と仮定すれば、もう片方は×だもんね！

条件より、各人の２つの発言のうち、片方が〇（本当）で片方が×（誤り）なので、次のように場合分けをして検討します。

（1）Aの前半が〇のとき

　Aの後半は×になります。Aはイタリア語が得意となりますから、「A」または「イタリア語」を含む発言を探すと、Cの後半とEの前半が×とわかります。

　そうすると、Cの前半「Cはポルトガル語が得意」とEの後半「Cはドイツ語が得意」がいずれも〇となり、条件を満たしません。

　　　A　「私はイタ〇ア語が得意で、Dはポル×ガル語が得意だ。」
　　　B　「私はフランス語が得意で、Cはポルトガル語が得意だ。」
　　　C　「私はポル〇ガル語が得意で、Aはド×ツ語が得意だ。」
　　　D　「私はポルトガル語が得意で、Bはスペイン語が得意だ。」
　　　E　「私はイタ×ア語が得意で、Cはドイ〇語が得意だ。」

　よって、Aの前半は×に確定します。

こうやって、問題文の上に直接書き込んでいけばOK！ 消しゴムで消したらまた使えるしね！

（2）Aの後半が〇の場合（確定）

　Dはポルトガル語が得意となりますので、「D」または「ポルトガル語」を含む発言を探すと、Dの前半は〇、Bの後半とCの前半が×とわかります。

　これより、Bの前半とCの後半が〇で、Bはフランス語、Aはドイツ語が得意となり、Eの後半が×、前半が〇で、次のようになります。

　　　A　「私はイタ×ア語が得意で、Dはポル〇ガル語が得意だ。」
　　　B　「私はフラ〇ス語が得意で、Cはポル×ガル語が得意だ。」
　　　C　「私はポル×ガル語が得意で、Aはド〇ツ語が得意だ。」
　　　D　「私はポル〇ガル語が得意で、Bはス×イン語が得意だ。」
　　　E　「私はイタ〇ア語が得意で、Cはドイ×語が得意だ。」

　Eの前半より、Eはイタリア語が得意で、残るCはスペイン語が得意となり、次のようにまとめます。

A	→	ドイツ語
B	→	フランス語
C	→	スペイン語
D	→	ポルトガル語
E	→	イタリア語

こういう情報をきちんと
整理しながら、○×を検
討するのがポイント！

これより、スペイン語が得意なのはCで、正解は肢3です。

正解 3

PLAY 3 発言の真偽と順序関係を推理する問題　　裁判所職員 2020

A，B，C，D，Eの5人がある競争をし、1位から5位の順位が付いた。

A 「私は1位ではありません」
B 「Cは2位ではありません」
C 「私は3位ではありません」
D 「私は4位でした」
E 「私は5位ではありません」

3～5位の3人はみなウソをついている。1位と2位の2人は本当のこと
を言っているのかウソをついているのか不明である。このとき、Dは何位であっ
たか。

1. 1位　　　2. 2位　　　3. 3位　　　4. 4位　　　5. 5位

ちょっとアタマ使うけど、基本的な解法は、PLAY1，2と一緒！
順序関係を整理しながら進めてみて！

まず、Aの発言を○と仮定すると、Aは1位ではあ
りませんので2位となります。これより、Bの発言も
○になりますので、Bは1位ですね。

○の可能性があるの
は1位と2位だけ
だからね。

そうすると、C～Eの3人が3～5位のいずれかで、
条件より、発言はいずれも×ですから、CとEの発言
より、Cは3位、Eは5位となります。しかし、この場合、残るDは4位とな
りますが、これでは、Dの発言は○になり、矛盾します。

したがって、Aの発言を○とした場合は成立せず、これより、Aの発言は×で、
Aは1位に確定します。

さらに、Ｂの発言を○と仮定すると、Ｂは２位にな<u>りますが、Ａが１位、Ｂが２位では、やはり、Ｃ～Ｅ</u>の３人が３～５位のいずれかになり、前述の通り、成立しません。

　これより、Ｂの発言は×で、Ｃが２位に確定し、Ｃの発言は○になります。そうすると、残るＢ，Ｄ，Ｅの３人が３～５位のいずれかで、Ｄ，Ｅの発言は×ですから、Ｅは５位で、Ｄは４位ではなく３位、残るＢが４位で、次のように成立します。

	A	B	C	D	E
発言	×	×	○	×	×
順位	1位	4位	2位	3位	5位

　よって、Ｄは３位で、正解は肢３です。

正解▶ 3

PLAY 4　条件の矛盾に着目する問題

　箱の中に８つの玉Ａ～Ｈが入っており、その色は、青が３個、赤が２個、白が２個、黒が１個である。玉の色についての次の６つの記述のうち、１つだけが誤りであるとき、ここから正しくいえるのはどれか。

　　ア　ＡはＤと同じ色であるが、白ではない。
　　イ　Ｂは赤でも白でもない。
　　ウ　Ｃは黒である。
　　エ　ＥはＣと同じ色である。
　　オ　Ｆは青である。
　　カ　Ｈは赤である。

1.　Ａは赤である。
2.　Ｇは白である。
3.　ＡとＦは異なる色である。
4.　ＢとＤは同じ色である。
5.　ＧとＨは同じ色である。

> 矛盾する条件に着目してみて。どの条件かわかるかな？

まず、ウとエに着目すると、この２つの記述がいずれも正しい場合、ＥとＣがいずれも黒になり、条件に反します。よって、誤りの記述はウとエのいずれかとなり、その他の記述はいずれも正しいとわかります。

これより、Ａ～Ｈの色を整理すると、まず、オ，カより、表１のようになります。

表1

A	B	C	D	E	F	G	H
					青		赤

ここで、アより、ＡとＤの色を考えると、白ではなく、また、赤，黒でもないので、ＡとＤは青とわかります。ここで、青の３個がわかりましたね。

そうすると、Ｂは青ではなく、イより赤でも白でもないので、Ｂは黒とわかり、表２のようになります。

赤の残り１個はＨだし、黒は１個しかないからね。

表2

A	B	C	D	E	F	G	H
青	黒		青		青		赤

これより、黒はＢ１個ですからウが誤りとなり、エは正しいのでＣとＥは同じ色ですが、青，赤，黒ではないので、ＣとＥは白となり、残るＧは赤で、表３のように決まります。

表3

A	B	C	D	E	F	G	H
青	黒	白	青	白	青	赤	赤

ここから、選択肢を検討すると、正解は肢５となります。

正解 5

　A〜Eの兄弟5人が父親のFと一緒に正面を向いて横一列に座り、次のように発言している。5人のうち、Fの両隣に座った2人だけがウソをつき、残りの3人は本当のことを言っているとき、Fの1人おいて左隣に座った者として確実に言えるものはどれか。

　A　「私の左隣はDです。」
　B　「私はCの隣に座った。」
　C　「Eの左隣はFです。」
　D　「私の右隣はEです。」
　E　「私の右隣はAです。」

1. A　　　2. B　　　3. C　　　4. D　　　5. E

まずは、各人の発言を、「順序関係」の要領で図に表してみよう！

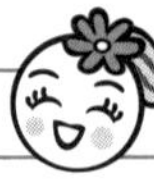

　まず、A〜Eの発言を、図1のように表します。

図1

A　| D | A |　　　B　| B | C |　　　C　| F | E |

※左右反転可

D　| D | E |　　　E　| E | A |

　これより、AとD、AとE、CとDの発言がそれぞれ矛盾しており、いずれも少なくとも片方の発言は×とわかります。

　条件より、嘘をついている2人はFの隣に座っていますので、Fが登場するCの発言に着目します。Cの発言が○なら、Fの右隣に座っているEの発言は×で、さらに、Cと矛盾するDの発言も×になりますので、Fの両隣は図2のようになります。

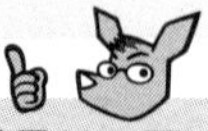

これらの発言は、両方○にはならないけど、両方×の可能性はあるからね！

図2

| D | F | E |

しかし、これでは、Aの発言も×になり条件を満たしませんので、Cの発言は×に確定します。

　そうすると、嘘をついている2人のうち1人はCですが、AとDの発言の矛盾から、この2人のどちらかも×ですから、Eの発言は〇になり、Eと矛盾するAの発言は×となり、嘘をついているのはAとCとわかります。

　これより、DとEの発言のブロックを組み合わせ、Aの隣にF、その隣にC、さらにBの発言のブロックを合わせて、図3のように決まります。

嘘つきの2人は、Fの両隣だからね！

図3

| D | E | A | F | C | B |

　よって、Fの1人おいて左隣に座った者はEとなり、正解は肢5です。

正解 5

　A～Eの5人はそれぞれ夏期講習を受けている。5人が受講を申し込んだ講義の数はそれぞれ異なり、6，7，8，9，10 のいずれかである。講義の受講状況について尋ねたところ、Eを除く4人が次のように回答したが、そのうち1人の回答の下線部は全て真実である一方、残りの3人の回答の下線部は全て虚偽であった。

　　A：「私とCが既に受講した講義の数の合計は <u>3</u> である。」
　　B：「Dがまだ受講していない講義の数は <u>6</u> である」
　　C：「Aがまだ受講していない講義の数は5 <u>ではない</u>。また、Bが既に受講した講義の数は <u>2</u> である。」
　　D：「私が既に受講した講義の数は <u>1</u> であり、まだ受講していない講義の数はEより <u>少ない</u>。」

　5人の実際の受講状況を確認したところ、既に受講した講義の数はそれぞれ1又は2であり、まだ受講していない講義の数は5人ともそれぞれ異なっていた。また、回答の下線部が全て真実である者は既に受講した講義の数が1であり、回答の下線部が全て虚偽であった者は既に受講した講義の数が2であった。
　このとき、確実にいえるのはどれか。

1．Aが受講を申し込んだ講義の数は7であり、まだ受講していない講義の数は6である。
2．Bが受講を申し込んだ講義の数は8であり、まだ受講していない講義の数は6である。
3．Cが受講を申し込んだ講義の数は6であり、まだ受講していない講義の数は4である。
4．Eが受講を申し込んだ講義の数と、Dがまだ受講していない講義の数は等しい。
5．受講を申し込んだ講義の数が多い順に5人を並べると、C，B，D，E，Aである。

　A～Dには、一方が○で一方が×という典型的な「矛盾する関係」があるよ。さて、どの組合せかな？

まず、Ｃの回答の後半「Ｂが既に受講した講義の数は２」に着目します。

条件より、「既に受講した講義の数が２」＝回答は×ですから、Ｃが〇であれば、Ｂは×ですが、Ｃが×であれば、Ｂが〇になり、ＢとＣは、１人が〇で、１人が×となります。

これより、回答が〇なのは、ＢかＣのいずれかとなり、ＡとＤの回答は×に決まり、この２人の既に受講した講義の数（以下「既受講数」とします）はいずれも２とわかります。

ここで、Ｃの回答が〇と仮定すると、Ｃの既受講数は１となり、Ａとの合計が３となります。

しかし、これでは、Ａの回答が〇になり、矛盾しますので、Ｃの回答も×となり、Ｂの回答が〇に確定します。

これより、Ｂの既受講数は１、Ａ，Ｃ，Ｄの既受講数は２で、あとは、まだ受講していない講義の数（以下「未受講数」とします）を、条件より検討します。

Ｂの回答が〇なので、Ｄの未受講数は６、Ｃの回答が×なので、Ａの未受講数は５とわかり、ここまでを、表１のように整理します。

Ｃが×→Ｂの受講数は２ではなく１→Ｂは〇ってことね！

表１

	回答	既受講数	未受講数	申込講義数
Ａ	×	2	5	7
Ｂ	〇	1		
Ｃ	×	2		
Ｄ	×	2	6	8
Ｅ				

また、Ｄの回答の後半より、Ｄの未受講数はＥより多いので、Ｅの未受講数は５以下です。Ｅの既受講数は１または２ですから、Ｅの申し込んだ講義数は７以下となります。５人が申し込んだ講義数は、６～10の異なる数ですが、表１より、７，８以外ですから、Ｅは６とわかります。

そうすると、Ｅの（既受講数，未受講数）＝（1，5）または（2，4）ですが、条件より、未受講数も５人それぞれ異なるので、（2，4）に決まり、表２のようになります。

表2

	回答	既受講数	未受講数	申込講義数
A	×	2	5	7
B	○	1		
C	×	2		
D	×	2	6	8
E		2	4	6

これより、残るBとCの申し込んだ講義数は、9または10ですが、（B，C）＝（9，10）の場合、2人の未受講数はいずれも8となり、条件に反します。

よって、（B，C）＝（10，9）に決まり、表3のようになります。

表3

	回答	既受講数	未受講数	申込講義数
A	×	2	5	7
B	○	1	9	10
C	×	2	7	9
D	×	2	6	8
E		2	4	6

以上より、選択肢を検討すると、正解は肢4となります。

#21 発言からの推理
「わからない」を考える!

与えられた条件と他の人の発言から推理する問題で、昔からあるクイズのような問題です。「わからない」という発言がよく出てきますが、それがどういうことかを考えてみましょう。

PLAY 1 　他人の発言から推理する問題

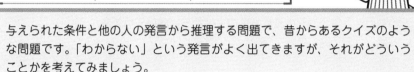

東京消防庁Ⅰ類 2010

　ある学校の体育の授業で、A～Dの4人の生徒がA，B，C，Dの順に前を向いて縦一列に並んでいるところ、先生が4人の生徒に、赤い帽子4つ、白い帽子3つのうちから任意に1つを選んでかぶせた。生徒は、自分より前に並んでいる人の帽子の色はわかるが、自分自身と自分より後ろに並んでいる人の帽子の色はわからない。D，C，Bの順に、自分の帽子の色がわかるかどうかを問うと、3人とも「わからない」と答えた。3人の返事を聞いていたAが「自分の帽子の色がわかった」と答えた。4人全員が最初にあった帽子の数と色の内訳を知っており、自分より後ろの人の発言の内容を参考にして答えたことがわかっているとき、A～Dの帽子の色に関して言えることとして、最も妥当なのはどれか。

1. A，Bのどちらか1人の帽子の色は白色である。
2. Aの帽子の色は赤色である。
3. B，Cのどちらか1人の帽子の色は赤色である。
4. Cの帽子の色は赤色である。
5. Dの帽子の色は白色である。

▶ 　「わからない」のは、「わかる」状況ではないってことなわけで。

各人が、自分に与えられた情報に加えて、他の人の発言をもとに推理していくというタイプの問題で、ほとんどの場合「わからない」あるいは同内容の発言等が出てきます。

　「わからない」場合をどのように処理するかですが、基本的には「わかる」場合を考えて、それを否定することになります。

　本問では、一番後ろのDから順に帽子の色を問い、D，C，Bのいずれも「わからない」と答え、その発言を前の生徒たちは聞いています。

　では、Dから順に情報を整理していきましょう。

（1）Dが「わからない」と答えた状況について

　Dは、A～Cの3人の帽子の色がわかっています。この状況で自分の帽子の色が「わかる」のはどのような場合かを考えると、白い帽子は3つしかありませんから、仮に3人とも白い帽子をかぶっていれば、自分の帽子の色は赤であると判断できます。

　しかし、それ以外であれば、Dには自分の帽子の色を判断することはできません。

3人とも赤でも、赤は4つあるし、赤と白が混ざっていても、Dには赤と白の両方の可能性があるね。

　よって、Dが「わからない」と答えたことから、A～Cが「3人とも白い帽子をかぶっている」ことはなく、少なくとも1人は赤い帽子をかぶっていることがわかり、A～CもDの発言からそのことを判断できたことになります。

「3人とも白」の否定は「3人とも赤」ではなく「少なくとも1人は赤がいる」だからね！

（2）Cが「わからない」と答えた状況について

　次に、Cの番です。CはAとBの帽子の色がわかっていますので、これにDの発言から得た情報を加えて、自分の帽子の色が「わかる」場合を考えます。Dの発言から、A，B，Cの中に少なくとも1人は赤がいるとわかりましたので、AとBがともに白い帽子をかぶっていれば、自分の帽子が赤であると判断できます。

　しかし、AとBのうち1人でも赤い帽子をかぶっていれば、やはりCには自分の帽子の色を判断することはできません。

　よって、Cが「わからない」と答えたことからA，Bのうち少なくとも1人は赤い帽子をかぶっていることがわかり、A，BもCの発言からそのことを判断できます。

（3）Bが「わからない」と答えた状況について

　次に、Bの番です。BはAの帽子の色がわかっていますから、ここまでの情報を加えて、自分の帽子の色が「わかる」場合を考えると、Aが白い帽子をか

ぶっていれば、自分の帽子の色が赤であると判断できます。

　しかし、Bもまた「わからない」と答えたわけですから、Aの帽子の色は赤だったことになり、Bの発言からAはそのことを判断できたわけです。

　以上より、Aの帽子の色は赤に確定しますが、B，C，Dの帽子の色は赤, 白のいずれもあり得ることになります。

　よって、ここからいえることとして妥当なのは肢2で、正解は肢2です。

正解 ▶ 2

PLAY 2　他人の発言から推理する問題　特別区Ⅰ類 2007

　A〜Cの3人で、カードの色を当てる推理ゲームをしている。3人に1枚ずつカードを配り、A，B，Cの順に自分のカードの色について聞いたところ、Aは「分からない」、BとCは「分かった」と答えた。いま、次のア〜オのことが分かっているとき、A〜Cのカードの組合せとして、妥当なのはどれか。

　ア．カードの色は赤か黒で、3枚のうち少なくとも1枚は赤である。
　イ．3人とも自分のカードの色は見えないが、他の2人のカードは見える。
　ウ．Aは、見えるカードだけを根拠に推理する。
　エ．Bは、見えるカードとAの発言を根拠に推理する。
　オ．Cは、見えるカードと、AとBの発言を根拠に推理する。

	A	B	C
1.	赤	赤	赤
2.	赤	赤	黒
3.	赤	黒	黒
4.	黒	赤	赤
5.	黒	黒	赤

　本問も、まず、Aの「わからない」から考えて！

条件ア，イより、他の２人のカードが見えており、３枚のうち、少なくとも１枚は赤であることがわかっています。この状況で、自分のカードの色が「わかる」場合を考えると、他の２人が、２人とも黒であれば、自分のカードが赤であると判断できますね。

　すなわち、Ａは、ＢとＣのカードが黒なら、自分が赤とわかったわけですが、「わからない」と答えたので、ＢとＣのカードのうち少なくとも１枚は赤であったことになります。

　そうすると、Ａの発言を聞いたＢとＣは、そのことを判断できたわけで、ここで、Ｂが「わかった」と答えたということは、Ｃのカードは黒であり、それであれば、自分のカードが赤であると判断したことになります。

Ｃが赤なら、Ｂは赤でも黒でもＯＫなので、自分の色はわからないものね！

　そして、そのＢの発言から、Ｃは自分のカードが黒であると判断できたことになります。

　よって、Ｂのカードは赤、Ｃのカードは黒となり、肢２が正解とわかります。

　なお、Ａのカードについて、仮に黒なら、ＡとＣのカードが黒なのでＢは初めから自分のカードは赤とわかりますが、Ａが赤なら、ＢはＡの発言を根拠に判断したことになります。いずれの場合も考えられますので、Ａのカードについては確定しません。

||| 正解 ▷ ②

#22 ゲームの必勝法
絶対に勝つ方法を考える!

頻出度 ★☆☆☆☆ | 重要度 ★★☆☆☆ | コスパ ★★★★★

最近はあまり出題されていませんが、過去にはよく出題された時期もあり、ほとんどの問題は、ルールに従えば解けます。たまに応用問題もありますが、相手の出方を考えながら推理すれば、さほど難しくはありません。

PLAY 1 ルールに従って解く問題

警視庁Ⅰ類 2011

A，Bの2人で交互にコインを取り続け、最後のコインを取った人が勝ちとなるゲームをしている。コインは全部で 38 枚あり、1人が一度に1枚以上4枚以下のコインを取り、AもBも勝つための最善を尽くすとする。Bが先手のときに、確実にいえるのはどれか。

1. Bは最初に1枚とれば、必ず勝てる。
2. Bは最初に2枚とれば、必ず勝てる。
3. Bは最初に3枚とれば、必ず勝てる。
4. Bの取る枚数に関わらず、先手のBは必ず勝てる。
5. Bの取る枚数に関わらず、後手のAは必ず勝てる。

まず、必勝法のルールを覚えよう!

ここは、解法が決まっていますので、覚えてください。

まずコインの枚数である 38 を $1 + 4 = 5$ で割り、その余りを求めます。そうすると、$38 = 5 \times 7 + 3$ より、3とわかりますね。

一度に取れる「1枚から4枚」の1と4を足すんだ!

Bは、初めにこの余りである3枚を取れば、必ず勝つことができます。よって、正解は肢3です。

では、その理由です。手順として、38 枚を5枚ずつのグループ7組と余りの3枚に分けて考え、Bは初めに余りの3枚を取ります。

次に、Aが、たとえば2枚を取ったら、Bは3枚を取って、5枚のグループを1組取りきります。さらにAがたとえば4枚を取ったら、Bは残る1枚を取って、同様に1組取りきります。

以下同様に、Bは、Aと合わせて5枚になるように取っていけば、図のように最後の1枚はBが取ることができるわけです。

3枚	5枚	5枚	5枚	5枚	5枚	5枚	5枚
B	A・B	A・B	A・B	A・B	A・B	A・B	A・B

　つまり、「5枚」とは、Aが1枚から4枚の範囲で何枚取ったとしても、残る枚数をBが確実に取ることができる唯一の枚数なわけで、他の枚数ではこの戦略は不可能です。

正解 3

PLAY 2　ゲームの手順を推理する問題

　A，Bの2人が、1〜6の数字の中から1つ選んで交互に数字を書いていくゲームを、Aを先手として行う。このゲームは次のルールにしたがって行い、数字を書くことができなくなった者が負けとなる。

	1回	2回	3回
A	1	6	4
B	2	5	×

　○　既に書かれた数の約数は書くことができない。
　　（たとえば、「4」と書いてあったら、「1」、「2」、「4」は書くことができない）
　○　パスすることはできない。

　表はこのゲームの一例であるが、Bは既に書かれた数の約数を書くことができないので、最後に残った3を書くことができず、Aの勝ちとなる。
　ところで、このゲームでは、先手が必ず勝つ方法がある。先手のAが必ず勝つためには、Aが1回目に書くべき数字として妥当なもののみをすべて挙げているのはどれか。

1.　1, 3　　　2.　2, 4　　　3.　3, 6　　　4.　5, 6　　　5.　2, 4, 5

今度は応用問題ね。相手の出方を考えて推理してみて！

先手のＡが最初にどの数字を書くかで場合分けをし、さらにＢが書く数字を検討していきます。

　約数を多く持つ「6」や「4」から始めれば、その後に書ける数字が限られてくるため、展開が楽になりますので、まず、「6」から検討します。

（1）Ａが「6」を書いた場合

　「6」の約数である、「1」、「2」、「3」、「6」が書けなくなりますので「4」と「5」のみが残ります。「4」と「5」はいずれもお互いの約数ではありませんから、Ｂがどちらを書いても、Ａはもう片方を書くことができ、そこでＢが書ける数字がなくなります。

　よって、次のようにＡが確実に勝つことができます。

	1回	2回	3回
A	6	5	
B	4	×	

	1回	2回	3回
A	6	4	
B	5	×	

　これより、「6」がOKなので、肢3, 4に絞られ、残る候補は「3」または「5」ですから、次にこれらを検討します。

（2）Ａが「3」を書いた場合

　（1）を参考に考えると、次にＢが「6」を書いた場合、やはり「4」と「5」が残りますので、Ａが片方、Ｂがもう片方を書いて、Ａが書く数字がなくなります。

　よって、Ａは「3」を書いても確実に勝つことはできませんので、ここで肢3が消去され、肢4が正解とわかります。

> Ｂの書く数字によっては、Ａは勝てるかもしれないけど、負ける可能性がある限り、「確実に勝てる」ことにはならないよね。もちろん、Ｂも最善を尽くすし！

（3）Ａが「5」を書いた場合

　「1」と「5」が書けなくなりますが、次のように、Ｂが「6」を書いた場合、「4」しか残りませんから、Ａは「4」を書いて勝つことができます。また、Ｂが「4」を書いた場合も、Ａが「6」を書いて勝つことができます。

	1回	2回	3回
A	5	4	
B	6	×	

	1回	2回	3回
A	5	6	
B	4	×	

　さらに、Bが「2」または「3」を書いた場合は、Aは「3」または「2」を書けば、「4」と「6」が残るので、次のように、Aは確実に勝てます。

	1回	2回	3回
A	5	3	6／4
B	2	4／6	×

	1回	2回	3回
A	5	2	6／4
B	3	4／6	×

　よって、Aが「5」を書いた場合も、Bがどの数字を書いても、Aは確実に勝つことができ、正解は肢4です。

正解　4

#23 暗号
楽しんで解く！

頻出度 ★★☆☆☆ ｜ 重要度 ★★★☆☆ ｜ コスパ ★★★★☆

出題頻度に偏りがあり、特別区ではほぼ毎年出題されます。また、警視庁や東京消防庁でもときどき出題されていますが、その他ではあまり出題されていません。
謎解きの要素があり、けっこう楽しいですが、はまると怖いので、本番では注意が必要です。

PLAY1 かな文字の暗号の問題

警視庁Ⅰ類 2004

　ある暗号で、「おきなわ」が「Ａe，Ｂb，Ｅa，Ｊa」と表されるとき、同じ暗号の法則で「ひろしま」を表したのはどれか。

1.「Ｂc，Ｇa，Ｇe，Ｄe」
2.「Ｆb，Ｉe，Ｃb，Ｇa」
3.「Ｃa，Ａb，Ｄa，Ｇa」
4.「Ｇe，Ｉb，Ａe，Ｂa」
5.「Ｆc，Ｂc，Ｃb，Ｇa」

> かな文字の暗号は、50音表で考えるのが基本だよ！

　「おきなわ」の4文字に対して、それを表す暗号も、アルファベット大文字と小文字の組が4組ですから、1つずつ対応していると推測できます。
　このように、かな文字を表す暗号は、50音の段（あいうえお）と行（あかさたな…）の組合せで表されていることが多いので、次のように50音表を作成して、「おきなわ」に対応する暗号を記入してみます。

「沖縄」ではなく、わざわざ「おきなわ」と書かれているのは、かな文字に対応する暗号だと言ってるようなもんだからね。

	あ	か	さ	た	な	は	ま	や	ら	わ
あ					E a					J a
い		B b								
う										
え										
お	A e									

アルファベットの大文字，小文字それぞれの並びから推測すると、大文字は、「あかさたな…」を「ＡＢＣＤＥ…」で、小文字は「あいうえお」を「ａｂｃｄｅ」で表すと考えられ、これによって表を完成させると、次のようになります。

	あ	か	さ	た	な	は	ま	や	ら	わ
あ	A a	B a	C a	D a	E a	F a	G a	H a	I a	J a
い	A b	B b	C b	D b	E b	F b	G b		I b	
う	A c	B c	C c	D c	E c	F c	G c	H c	I c	
え	A d	B d	C d	D d	E d	F d	G d		I d	
お	A e	B e	C e	D e	E e	F e	G e	H e	I e	J e

よって、「ひろしま」は「Ｆｂ，Ｉｅ，Ｃｂ，Ｇａ」と表され、正解は肢2です。

 正解 2

　ある暗号で、「源（みなもと）」は「ＬＧＫＷＨＩＭＧ」、「平（たいら）」は「ＳＹＦＮＶ」と表すことができるとき、暗号「ＳＹＨＷＰＤＢ」が表す名前を含む人物として、最も妥当なのはどれか。

1. 源　頼朝
2. 平　清盛
3. 北条泰時
4. 足利尊氏
5. 徳川家康

　アルファベットには、50 音表のようなものがないので、とりあえず、26 文字並べてみるかな！ 2 列に並べるなら、Ａ～ＭとＮ～Ｚだね。

　「みなもと」を表す暗号はアルファベット 8 文字で、「たいら」を表す暗号はアルファベット 5 文字ですね。対応する文字数から考えて、かな文字の暗号ではないでしょう。

　では、アルファベットで考えてみます。「みなもと」と「たいら」をそれぞれ、次の①のようにローマ字表記に変換し、暗号を②のように並べると、文字数が一致するのがわかります。

```
①  …  M  I  N  A  M  O  T  O        T  A  I  R  A
       ↓  ↓  ↓  ↓  ↓  ↓  ↓  ↓        ↓  ↓  ↓  ↓  ↓
②  …  L  G  K  W  H  I  M  G        S  Y  F  N  V
```

　しかし、①には、Ｍ，Ｉ，Ｏ，Ｔが 2 つずつ、Ａが 3 つありますが、いずれも<u>対応する暗号の文字が異なります</u>。

　ここで、次のように、アルファベット 26 文字を並べて、①で<u>重複のない最初の 4 文字まで</u>に対応する暗号を記入してみます。

普通なら、同じ文字を表す暗号は同じになるんだけどね。

とりあえず、2 個目のＭが出てくる前までで、考えよう！

A	B	C	D	E	F	G	H	I	J	K	L	M
W								G				L

N	O	P	Q	R	S	T	U	V	W	X	Y	Z
K												

　これより、規則性を考えると、1文字目のMは1文字前のL、2文字目のI
は2文字前のG、3文字目のNは3文字前のKに対応しているのがわかります。

　そうすると、4文字目のAも、A→Z→Y…と
遡ると4文字前のWに対応しており、x文字目はx
文字前のアルファベットに対応する規則性であると
推測できます。

　これより、与えられた暗号について、x番目の文
字をx文字後ろに戻して読み解くと、次のようにな
ります。

5文字目のMも、5文
字前のHに対応してい
るし、他の文字も大丈
夫だね。

S	Y	H	W	P	D	B
↓	↓	↓	↓	↓	↓	↓
T	A	K	A	U	J	I

　よって、暗号が表す名前は「たかうじ」で、これを含む人物は「足利尊
氏」となり、正解は肢4です。

正解　4

> ある暗号で「ＨＡＺＥ」が「赤青黄，赤赤赤，青青黄，赤黄黄」、「ＧＵＳＴ」
> が「赤青赤，青赤青，青赤赤，青赤黄」で表されるとき、同じ暗号の法則で「黄
> 青赤，黄黄青，黄黄黄，青青赤」と表されるのはどれか。
>
> 1.「ＫＮＯＢ」
> 2.「ＰＩＮＫ」
> 3.「ＳＩＣＫ」
> 4.「ＰＯＮＹ」
> 5.「ＲＵＩＮ」

数的推理で学習する「n 進法」を使った暗号の問題はけっこう出題されてるよ。本問は定番問題なので、仕組みを理解して！

アルファベット 1 文字に対して、暗号は「赤」「青」「黄」の 3 種類の文字の組合せが対応しているのがわかります。

このような場合は、3 進法の表記に従っている可能性が高いので、そのように推測して作業します。

私たちが普段使っている「10 進法」では、「0」～「9」の 10 個の数字で数を表記しますが、「3 進法」では「0」「1」「2」の 3 個の数字で表記します。

定番だから、解法パターンを覚えよう！

10 進法の数字に対応する 3 進法の数字は、次のようになります。

数的推理の「n 進法」で詳しく勉強するよ！

10 進法	→	3 進法		10 進法	→	3 進法
0		0		6		20
1		1		7		21
2		2		8		22
3		10		9		100
4		11		10		101
5		12		11		102

3 進法の暗号は、アルファベット 26 文字を 3 進法の数字に置き換え、さらにそれを暗号化するというシステムが一般的です。

すなわち、本問では「赤」「青」「黄」が、「0」「1」「2」のいずれかの代わりになっていると推測できますね。

ここで、アルファベット26文字を並べて、対応する暗号を記入すると、次のようになります。

A	赤赤赤	H	赤青黄	O		V	
B		I		P		W	
C		J		Q		X	
D		K		R		Y	
E	赤黄黄	L		S	青赤赤	Z	青青黄
F		M		T	青赤黄		
G	赤青赤	N		U	青赤青		

　これより、「S」→「T」→「U」に着目すると、一番右の文字だけが、「赤」→「黄」→「青」と変化しているのがわかります。
　同様に、「G」→「H」でも「赤」→「黄」と変化しており、「A」が「赤赤赤」であることからも、「赤」からスタートすることがわかります。
　すなわち、「赤」→「0」,「黄」→「1」,「青」→「2」と推測でき、これをもとに、暗号を対応する数字に置き換えてみると、次のようになります。

A	000	H	021	O		V	
B		I		P		W	
C		J		Q		X	
D		K		R		Y	
E	011	L		S	200	Z	221
F		M		T	201		
G	020	N		U	202		

　数字は後ろに行くほど増えていますので、3進法の表記で空いているところを埋めると、次のようになります。

A	000	H	021	O	112	V	210
B	001	I	022	P	120	W	211
C	002	J	100	Q	121	X	212
D	010	K	101	R	122	Y	220
E	011	L	102	S	200	Z	221
F	012	M	110	T	201		
G	020	N	111	U	202		

　よって、推測は正しいとわかり、与えられた暗号を解読すると、次のように
なります。

　これより、正解は肢 4 です。

アドバイス

　本問は、文字が 3 種類だから「3 進法」。4 種類になったら「4 進法」だ！
ちなみに、「A」＝「000」から始まったけど、「001」から始まる場合もある
し、いつも 3 桁で表されているとも限らないから注意してね！
　n 進法を使った暗号は、本問のような定番問題だけではなく、少し変わった
問題もあるんだ！ 次の問題はけっこう面白いよ！

＃ 23　暗号　　223

ある暗号において、「犬」は「12 ＋ 30 ＋ 4」、「鳥」は「4 ＋ 33 ＋ 14 ＋ 2」
と表されるとき、「100 ＋ 21 ＋ 34」を意味するものとして、正しいのはどれ
か。

1．牛　　　2．太陽　　　3．猫　　　4．空　　　5．地図

> まず、「犬」や「鳥」をどのように変換するかよね。警視庁は、こ
> の変換パターンをよく使ってるかな。

　「犬」も「鳥」も、かな文字だと 2 文字ですが、暗号はそれぞれ数字 3 つと
4 つなので、アルファベットに対応すると考えられます。

　「犬」や「鳥」をアルファベットに表す方法ですが、まず、ローマ字で「Ｉ
ＮＵ」「ＴＯＲＩ」と表すと、文字数が暗号の数と一致するのがわかります。

　また、このような、簡単に英語にできる単語であ
れば、「ＤＯＧ」「ＢＩＲＤ」と、英単語にすること
もでき、この場合でも、文字数が暗号と一致します。

　では、ローマ字を①、英単語を②として、それぞ
れを暗号と対応させると、次のようになります。

> 一般的には、ローマ字に
> 変換することが多いん
> だけど、こういう簡単な
> 単語のときは、英語にす
> るのがほとんど。

①							②						
Ｉ	Ｎ	Ｕ	Ｔ	Ｏ	Ｒ	Ｉ	Ｄ	Ｏ	Ｇ	Ｂ	Ｉ	Ｒ	Ｄ
↓	↓	↓	↓	↓	↓	↓	↓	↓	↓	↓	↓	↓	↓
12	30	4	4	33	14	2	12	30	4	4	33	14	2

　暗号には「4」が 2 つありますが、①，②いずれも対応する文字が異なりま
す。また、①には「Ｉ」、②には「Ｄ」が 2 つずつあり、これに対する暗号も
異なりますね。

　ここで、2 つの「4」が、それぞれ「Ｉ」や「Ｄ」
に対応すると仮定して位置関係を確認すると、いず
れも暗号の順序を逆にすれば、次のように対応する
ことがわかります。

> 「ＩＮＵ」の最初の「Ｉ」
> は最後の「4」に、「Ｔ
> ＯＲＩ」の最後の「Ｉ」
> は最初の「4」に対応し
> いてると仮定してみる
> んだ。

①							②						
I	N	U	T	O	R	I	D	O	G	B	I	R	D
↓	↓	↓	↓	↓	↓	↓	↓	↓	↓	↓	↓	↓	↓
4	30	12	2	14	33	4	4	30	12	2	14	33	4

これより、①の場合、アルファベット 9 番目の文字である「I」が「4」と推測できますが、これに対して、20 番目の文字である「T」が「2」というのは、アルファベットの順序から考えて、規則性が見えません。

しかし、②なら 4 番目の文字である「D」が「4」で、2 番目の文字である「B」が「2」となりますので、②のほうと考えられ、アルファベット 26 文字を書き出して、暗号を対応させると次のようになります。

A	B	C	D	E	F	G	H	I	J	K	L	M
	2		4			12		14				

N	O	P	Q	R	S	T	U	V	W	X	Y	Z
	30			33								

数字の並びから考えて、「C」は「3」、「H」は「13」、「P」と「Q」は「31」と「32」と考えられます。

しかし、「D」と「G」の間は、「4」→「12」で、どうやら 10 進法の表記ではないことがわかります。

また、使われている数字が 0 〜 4 であることから、本問は 5 進法の表記と考えられ、これに従って数字を埋めると、次のようになります。

A	B	C	D	E	F	G	H	I	J	K	L	M
1	2	3	4	10	11	12	13	14	20	21	22	23

N	O	P	Q	R	S	T	U	V	W	X	Y	Z
24	30	31	32	33	34	40	41	42	43	44	100	101

以上より、「100 + 21 + 34」が表すのは、「34」→「S」,「21」→「K」,「100」→「Y」より、「SKY」とわかり、肢 4 の「空」が正解です。

正解 4

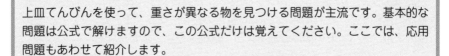

＃24 てんびん問題
つり合うか否かで考える！

頻出度 ★☆☆☆☆ ｜ 重要度 ★★☆☆☆ ｜ コスパ ★★★★★

上皿てんびんを使って、重さが異なる物を見つける問題が主流です。基本的な問題は公式で解けますので、この公式だけは覚えてください。ここでは、応用問題もあわせて紹介します。

基本事項

ニセガネ問題

　上皿てんびんを使って、複数の物の中に紛れ込んでいる偽物（重さが他と異なる物）を探す問題です。

　まず、1個だけ他と重さが異なる物があり、それが他と比べて重いか軽いかがわかっている場合は、次のような操作で見つけることができます。

ⅰ）全部で3個まで ⇒ 1回の操作で確実に見つけ出せる。
　例）A，B，Cの3個の中で1個だけが軽い（または重い）偽物を見つける場合
　　AとBをてんびんで比べて、つり合わなければ軽いほう（偽物が重いなら重いほう）が偽物、つり合ったらCが偽物です。

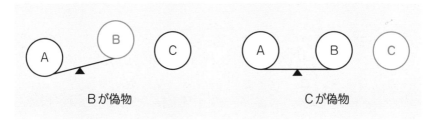

ⅱ）4個以上9個まで ⇒ 最少2回の操作で確実に見つけ出せる。
　例）9個の中で1個だけ軽い偽物を見つける場合
　　9個を3個ずつに分けてA〜Cとします。まず、ⅰ）の例と同様の操作で、偽物がA〜Cのどのグループに入っているかを調べます。次にそのグループ3個で同様の操作をもう1回行えば、1個の偽物を見つけ出すことができます。

このように、9 個までなら<u>3 個以下のグループ 3 つまでに分けて</u>、1 回目の操作で 3 個以下に絞り込み、さらにもう 1 回の操作で 1 個を特定することができます。

たとえば、8 個なら 3 個、3 個、2 個と分けて、3 個と 3 個をてんびんで比べればいいね。6 個だったら、2 個×3 グループでも、3 個×2 グループでも OK！　てんびんで比べる 2 グループは、もちろん同じ個数でね！

iii）10 個以上 27 個まで ⇒ 最少 3 回の操作で
　　確実に見つけ出せる。

　　10 個以上になると 2 回では確実には見つけられませんが、27 個までなら、9 個以下のグループ 3 つまでに分けて、1 回目の操作で 9 個以下に絞り込めば、あとは ii）の通りに、もう 2 回の操作で見つけ出せます。

　これより、次のような公式が得られます。

3 個まで	⇒	1 回
4 個以上 9 個まで	⇒	2 回
10 個以上 27 個まで	⇒	3 回
28 個以上 81 個まで	⇒	4 回
3^n 個まで	⇒	n 回

「○個以上」はどうでもいいから、「○個まで」をしっかり覚えておくことだね！　ちなみにこの回数は確実に見つけ出すための最少必要回数だから、偶然わかった場合とかは考えないことね。

PLAY 1 公式を使って解く問題

同じ形・大きさの硬貨が 200 枚ある。この中に 1 枚だけ他と比べて重量の軽い偽物が混じっているとき、正確に重量を比較することができる上皿てんびん 1 台を使って、確実に偽物を見つけ出すためには、最少で何回このてんびんを使えばよいか。ただし、偶然見つかった場合は最低回数にしないものとする。

1. 5 回　　　2. 6 回　　　3. 7 回　　　4. 8 回　　　5. 9 回

まずは、公式通りに解ける問題から！ 公式は、覚えるというより、理解してね！

1 枚だけの偽物が、他と比べて「軽い」とわかっていますので、基本事項の公式に当てはめて求めることができます。

「200」は、$3^4 = 81$ より大きく、$3^5 = 243$ 以下の範囲にありますので、公式より、5 回の操作で見つけ出せます。

よって、正解は肢 1 です。

正解　1

　9枚の同じ形、同じ大きさの金メダルA～Iがある。このうち7枚は純金製で同じ重さであるが、2枚は金メッキをしたもので純金製より軽い。天秤ばかりを使って、次のア～エのことが分かっているとき、金メッキのメダルはどれか。ただし、2枚の金メッキのメダルは同じ重さである。

　ア　左にA・C・E、右にD・F・Gのメダルをのせたところつり合った。
　イ　左にA・E・F、右にB・D・Hのメダルをのせたところつり合った。
　ウ　左にA・E・F、右にC・D・Gのメダルをのせたところつり合わなかった。
　エ　左にB・D・H、右にE・F・Iのメダルをのせたところつり合った。

1.　A　　　2.　B　　　3.　C　　　4.　D　　　5.　E

> 本問は、公式の出番はなし！　与えられた結果から考えてみて。
> まずは、操作アとウの違いに着目かな？

　純金製を「本物」、金メッキを「偽物」と呼ぶことにします。

　まず、アとウの操作に着目します。この2回の操作において、左右のメダルの違いを見ると、CとFが入れ替わっただけとわかります。

このタイプの問題は、こういう変化を探すのがポイント！

　これにより、アではつり合ったのに、ウではつり合わなかったわけですから、CとFの重さが異なることがわかり、CとFのいずれか1つが偽物です。

　すなわち、アの操作では、左右に偽物が1つずつあって、つり合っていたことになり、ここで皿にのせなかった、B，H，Iはいずれも本物とわかります。

　そして、ウの操作では、どちらか片方に偽物が2つともある状態になったわけですが、ここで、左に偽物が2つあるとすると、イの操作の左にも偽物が2つあることになり、矛盾します。

イとウでは、左のメダルが全く同じだよね。

　これより、ウの操作で右にのせたC，D，Gの中に偽物が2つともあるわけですが、イの操作の左右のメダルはすべて本物ですから、Dは本物で、残るCとGが偽物とわかります。

　よって、正解は肢3です。

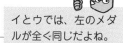

イの左に偽物はなく、つり合っているから、右も全部本物だよね。

正解 ③

#25 移動問題
無駄な動きをしない！

頻出度 ★☆☆☆☆ ｜ 重要度 ★★☆☆☆ ｜ コスパ ★★★★☆

移動の手順を考える問題で、解法が決まっている定番問題が中心です。出題数は多くないですが、解法を覚えれば解ける問題が多いので、一通りは押さえておきましょう。

PLAY 1 移し替えの手順を考える問題

次の図のようにA〜Cの3本の容器がある。Aの容器には、Ⅰ〜Ⅳの数字が書かれた4個のボールが下から数字の大きい順に入っており、BとCの容器は空である。Aの容器の4個のボールをCの容器に図のように移すには、最低何回の移動が必要か。ただし、ボールは1回の移動につき1個ずつ他の容器に動かし、小さい数字のボールの上に大きい数字のボールをのせないものとする。

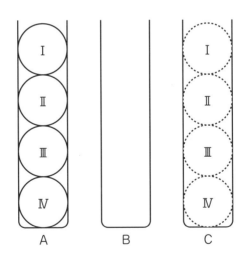

A   B   C

1. 7回　　　2. 9回　　　3. 11回　　　4. 13回　　　5. 15回

一般に「ハノイの塔」と呼ばれる問題だけど、解法パターンは決まっているから、覚えてね！

順に移していきましょう。まず、ⅠをBに移し、ⅡをCに移します。ⅢはⅠやⅡの上にのせられませんので、BのⅠを、CのⅡの上に移し、Bを空けます。

ここまでの3回の移動で、ⅠとⅡがCに移動したことになりますね。ということは、ボールが2個の場合なら、「3回」となります。

次に、ⅢをBに移します（4回目）。そして、そのⅢの上にCにあるⅠとⅡを移して、Cを空けます。ⅠとⅡをBに移すためには、初めの3回と同じ操作をすればいいので、4＋3＝7（回）の移動で、BにⅠ〜Ⅲを移動させることができます。

これより、ボールが3個の場合なら、「7回」となります。

ここで、空いたCに、Ⅳを移します（8回目）。あとは同様に、そのⅣの上にBにあるⅠ〜Ⅲを移すのに、初めの7回と同じ操作をすることになり、8＋7＝15（回）の移動で、Cに4個のボールが移動することになります。

15回の操作をまとめると、次のようになりますね。

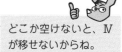

BとCに区別はないから、どっちでもOK！最後に全部Bに移動したって同じでしょ!?

どこか空けないと、Ⅳが移せないからね。

	A	B	C
初め	Ⅰ, Ⅱ, Ⅲ, Ⅳ		
1回	Ⅱ, Ⅲ, Ⅳ	Ⅰ	
2回	Ⅲ, Ⅳ	Ⅰ	Ⅱ
3回	Ⅲ, Ⅳ		Ⅰ, Ⅱ
4回	Ⅳ	Ⅲ	Ⅰ, Ⅱ
5回	Ⅰ, Ⅳ	Ⅲ	Ⅱ
6回	Ⅰ, Ⅳ	Ⅱ, Ⅲ	
7回	Ⅳ	Ⅰ, Ⅱ, Ⅲ	
8回		Ⅰ, Ⅱ, Ⅲ	Ⅳ
9回		Ⅱ, Ⅲ	Ⅰ, Ⅳ
10回	Ⅱ	Ⅲ	Ⅰ, Ⅳ
11回	Ⅰ, Ⅱ	Ⅲ	Ⅳ
12回	Ⅰ, Ⅱ		Ⅲ, Ⅳ
13回	Ⅱ	Ⅰ	Ⅲ, Ⅳ
14回		Ⅰ	Ⅱ, Ⅲ, Ⅳ
15回			Ⅰ, Ⅱ, Ⅲ, Ⅳ

よって、正解は肢5です。

|| 正解 ▶ 5

PLAY 2 移動の手順を考える問題　　　　　　　　警視庁Ⅰ類 2017

　下図のような川があり、大人6人、子ども3人が、スタート地点がある一方の岸から、ゴール地点がある対岸まで、一艘の足こぎボートを使って以下のルールに従い移動する。スタート地点からゴール地点までの移動、ゴール地点からスタート地点までの移動を、それぞれ1回と数えるとき、全員が対岸のゴール地点まで移動し終えるまでのボートの最少の移動回数として、最も妥当なのはどれか。

・ボートに大人は1人だけしか乗ることができない。
・ボートに子どもは最大2人までしか乗ることができない。
・ボートに大人と子どもが同時に乗ることはできない。
・ボートが無人で移動することはない。

```
              ┌──────────┐
              │  ゴール   │
              └──────────┘
─────────────────────────────────

                 ⬆

─────────────────────────────────
              ┌──────────┐
              │ スタート  │
              └──────────┘
```

1. 23 回　　　2. 25 回　　　3. 27 回　　　4. 29 回　　　5. 31 回

本問も定番問題。解法を覚えよう！

誰かがゴール地点へ移動した後、そのボートを誰かがスタート地点に戻さなければ、次の人が乗れませんので、初めに1人で乗って行っても意味がないことがわかります。そうすると、最初に行くのは子供2人ですね。

　2人でゴール地点に行った子供は、1人を残してもう1人がボートを戻せば、次は大人が乗って行っても、ゴール地点に残っていた子供がボートを戻すことができます。

　すなわち、次の4回の移動で、大人1人が移動することができるわけです。

　これより、大人6人の移動に、4回×6＝24回の移動が必要となります。

　大人の移動が終わり、子供とボートがスタート地点に戻ったところで、次は子供3人ですが、やはり初めに2人で行った後は、次のように1人が戻り、もう一度2人で行って終わりなので、3回で移動できます。

　以上より、24＋3＝27（回）の移動で、9人全員がゴール地点に移動できることになり、正解は肢3です。

||| 正解 ▷ 3

　ちょうど9ℓと5ℓが入るポリタンクがそれぞれ1つずつある。これら2つのポリタンクを使い、川からちょうど3ℓの水を汲みたい。最低何回ポリタンクを使えばよいか。ただし、1つのポリタンクに水を出し入れするごとに1回と数えるものとする。

1. 6回　　　2. 7回　　　3. 8回　　　4. 9回　　　5. 10回

> 「油分け算」と呼ばれる定番問題で、一時は特別区でよく出題されていたよ。

解法 1

　一般に「油分け算」と呼ばれる問題で、操作の手順には次のような法則がありますので、これを覚えましょう。

　大きい容器から小さい容器へ、大→中→小→大→中→…と順に移し替える。
　ただし、過去に一度あった状態に戻る操作はパスする。

　では、この法則にしたがって、移し替えを行います。本問で一番大きい「容器」は川ですから、川→9ℓタンク→5ℓタンク…の順で移し替えをします。
　1回目に、川から9ℓタンクに水を汲みます。この時点で、9ℓタンクの水の量は9ℓ、5ℓタンクの水の量は0ℓですから、これを（9，0）とし、以下同様に表します。
　2回目に、9ℓタンクから5ℓタンクへ5ℓの水を移して、（4，5）となります。
　3回目に、5ℓタンクの水を川へ戻して、（4，0）となります。
　4回目は、川→9ℓタンクの移し替えですが、これは9ℓタンクを満杯にすることになり、1回目と同じ（9，0）に戻ってしまいます。よって、法則より、この移し替えはパスして、9ℓタンク→5ℓタンクで、（0，4）となります。
　5回目は、5ℓタンク→川の移し替えですが、これも、5ℓタンクを空にし、初めの状態に戻るのでパスして、川→9ℓタンクで、（9，4）です。
　以下、同様に操作を進めていくと、次のようになります。

		(大)	→	(中)	→	(小)
		川		9ℓタンク		5ℓタンク
初めの状態				0		0
1回目	大→中			9		0
2回目	中→小			4		5
3回目	小→大			4		0
	大→中		(9, 0) に戻るのでパス			
4回目	中→小			0		4
	小→大		(0, 0) に戻るのでパス			
5回目	大→中			9		4
6回目	中→小			8		5
7回目	小→大			8		0
	大→中		(9, 0) に戻るのでパス			
8回目	中→小			3		5

　以上より、8回目の操作で、9ℓタンクに3ℓの水を汲むことができ、正解は肢3です。

解法2

　（9ℓタンク，5ℓタンク）を（x, y）座標に取り、次のようにグラフで求めることもできます。

　初めは（0, 0）なので、原点から始めます。

　①川→9ℓタンクの移し替え

　x 座標が増えますので、図1のように、右に移動します。

　②9ℓタンク→5ℓタンクの移し替え

　x 座標が減り、その分だけ y 座標が増えますので、図2のように、左上に移動します。

　③5ℓタンク→川の移し替え

　y 座標が減るので、図3のように、下へ移動します。

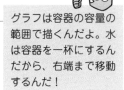

グラフは容器の容量の範囲で描くんだよ。水は容器を一杯にするんだから、右端まで移動するんだ！

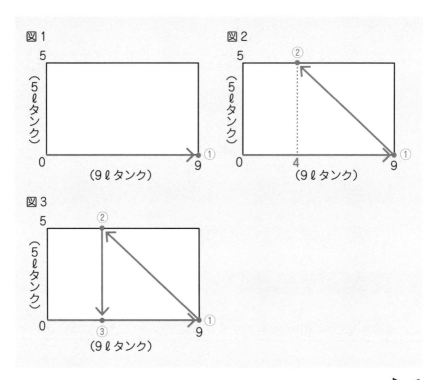

図1

5
（5ℓタンク）
0
（9ℓタンク）
9
①

図2

5
②
（5ℓタンク）
0
4
（9ℓタンク）
9
①

図3

5
②
（5ℓタンク）
0
③
（9ℓタンク）
9
①

　以下同様に、右→左上→下の移動を繰り返しますが、一度通った点にたどり着く操作はパスします。x, yいずれかの座標が「3」になったところで終わりですから、次のように8回の操作となるわけです。

つまり過去にあった状態ってこと！

236

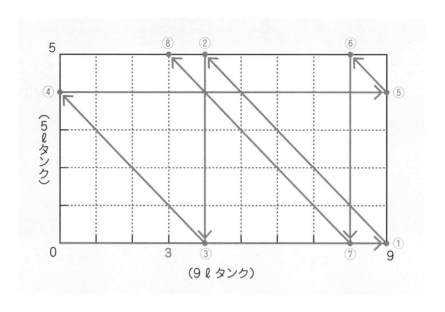

正解 3

慣れればグラフのほうが速いけど、最近はそれほど出題されていないから、「解法1」だけ覚えれば十分じゃないかな。

#26 パズル問題
図形の特徴に着目する！

頻出度 ★★★★☆ ｜ 重要度 ★★★★★ ｜ コスパ ★★★☆☆

ここからは、「空間把握」という図形分野になります。パズル問題はその代表格で、色々な問題がありますが、図形の特徴に着目して選択肢を消去するなどで解ける問題が多いです。閃きやセンスより、練習量が大事ですね。

PLAY1 型紙を敷き詰める問題

特別区Ⅰ類 2007

次の図のような型紙を 8 枚、透き間なく、かつ、重ねることなく並べて作ることができる図形として、**有り得ない**のはどれか。ただし、型紙は裏返して使用できるものとする。

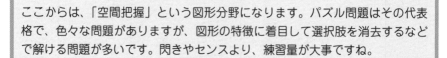

1.

2.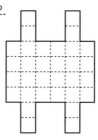

3.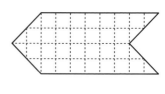

4.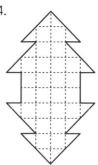

5.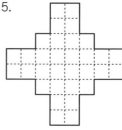

選択肢の図形の出っ張ったところをどう埋めるかがポイントかな！

型紙を図のようにＡ，Ｂの部分に分け、選択肢それぞれの特徴的な部分から並べてみましょう。

肢1 図1のアの部分はＡ２枚で構成するのは不可能ですので、Ｂを図のように並べることになります。イの部分は迷わずＢに決まりますね。図1の残りの斜めの部分にＡを当てはめていくと図2のようになり、本肢は有り得ることがわかります。

図1　　　　　　　　　　図2

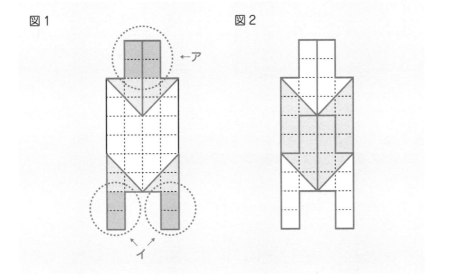

肢2 図3のアとイの部分はBに決まります。まず、イに図のように並べると、その上は図4のように決まり、残る部分に図5のように並べて、本肢は有り得ることがわかります。

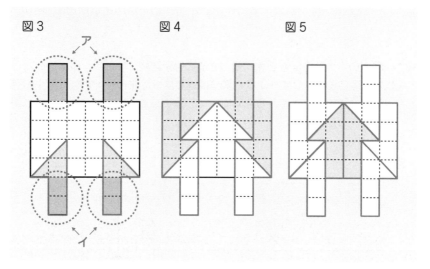

図3　　　　　図4　　　　　図5

肢3 図6のアの部分はAに決まり、図のように並べます。残る部分に図7のように並べると、本肢は有り得ることがわかります。

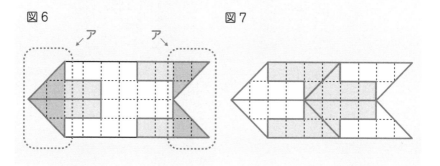

図6　　　　　　　　　図7

肢4 図8のアの部分はAに決まり、図のように並べます。さらに、図9のイの部分もAしか並べられませんが、ここに4つの型紙を並べることは不可能です。よって、本肢は有り得ません。

図8

図9

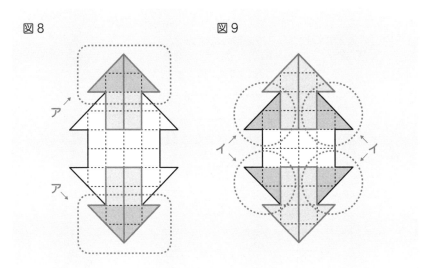

肢5 図10のアの部分それぞれにはA2枚を並べることはできませんので、Bを並べることになり、図のように有り得ることがわかります。

図10

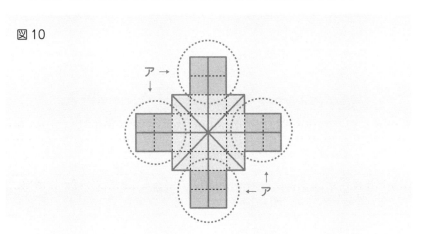

　大きさと形が同じである平行四辺形を組み合わせたア～カの6つの図形がある。このうちの5つの図形を、重ねることなく、裏返さずに組み合わせたところ、下の図のような平行四辺形ができた。カの図形の位置が図のようであるとき、次のア～オの図形のうち、**使用しない**のはどれか。

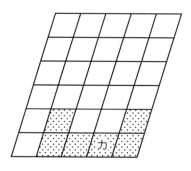

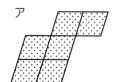

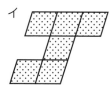

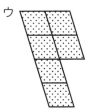

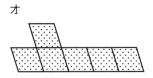

1. ア　　2. イ　　3. ウ　　4. エ　　5. オ

よくあるのは、長方形に敷き詰めるタイプ！ でも、本問は平行四辺形だから斜めだね。角度に気をつけて、敷き詰めていこう！

図形の向きの間違いを防ぐため、図1のように、平行四辺形の向かい合う角のうち小さいほうの角に●を付けておきましょう。

このタイプの問題は長方形が多いけど、平行四辺形だと向きも考えなければならないね。

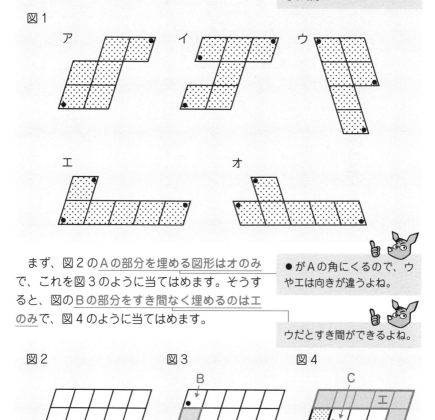

まず、図2のAの部分を埋める図形はオのみで、これを図3のように当てはめます。そうすると、図のBの部分をすき間なく埋めるのはエのみで、図4のように当てはめます。

●がAの角にくるので、ウやエは向きが違うよね。

ウだとすき間ができるよね。

同様に、図4のCの部分を埋めるのはイのみで、図5のように当てはめると、残る部分にアが当てはまります。

図 5

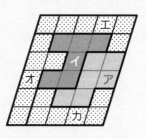

よって、使用しないのはウで、正解は肢 3 です。

　図Ⅰは、大きさの等しい正方形12枚を並べた図形である。この図形においては、図Ⅱのように、1枚の正方形からスタートして、辺で隣り合う正方形に移動し、すべての正方形を1回ずつ通過して最初の正方形に戻ることが可能である。このように、1枚の正方形からスタートして、辺で隣り合う正方形に移動し、すべての正方形を1回ずつ通過して最初の正方形に戻ることが可能な図形として、最も妥当なのはどれか。

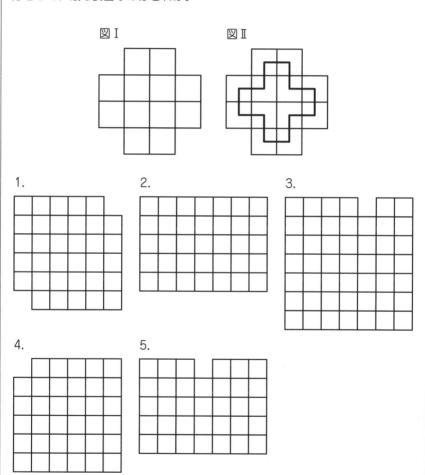

たとえば、与えられた図Ⅰの正方形に、次の図1のように、○と×を交互に記入してみます。○と×は隣り合っていますから、○からスタートすると、○→×→○→×→…と進み、スタートの○に戻るためには、○と×が同数でなければいけませんね。

図1

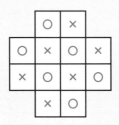

では、選択肢の図形が、この条件を満たしているか確認してみましょう。

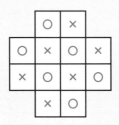

これは、最低限の条件であって、これさえ満たせば、どんな図形でも OK というわけではないよ。まあ、本問のような単純な作りの図形なら、多分大丈夫だろうけどね。

肢1 図2のように、○と×を記入すると、○は18個、×は16個ですから、条件を満たしません。

肢2 正方形の数は、5×7 = 35で奇数ですから、○と×を同数記入するのは不可能で、条件を満たしません。

肢3 図3のように、○と×を記入すると、それぞれ24個で同数になります。

図2

○	×	○	×	○	
×	○	×	○	×	○
○	×	○	×	○	×
×	○	×	○	×	○
○	×	○	×	○	×
	○	×	○	×	○

図3

○	×	○	×		×	○
×	○	×	○	×	○	×
○	×	○	×	○	×	○
	×	○	×	○	×	×
○	×	○	×	○	×	○
×	○	×	○	×	○	×
○	×	○	×	○	×	○

肢4 正方形の数は、6 × 6 − 1 = 35 で奇数で すから、条件を満たしません。

肢5 図4のように、〇と×を記入すると、〇は 18 個、×は 16 個で、条件を満たしません。

図4

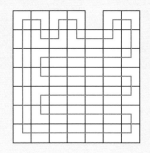

これより、この条件を満たすのは肢3のみで、 たとえば、図5のように、描くことができます。

奇数×奇数の場合は、次の ように、角が〇なら、〇の ほうが 1 個多くなるね。

〇	×	〇
×	〇	×
〇	×	〇

肢3は、奇数×奇数だけど、 〇に当たる部分が 1 か所 欠けているから〇と×は同 数になる。でも、肢5は、 ×に当たる部分が欠けてい るから、同数にならないっ てこと!

図5

よって、正解は肢3です。

正解 ▶ 3

図1及び2は、透明な正方形のシートに、網掛け部分のような不透明な模様をつけたものである。この2枚のシートを重ねたときに、現れることのない模様はどれか。ただし、シートは裏返すことなく、網掛け部分は二重になっても同じ濃さで表現する。

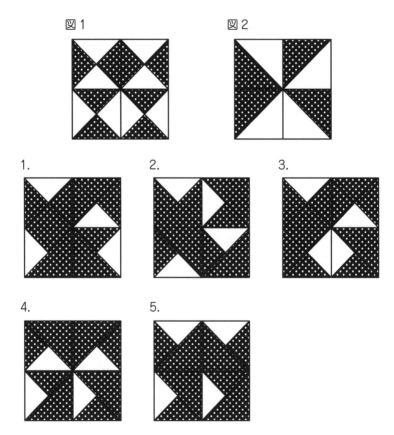

色々な重ね方があるけど、自分で描いてみようなんて思っちゃダメ！ 模様の特徴に着目して、NG なのを見つけてね。

図1からは、部分的な特徴が得られないので、図2に着目し、網掛け部分を、次のようにA〜Cとします。

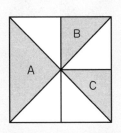

　一番大きいAの部分が重なる箇所は、全体の4分の1が網掛けで覆われますので、わかりやすいですね。各選択肢の図形において、これに当たる部分を探すと、次のようにそれぞれ1か所ずつしかないことがわかります。

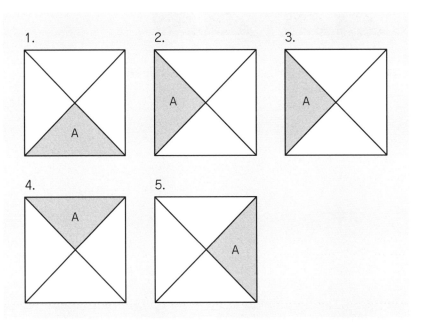

　これに合わせて、B，Cに当たる部分を確認すると、次のようになり、肢2はB，Cに当たる部分が網掛けになっておらず、白い部分があるのがわかります。

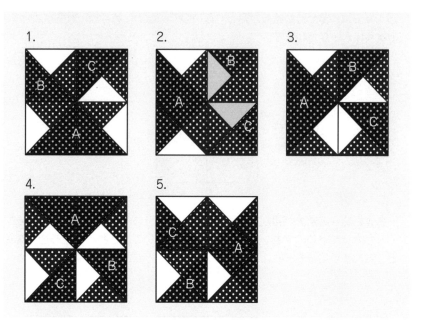

1.
B C
A

2.
B
A
C

3.
B
A
C

4.
A
C B

5.
C
A
B

よって、肢 2 は現れることのない模様になり、正解は肢 2 です。

正解 2

27 折り紙の問題
折り目に対称に写す！

頻出度 ★★★☆☆ | 重要度 ★★★☆☆ | コスパ ★★★★☆

主に正方形の紙を折って、一部分を切り取るなどした後、再び開いた時のことを考えさせる問題ですが、実際に開いた状態を描かなくてもわかる問題が多いです。ただ、最近は少し変わった問題も出題されていますので、きちんと描く練習もしておいたほうがいいでしょう。

PLAY1 折り紙を開いた状態を考える問題 　　特別区Ⅰ類 2005

次の図のように、正方形の紙を点線に従って4回折り、斜線部を切り落として、残りの部分を元のように開いたときにできる図形はどれか。

 ⇨ ⇨ ⇨ ⇨

1.　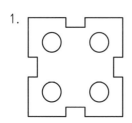　2.　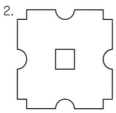　3.　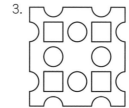

4.　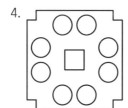　5.　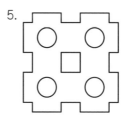

最も基本的なパターンで、最後に折り込まれた部分から答えが絞り込める！ このレベルの問題は絶対に落とせない！

本問のようなパターンは、折り込んだ最後の図が、最初の正方形のどの位置に当たるかを見ることで、簡単に解けることが少なくありません。

　では、最初の正方形の上で、折り込んだ最後の部分を確認すると、次の図の色のついた部分になることがわかります。

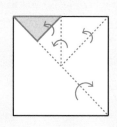

　この部分を選択肢それぞれについて確認すると、切り落とされた部分が合致しているのは、肢3のみで、これが正解とわかります。

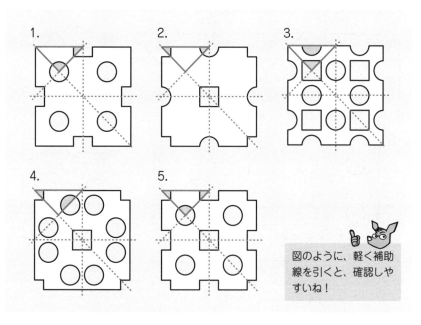

図のように、軽く補助線を引くと、確認しやすいね！

　ちなみに、開きながら斜線部を転記していくと次のように確認できますね。

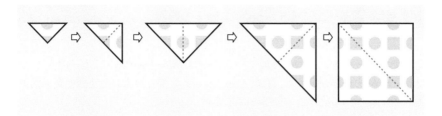

正解 3

正方形の透明なシートに、いくつかの直線が描かれている。③の形になるよう、このシートを、図のように①→②→③の順で破線部分で 2 回谷折りしたところ、④の模様が見えた。このとき、シートに描かれていた直線を表す図として最も妥当なのは、次のうちではどれか。

ただし、シートは裏返さないものとする。

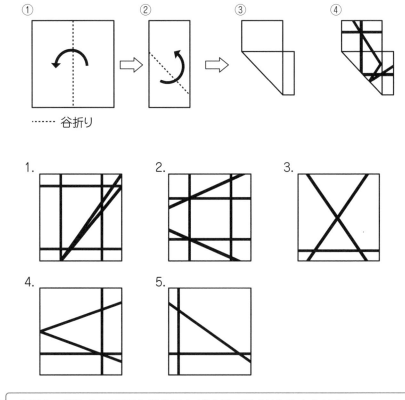

本問も、開いた時の図を考えるんだけど、PLAY1 のようにカンタンにはいかないかな。国家一般職は、2020 年にも、変わった折り紙の問題を出題してるよ。

与えられた④の図について、まず、図1のアの線に着目します。この線は正方形の辺からの幅はaで、辺と平行な線になり、同じ幅で辺と平行な線は他にありません。

　しかし、肢1には、このような線が、図2のように、2本あり、また、肢2と4には1本もありませんので、ここで消去できます。

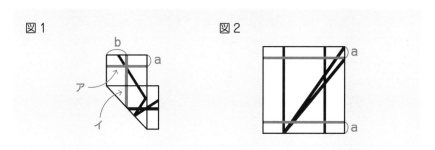

図1　　　　　　　　　　図2

　次に、図1のイの線について、この線は正方形の辺からの幅はbで、辺と平行な線ですが、肢3にはこのような線は1本もありませんので、ここで消去できます。

　残る肢5について、アに当たる辺を上にして、①→③のように折ると、図3のように、④と合致することが確認できますね。

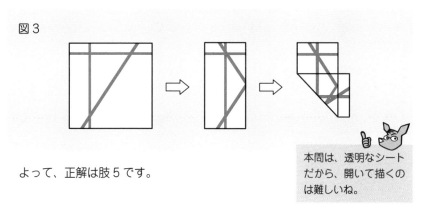

図3

よって、正解は肢5です。

本問は、透明なシートだから、開いて描くのは難しいね。

　図Ⅰのような、高さ 15cm、底面の円周が 5cm の円柱と、図Ⅱのような台形の紙がある。いま、円柱の上面の円周と台形の 5cm の辺、円柱の底面の円周と台形の 20cm の辺が重なるように、紙を左側から円柱にぴったりと巻き付けた。

　このとき、紙は 1 重，2 重，3 重，4 重になる部分があるが、図Ⅱの左側の 5cm の部分で、3 重になる部分を斜線で示したものとして妥当なのはどれか。

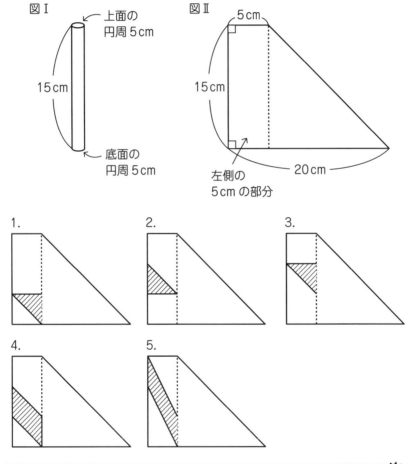

台形の紙を左から5cmずつ区切ると、円柱に巻き付ける1周目〜4周目の範囲が、図1のようにわかります。

　さらに、1〜4周目を重ねると、1重〜4重の部分が図2のようにわかります。

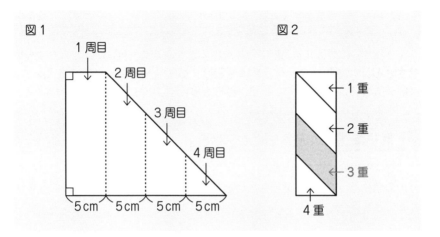

図1

1周目

2周目

3周目

4周目

5cm　5cm　5cm　5cm

図2

1重

2重

3重

4重

　これより、3重になるのは、図2の色付きの部分と確認でき、これと合致する肢4が正解です。

正解 4

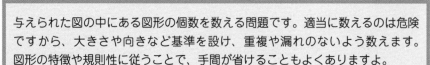

#28 図形の個数
基準に従って数える！

与えられた図の中にある図形の個数を数える問題です。適当に数えるのは危険ですから、大きさや向きなど基準を設け、重複や漏れのないよう数えます。図形の特徴や規則性に従うことで、手間が省けることもよくありますよ。

PLAY 1　図形の個数を数える問題

警視庁 I 類 2019

　下のように同じ正方形が集まってできた図形がある。この図形の中にある長方形の個数として、最も妥当なのはどれか。ただし、正方形は長方形に含まれるものとする。

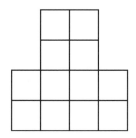

1.　48 個　　　 2.　49 個　　　 3.　50 個　　　 4.　51 個　　　 5.　52 個

長方形の大きさと向きを基準に考えよう！

最小の正方形がいくつか集まって図形ができますから、その正方形の個数と、たて、よこの向きを基準に数えます。

(1) 正方形 1 個分の長方形（正方形）
　最小の正方形の個数を数えると、12 個ですね。

(2) 正方形 2 個分の長方形
　正方形がたてに 2 個並んだ長方形は、図 1 の 6 個と、図 2 の 2 個で、計 8 個です。
　また、よこに 2 個並んだ長方形も、図 3，4 の 8 個ですね。

こういうの、見落とさないようにね。

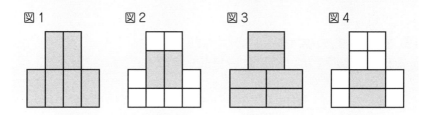

図 1　　　　　図 2　　　　　図 3　　　　　図 4

(3) 正方形 3 個分の長方形
　正方形がたてに 3 個並んだ長方形は、図 5 の 2 個と、図 6 の 2 個で、計 4 個です。
　また、よこに 3 個並んだ長方形も、図 7，8 の 4 個です。

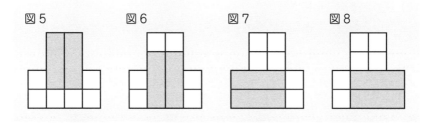

図 5　　　　　図 6　　　　　図 7　　　　　図 8

(4) 正方形 4 個分の長方形
　正方形 4 個でできる正方形は、図 9 ～ 11 の 5 個、1 列に並べた長方形は、図 12，13 の 4 個です。

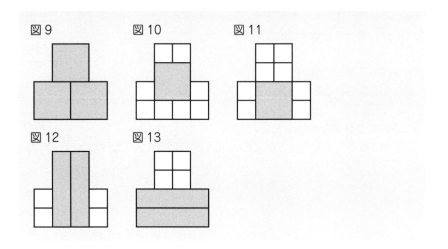

図 9　図 10　図 11

図 12　図 13

（5）正方形 6 個分の長方形

正方形 6 個分でできる長方形は、図 14 〜 17 の 4 個です。

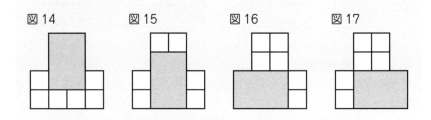

図 14　図 15　図 16　図 17

（6）正方形 8 個分の長方形

正方形 8 個分でできる長方形は、図 18，19 の 2 個です。

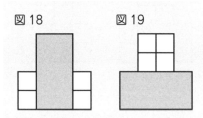

図 18　図 19

以上より、長方形の数は、12 ＋ 8 ＋ 8 ＋ 4 ＋ 4 ＋ 5 ＋ 4 ＋ 4 ＋ 2 ＝ 51（個）
で、正解は肢 4 です。

正解▶ 4

正四面体ＡＢＣＤの各辺の中点をＥ，Ｆ…，Ｊとする。４つの頂点と６つの中点を合わせた 10 個の点の中から３つ選び三角形をつくるとき、正三角形はいくつできるか。

1.　16 個　　　2.　18 個　　　3.　20 個　　　4.　22 個　　　5.　24 個

まずは、正四面体を描いてみるか…。

図１のように、正四面体ＡＢＣＤの各辺の中点Ｅ〜Ｊを描きます。

「正四面体」の構造などは、#32 参照！

Ａ〜Ｊのうち３点を結んでできる正三角形として、まず、正四面体の面に当たる正三角形は４個できますね。

△ＡＢＣ，△ＡＢＤ，△ＡＣＤ，△ＢＣＤの４個ね。

さらに、１辺がその半分の大きさの正三角形について、まず、正四面体の各面に、図２のように、４個ずつでき、４面で計 16 個できます。

図１

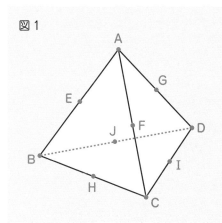

図２

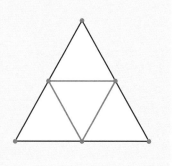

また、図３のように、頂点Ａに集まる３辺の中点を結んでできる△ＥＦＧのような正三角形が、４つの頂点に１個ずつで、計４個できます。

△ＥＦＧ，△ＥＨＪ，△ＦＨＩ，△ＧＩＪの４個ね。

図3

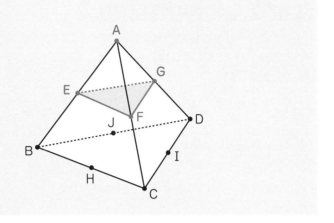

以上より、全部で 4 + 16 + 4 = 24（個）でき、正解は肢5です。

#29 移動と軌跡
点を追う！

図形が移動するときに、ある点が描く軌跡などを考える問題で、東京都と特別区は毎年出題があります（#30の内容も含む）。その他の試験でも出題頻度は高く、大変重要な分野です。近年では、軌跡の長さを求めるなど、やや数的推理の要素を含む問題も多く出題されています。

基本事項

①多角形が直線上を1回転するときのある点が描く軌跡

　たとえば、図1のような三角形が直線 ℓ 上を滑ることなく1回転（360°回転して元の向きに戻ること）するとき、点Pは図のような軌跡を描きます。

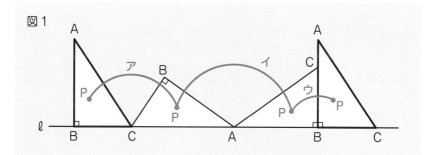

図1

　三角形なので、3回、転がって、1回転し、点Pはア～ウの3つの円弧を描くわけです。

　円弧アの半径はCPで、中心角は、Cを中心に回転したときの回転角ですから、図2のc′の大きさになり、これは∠Cの外角に当たります。

　同様に、円弧イの半径はAP、中心角はa′、円弧ウの半径はBP、中心角はb′の大きさになります。

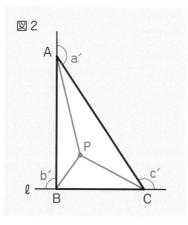

図2

また、同じ三角形が1回転するときでも、点Aのような頂点が描く軌跡は、図3のように2つの円弧しか描きません。これは、頂点Aが中心となって回転するとき、Aは動きませんので、円弧の数が1つ減るためです。

図3

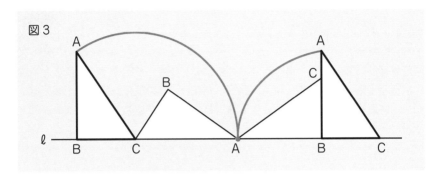

以上より、次のようにまとめられます。

n 角形が直線上を滑ることなく1回転するときの、ある点が描く軌跡
円弧の数 ⇒ 頂点以外は n 個、頂点は $(n-1)$ 個
円弧の半径 ⇒ その点と回転の中心とを結ぶ長さ
円弧の中心角 ⇒ 回転の中心となる頂点の外角の大きさ

②図形が図形上を回転するときの外周の関係

たとえば、図1のように、1辺1cmの正三角形Aが1辺2cmの正三角形Bの外側を、滑ることなく矢印の方向へ1周して元の位置に戻るとき、点Pは図2のような軌跡を描きます。

このとき、点PがBの辺に接したのはP_1とP_2の2か所ですが、P_1からP_2までの長さ（図の太線部分）は3cmであり、これはAの周りの長さ（外周）と同じです。

つまり、P_1でBに接した後、Aの外周と同じ3cm進んでP_2で再びBに接するわけで、その後も3cmの間隔で接することがわかります。

Bの外周は6cmで、これはAの外周3cmで割り切れますから、AがBの周りを何周しても、Pは常にP_1とP_2でBに接し、同じ動きを繰り返すことになります。

> Aは、自分の辺をBの周りにくっつけながら転がっていくのだから、Pがくっついてから、自分の周りの長さと同じだけ進んだところで、またPがくっつくってことだよね！

264

図1

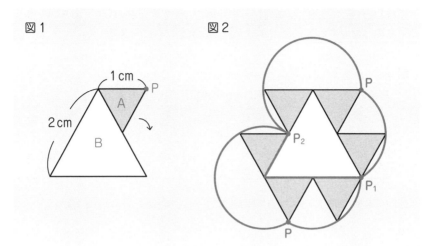

図2

これに対して、図3のように、1辺1cmの正三角形Aが、1辺2cmの正方形Cの外側を同様に1周するとき、点Pは図4のように、まずP₁でCに接し、その3cm先のP₂、さらに3cm先のP₃で接しますが、Cの外周は8cmでAの外周3cmで割り切れない（2cm余る）ため、Pは1周したところで元の位置に戻ることはありません。

図3

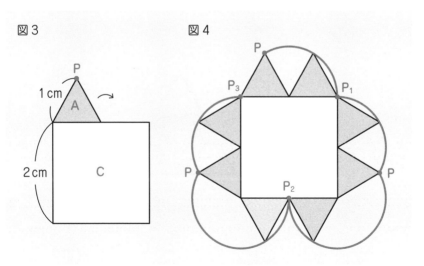

図4

図4で1周した後のPは、最初とは別の位置にきていますが、これは、8cmを3cmで割った余りが2cmありますので、最初の位置から進行方向へ2辺（2cm）だけずれた位置にくるためです。

すなわち、C（基盤となる図形）の外周を、A（回転する図形）の外周で割った余りの分だけずれることになり、図5のようにわかります。

図5

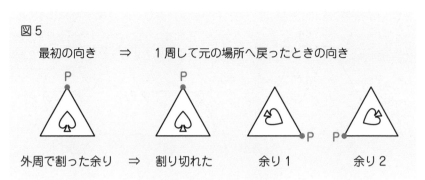

最初の向き　⇒　1周して元の場所へ戻ったときの向き

外周で割った余り　⇒　割り切れた　　余り1　　余り2

　下図のように、斜辺の長さ $2a$ の直角三角形が、Aの位置からBの位置まで線上を滑ることなく矢印の方向に回転するとき、頂点Pが描く軌跡の長さとして、正しいのはどれか。ただし、円周率は π とする。

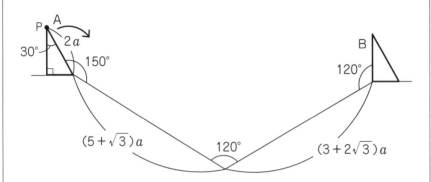

1. $\left(\dfrac{13}{6} + \dfrac{5\sqrt{3}}{6} \right) \pi a$

2. $\left(\dfrac{5}{3} + 2\sqrt{3} \right) \pi a$

3. $\left(\dfrac{13}{3} + \dfrac{5\sqrt{3}}{3} \right) \pi a$

4. $\left(\dfrac{17}{3} + \dfrac{11\sqrt{3}}{6} \right) \pi a$

5. $\left(\dfrac{14}{3} + 2\sqrt{3} \right) \pi a$

Pの描く軌跡は円弧になるよ。まずは、ざっくり描いてみよう！

回転するのは「30°，60°，90°の直角三角形」ですから、3辺の比は $1:2:\sqrt{3}$ となり、各辺の長さは図1のようになります。

図1

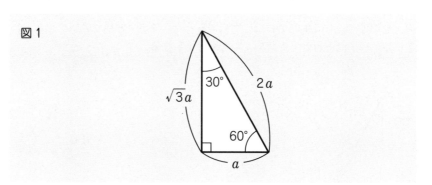

ここで、与えられた線上の長さが、回転中における直角三角形の各辺の長さと合致することが、次のようにわかり、回転の様子は図2のようになります。

$$(5+\sqrt{3})a = 2a + \sqrt{3}a + a + 2a$$
$$(3+2\sqrt{3})a = \sqrt{3}a + a + 2a + \sqrt{3}a$$

図2

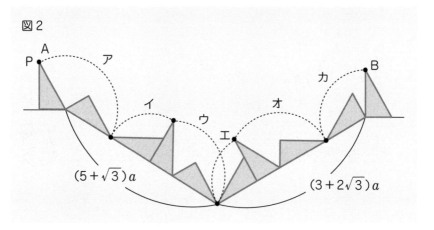

頂点Pはア～カの円弧を描きます。

弧ア，ウ，オの半径は、いずれも $2a$、中心角は、アが150°で、ウとオはいずれも120°ですね（基本事項①）。

弧イ，エ，カの半径は、いずれも $\sqrt{3}a$、中心角は、イとエが90°で、カは120°です。

これより、頂点Ｐが描く軌跡の長さは、次のように計算できます。

$$2\pi \times 2a \times \frac{150 + 120 + 120}{360} + 2\pi \times \sqrt{3}a \times \frac{90 + 90 + 120}{360}$$

$$= 4\pi a \times \frac{390}{360} + 2\sqrt{3}\pi a \times \frac{300}{360}$$

$$= 4\pi a \times \frac{13}{12} + 2\sqrt{3}\pi a \times \frac{5}{6}$$

$$= \frac{13}{3}\pi a + \frac{5\sqrt{3}}{3}\pi a$$

$$= \left(\frac{13}{3} + \frac{5\sqrt{3}}{3}\right)\pi a$$

円周（半径 r）＝ $2\pi r$

弧の長さ＝円周× $\dfrac{\text{中心角}}{360°}$

よって、正解は肢３です。

正解 3

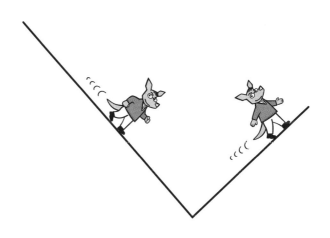

図Ⅰに示す三角形がある。この三角形を一度だけ折って作られた平面図形を、折り目が直線に接している状態から、直線上を滑ることなく左から右へ回転させたところ、三角形の頂点のうちの1つが図Ⅱのような軌跡を描いた。次のうち、この平面図形として妥当なのはどれか。

ただし、破線は折り目を表し、黒点は図Ⅱの軌跡を描く三角形の頂点を示すものとする。

図Ⅰ

図Ⅱ

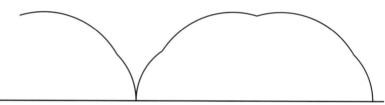

1.　 2.　3.　

4.　 5.　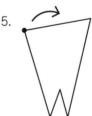

基本事項①の確認のような問題。選択肢の図形のへこんでいる部分は、線を引いて埋めてしまって！

たとえば、肢 2 に見られるような凹形の部分は、図 1 のように直線に触れることはないので、図の P と Q を直線で結び凹んだ部分を埋めて考えます。

図 1

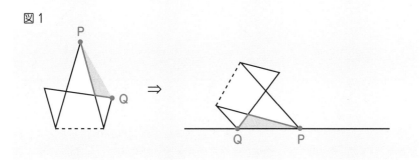

　肢 3，4 についても同様に囲むと、図 2 のような多角形が回転したと考えられ、肢 2，4 は五角形、肢 1，3，5 は四角形となります。

図 2

2.　　　　　3.　　　　　4.

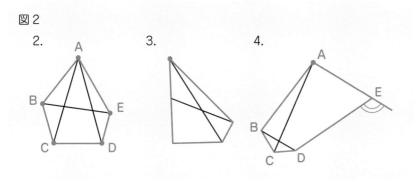

　頂点が描いた軌跡は、図 3 の色の付いた円弧の部分で 1 サイクル（1 回転）と考えられ、この間に 4 つの弧を描いています。軌跡を描いたのは「頂点」ですから、1 回転で 4 つの弧を描くのは五角形とわかり、肢 2，4 に絞られます。

> 軌跡を描く頂点以外の 4 つの頂点が、1 回ずつ回転の中心になるからだよね！

　さらに、肢 2，4 について図 2 のように各頂点を A〜E とします。軌跡を描く頂点 A は、A を中心に回転したときは直線に接しており、その後 B を中心に回転し、以下、C，D，E と順に回転の中心となります。

　これより、それぞれ円弧の回転の中心は図 3 のようにわかります。

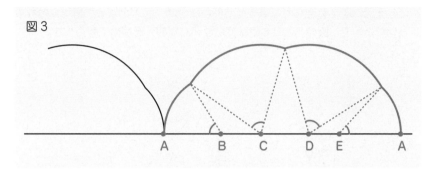

図3

　それぞれの円弧の中心角と、五角形の各頂点の外角（回転角）が合致するか
を確認すると、肢4については、頂点Eの外角がかなり大きく、図3の中心角
Eと合致しません。

　残る肢2については、おおむね合致していることがわかり、これが妥当です。

　よって、正解は肢2です。

次の図のような、正方形と長方形を直角に組み合わせた形がある。今、この形の内側を、一部が着色された一辺の長さ a の正三角形が、矢印の方向に滑ることなく回転して1周するとき、A及びBのそれぞれの位置において、正三角形の状態を描いた図の組み合わせはどれか。

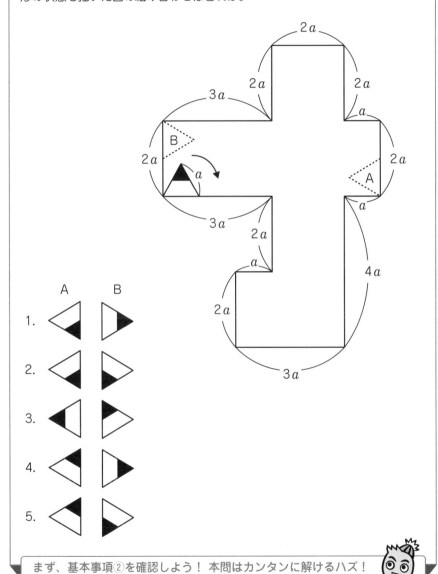

まず、基本事項②を確認しよう！ 本問はカンタンに解けるハズ！

正三角形の着色された部分の頂点をPとし、図のように、初めの位置から1回、転がすと、Pは図のP_1で辺に接しますね。

正三角形の周の長さは$3a$ですから、基本事項②より、ここから$3a$進むごとに、Pは辺に接しますので、Aのほうへ向かって転がして行くと、$a + 2a + a + 2a + 3a + 4a + a + a = 15a$進んだ$P_2$で辺に接することがわかります。ここで、Aの位置では、図のような状態とわかりますね。

また、P_2から、さらに、Bのほうへ向かって転がして行くと、$a + a + 2a + 2a + 2a + 3a + a = 12a$進んだ$P_3$で辺に接し、Bの位置での状態もわかります。

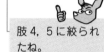
正方形と長方形を組み合わせた形の辺のことね。

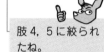
肢4, 5に絞られたね。

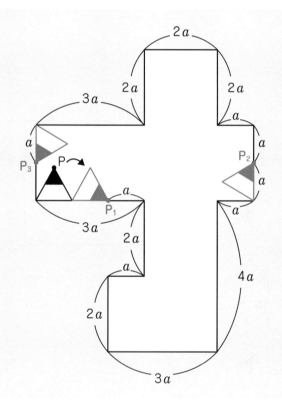

これより、AとBの位置での状態を描いた図の組合せは、肢5のようになり、正解は肢5です。

正解 ▶ 5

274

次の図のように、重心Oを中心として矢印の方向に等速度で1分間に1回転している正三角形がある。いま、正三角形の重心Oを通る直線AB上を、位置Aから位置Bまで1分間かけて等速度で進むPが描く軌跡はどれか。

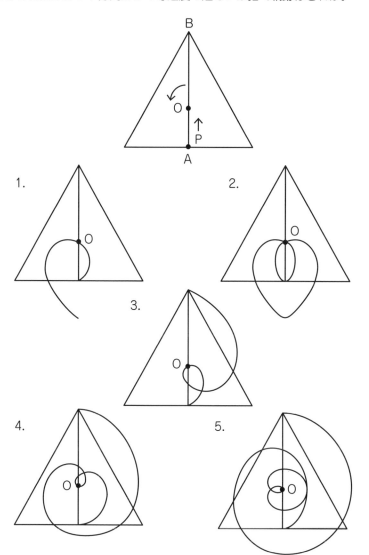

Pの通る位置をいくつか探して、そこを通っていないとか、変なところを通っている選択肢を消去していけばいいよね。

１分間で、正三角形は１回転し、その間にＰはＡからＢまで進みます。すなわち、スタートから１分後には、正三角形は元の状態に戻っており、このときＰは位置Ｂに達していることになります。しかし、肢１，２は位置Ｂへ達していませんので、消去できますね。

　ここから、少し細かく見ていきます。まず、正三角形が $\frac{1}{3}$ 回転したところで、ＰもＡＢ上を $\frac{1}{3}$ だけ進み、図１のP$_1$ の位置までできます。P$_1$ は重心Ｏの位置ですね。

　さらに $\frac{1}{3}$ 回転したところで、Ｐもさらに $\frac{1}{3}$ だけ進んで、図２のP$_2$ の位置へ来ます。このP$_2$ の位置を肢５は通っていませんので、消去できます。

　また、肢４については、P$_2$ に近い位置を通ってはいますが、スタート（Ａ）からP$_1$ までの途中で通っており、順序が合致しません。

　よって、正解は肢３です。

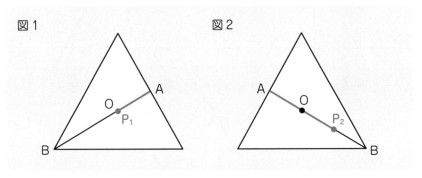

図１　　　　　　　　　　　　図２

　なお、正三角形が $\frac{1}{6}$ 回転するごとのＰの位置を確認すると図３のようになり、これらをつなげると、肢３と合致することがわかります。

図3

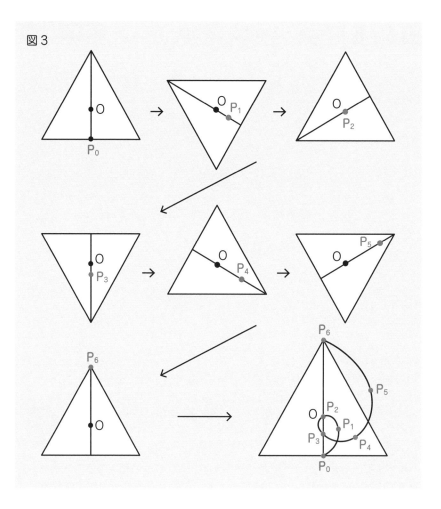

正解 3

アドバイス

　重心OがBAを2：1に内分する点であることは、「三角形の重心の定理」からわかるけど、知らなくとも本問では影響はない！
　点の軌跡をきちんと描くのは難しい場合が多いので、節目ごとなどわかりやすいところでの点の位置を確認して、選択肢を消去すればいいのさ。

下図のように、長さ 20 cm の線分ＡＢが、両端を円周に接しながら矢印の方向に１周して元の位置に戻るとき、線分ＡＢが描く軌跡の面積として、正しいのはどれか。

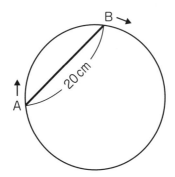

1. $100\,\pi\,\text{cm}^2$
2. $121\,\pi\,\text{cm}^2$
3. $144\,\pi\,\text{cm}^2$
4. $169\,\pi\,\text{cm}^2$
5. $196\,\pi\,\text{cm}^2$

PLAY１では「長さ」を求めたけど、今度は「面積」だね。まずは、線分ＡＢが通る部分を考えてみよう！

　まず、線分ＡＢが動ける範囲を考えます。ＡとＢは円周上の点ですから、円周の近くは通りますが、円の内側のほうには来られないことがわかります。

　では、線分ＡＢの中で、円の中心に最も近い点を調べると、図１のように、中心Ｏから線分ＡＢに垂線ＯＨを引いたときのＨの位置となります。

　すなわち、線分ＡＢは、図２のように、中心Ｏから半径ＯＨの円の内部には入れませんが、その外側（図の色付きの部分）は通ることができるのがわかります。

ＡＢを少しずつ動かしてみると、イメージがわくかな!?

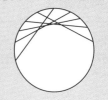

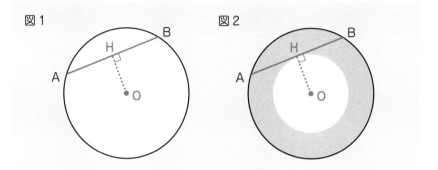

図1　　　　　　　　　図2

ここで、円の半径を r とすると、図2の色付きの部分の面積は、半径 r の円から半径OHの円を引くことで求められますので、次のように表せます。

$$\pi r^2 - \pi \times OH^2 \quad \cdots ①$$

円の面積（半径 r）$= \pi r^2$

次に、OHの長さについて考えます。図3のように、三角形OABを描くと、OA＝OB（半径）の二等辺三角形になり、これは左右対称ですから、HはABの中点になります。

図3

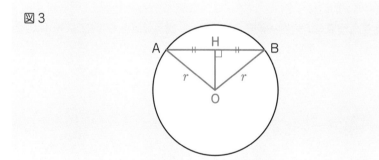

そうすると、AH＝10cmとなり、直角三角形OAHについて、三平方の定理より、次のように表せます。

$$OH^2 = r^2 - 10^2 \quad \cdots ②$$

これより、②を①に代入して、求める面積は次のようになります。

$$\pi r^2 - \pi \times (r^2 - 10^2)$$
$$= \pi r^2 - \pi r^2 + 10^2 \pi$$
$$= 100 \pi$$

よって、正解は肢 1 です。

正解 1

PLAY 6 移動範囲と角度を考える問題

地方上級 2019

　三角形ＰＱＯを、頂点Ｑが図の点Ｒの位置にくるまで、Ｏを中心に反時計回りに回転させたところ、三角形ＰＱＯが通った図形は、図のような中心角 240°のおうぎ形になった。

　このとき、頂点Ｑの角度（∠ＰＱＯ）のとり得る範囲として正しいのはどれか。

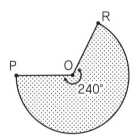

1.　0°＜∠ＰＱＯ≦60°
2.　0°＜∠ＰＱＯ＜90°
3.　30°≦∠ＰＱＯ≦60°
4.　30°≦∠ＰＱＯ＜90°
5.　60°≦∠ＰＱＯ＜90°

頂点Ｑの角度が最小の場合と最大の場合を考えてみよう！

頂点ＱがＲの位置にきたのですから、ＯＱ（＝ＯＲ）とＯＰは等しく、△ＰＱＯは二等辺三角形になります。すなわち、∠ＰＱＯ（以下∠Ｑとします）と∠ＱＰＯは等しくなり、∠ＰＯＱ（以下∠Ｏとします）の大きさは、0°＜∠Ｏ＜180°ですから、∠Ｏが0°に近い状態と180°に近い状態で、△ＰＱＯは図1のような形になります。

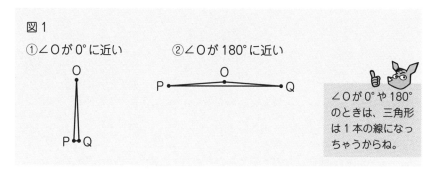

図1
①∠Ｏが0°に近い　　　②∠Ｏが180°に近い

∠Ｏが0°や180°のときは、三角形は1本の線になっちゃうからね。

　図1の①のときは∠Ｑは90°に近く、②のときは0°に近いですね。
　ここで、それぞれの三角形を、ＱがＲにくるまで回転させてみると、図2のようになります。

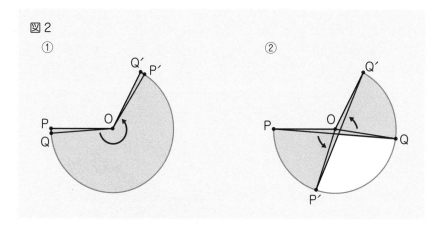

図2
①　　　　　　　　　　　　　　　②

　①のほうは、きちんとおうぎ形を描きましたので、∠Ｑは90°近くまで可能ですね。しかし、②のほうは、図のように、おうぎ形の中で三角形が通らない部分ができてしまいます。これより、この部分を埋めるよう三角形の辺の位置を調整すると、図3のように、ＯＱとＯＰ′（移動後のＯＰの位置）が一致するとき、すき間なくおうぎ形を描くことができます。

図3

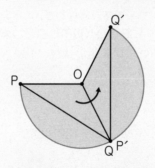

　図3の三角形の∠Oは、240°÷2 = 120°ですから、このときの∠Qは、(180° − 120°)÷2 = 30°で、これが∠Qの最小値とわかります。

　よって、求める範囲は、30°≦∠PQO＜90°となり、正解は肢4です。

∠Qがこれより小さいと、図2−②のようなすき間ができちゃうね。

正解 4

282

#30 円の回転
やはり、点を追う！

| 頻出度 ★★★☆☆ | 重要度 ★★★☆☆ | コスパ ★★★★☆ |

> ここでは、円が回転するときの点の軌跡などを考えます。＃29 と同様に、点の位置を追って調べますが、円の回転数については、知識で解ける場合もあるので、ルール（基本事項③）は覚えておきましょう。

基本事項

①円やおうぎ形が直線上を回転したときのある点が描く軌跡

ⅰ）円の中心が描く軌跡

　　直線から常に半径の長さだけ離れていますので、図１のような直線を描きます。

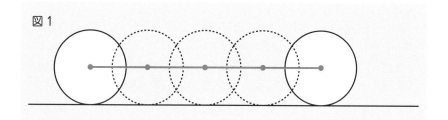

図１

ⅱ）円の円周上の点が描く軌跡

　　図２のような曲線を描きます。サイクロイド曲線といいますが、特に覚える必要はありませんので、イメージだけつかんでください。

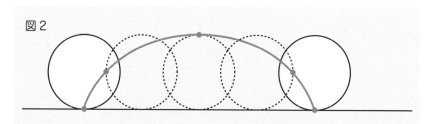

図２

iii）おうぎ形の中心が描く軌跡

　　おうぎ形は円の一部ですから部分的に直線を描き、図３のような直線と円弧を組み合わせた軌跡となります。

図３

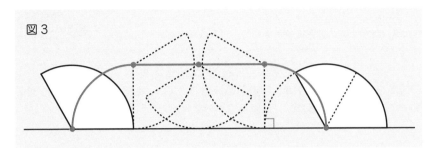

②小円が大円に沿って回転したときのある点が描く軌跡

ｉ）小円が大円の内側を滑らずに回転するとき

　　小円と大円の半径の比が１：２のとき、小円の円周上の点Ｐは、図１のように、大円の円周を２等分する点に接し、点Ｐは図のような直線を描きます。

> ちょっと意外かもしれないけど、割と有名なので、覚えといて。

　　同様に、半径の比が１：３のとき、図２のように、大円の円周を３等分する点に接し、点Ｐは図のような曲線を描きます。

　　また、半径の比が「１：４」「１：５」…となった場合も、同様に、大円の円周を４等分，５等分…とする点と接し、同様の曲線を描きます。この曲線もサイクロイド曲線になります。

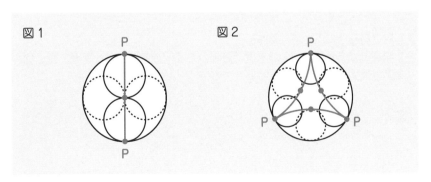

ｉｉ）小円が大円の外側を滑らずに回転するとき

　　同様に、小円の円周上の点Ｐは、小円と大円の半径の比が１：２のときは、大円の円周を２等分する点に、１：３のときは３等分する点に接し、それぞ

れ、図3，4のような曲線を描き、「1：4」「1：5」…となった場合も同様です。この曲線もサイクロイド曲線です。

図3　　　　　　　　　　　　図4

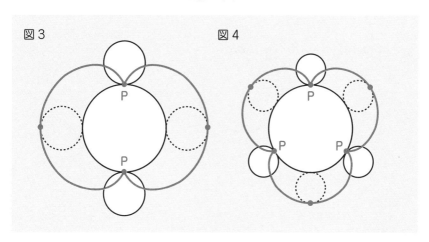

③円の回転数

　たとえば、図1のような、半径1の小円（矢印のついた円）が、半径2の大円の外側を矢印の方向へ滑ることなく1周してもとの位置に戻るとき、小円自体は何回転するかを考えます。

　図において、小円と大円の接点をP、小円のその180°反対側の点をQとすると、小円の円周の $\frac{1}{2}$ と大円の円周の $\frac{1}{4}$ は同じ長さですから、小円が図2の位置にきたとき、大円とQで接することになります。円内の矢印はQを指すので、図の方向を向くことになりますね。

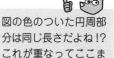

図の色のついた円周部分は同じ長さだよね!?これが重なってここまできたんだ。

　そうすると、ここまでで、矢印は12時の方向から9時の方向まで、時計回りに270°つまり $\frac{3}{4}$ 回転したことがわかります。

　さらに小円が図3の位置まできたとき、再びPが大円に接しますが、このとき矢印は下を向いていますね。すなわち、図2からさらに $\frac{3}{4}$ 回転し、図1からここまでの半周で1.5回転したことがわかります。

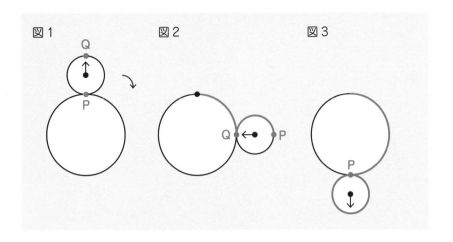

図1　図2　図3

　これより、後半の半周でも 1.5 回転することがわかり（図4）、全部で 3 回転しながら、小円は大円の外側を 1 周することになります。

　このとき、小円の中心がたどった軌跡を見ると、図5の破線部分のような半径 3 の円の円周となり、それは小円の円周の 3 倍に当たることがわかります。

　このように、円は何かに沿って 1 回転するとき、その中心は、自分の円周と同じ距離だけ動くという性質があり、図のように $\frac{1}{3}$ 周するごとに 1 回転していたことがわかりますね。

「1 回転」とは、上を向いていた矢印が再び上を向くということだからね！

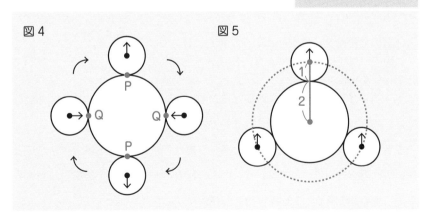

図4　図5

　また、同じ小円が大円の内側を 1 周するときも、同様に P，Q の位置を確認していくと図6のようになり、このとき、小円は 1 回転しかしていないことがわかります。

これより、小円の中心がたどった軌跡も、半径1（大円2－小円1）の円の円周に当たることが確認できます。

図6

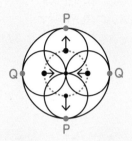

　以上より、小円の半径：大円の半径が1：2のとき、小円の回転数は、外側を1周するとき2＋1＝3（回転）、内側を1周するとき2－1＝1（回転）で、これは他の大きさの円でも同様で、次の公式が成り立ちます。

円Aが円Bの円周に沿って1周するときのAの回転数（半径比A：B＝1：m）
　外側を1周するとき　⇒（m＋1）回転
　内側を1周するとき　⇒（m－1）回転

　例）半径2の円が半径5の円の周上を1周するとき
　　　2：5＝1：2.5より、外側→2.5＋1＝3.5（回転）
　　　　　　　　　　　　　内側→2.5－1＝1.5（回転）

　図のように、直径が 6 の円 A に、直径が 3 の円 B と直径が 2 の円 C が、それぞれ点 P，Q で内接しており、円 A の中心，点 P，Q が一直線上にある。円 B，C が円 A の内側を、円 A の円周に沿って滑ることなく回転し、元の位置に戻ってくるまでに、円 B，C の円周上の点 P，Q が描く軌跡として最も妥当なのはどれか。

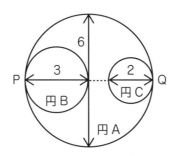

1.

2.

3.
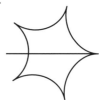

4.

5.

国家総合職の問題だけど、基本がわかっていれば、とてもカンタン！

円Ａと円Ｂの半径の比は、6：3 ＝ 2：1 ですから、基本事項②より、点Ｐは図1のような直線を描きます。
　また、円Ａと円Ｃの半径の比は、6：2 ＝ 3：1 ですから、点Ｑは図2のようなサイクロイド曲線を描きます。

図1

図2

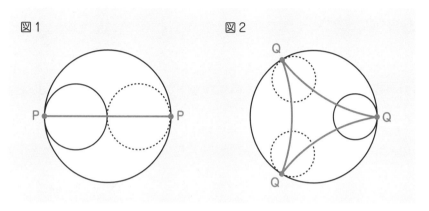

よって、正解は肢2です。

正解 2

サイクロイド曲線の問題は、ずっと出題されていなかったんだけど、2017 年には、複数の試験で出題があったんだ。その後はまたさっぱりだけど、基本的な事は押さえておこう！ 特に、「2：1」のときに直線を描く（図1）のは、知らないと難しいよね。

PLAY 2 円の軌跡から大きさを考える問題

図Ⅰのように、半径 a の円Oに外接する半径 b の円O´がある。円Oの円周に沿って円O´を滑らないように矢印の向きに回転させ、円O´上の点Pが元の位置に戻ったとき、点Pの軌跡は図Ⅱのようになった。このとき、a と b の長さの比はいくらか。

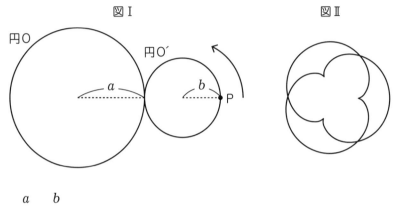

図Ⅰ　　　　　　　　　　　　図Ⅱ

```
   a     b
1. 2  :  3
2. 3  :  1
3. 3  :  2
4. 3  :  4
5. 5  :  3
```

> まず、図Ⅱで円Oがどこにあるか考えよう！

点Pは円O´の円周上の点ですから、回転の途中で円Oに接することがありますね。その接している点は、Pの軌跡の中で最も内側を通っている、図1のA，B，Cの3点とわかります。

これより、図2のように、A，B，Cを通る円を描くと、これが円Oになり、A，B，Cは円Oの円周を3等分する点と考えられますね。

図1

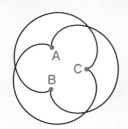

図2

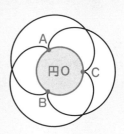

　ここで、Pが、Aで円Oに接した後の軌跡を追うと、図3のように、Cで再び円Oに接しているのがわかります。AからCまでの円Oの周（円Oの太線部分）の長さは、円Oの円周の $\frac{2}{3}$ に当たり、これが円O´の円周と等しいとわかりますね。

太線部分と、円O´の円周1周分が重なって、Cまできたんだからね。

図3

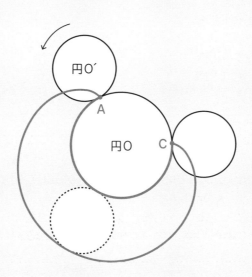

　これより、円Oの円周を1とすると、円O´の円周は $\frac{2}{3}$ となり、その比は、$1 : \frac{2}{3} = 3 : 2$ となります。円周の比は半径の比と同じですから、$a : b = 3 : 2$ で、正解は肢3です。

正解 ▷ 3

図のように、平面上に互いに接し合い固定されたA，B，C，Dの同じ大きさの4枚のコインの周囲を、もう1枚の同じ大きさのコインEが外周を接し合いながら、点線で示すように滑ることなく順次回転していき、1周してもとの位置に戻ったとき、コインE自体は何回転したことになるか。

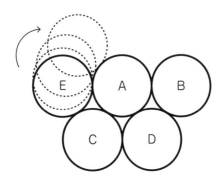

1. 2回転と3分の2回転
2. 3回転
3. 3回転と3分の1回転
4. 3回転と3分の2回転
5. 4回転

まず、基本事項③を確認しよう！

　コインEは、まず、コインAの周りを転がって、AとBのくぼみに収まります。このとき、Eの中心は図1の $E_0 \rightarrow E_1$ と動き、アのような円弧を描きます。この円弧の中心は、Aの中心ですね。

　この後も同様に、図のように転がっていき、中心は、$E_0 \rightarrow E_1 \rightarrow E_2 \rightarrow E_3 \rightarrow E_0$ のように動き、中心はア〜エの円弧を描くことになります。

図1

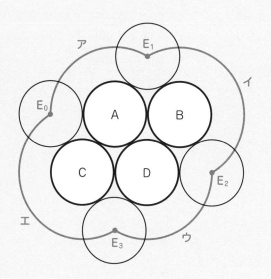

　ここで、図2のように、各円の中心どうしを結ぶとそれぞれの接点を通るので、どの中心どうしを結んだ線も半径2つ分の長さになり、すべて同じ大きさの正三角形ができます。

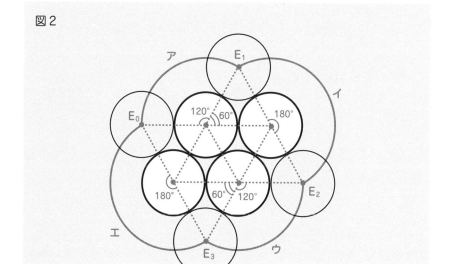

これより、アとウの中心角はともに 120° とわかり、イとエの中心角は 180° ですから、コインの半径を 1 とすると、 E の中心が動いた距離の合計は、半径 2、中心角の合計 120° × 2 ＋ 180° × 2 ＝ 600° の円弧に当たることがわかります。

　コイン E は図 3 のように、他のコイン 1 つの周りを 1 周するのに、1 ＋ 1 ＝ 2 （回転）（基本事項③）するので、求める回転数は、以下のようになります。

半径の比は 1：1 だからね！

図 3

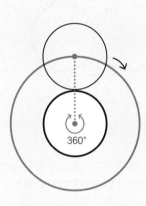

$$2 \text{（回転）} \times \frac{600}{360} = \frac{600}{180} = \frac{10}{3} = 3\frac{1}{3} \text{（回転）}$$

よって、正解は肢 3 です。

正解　3

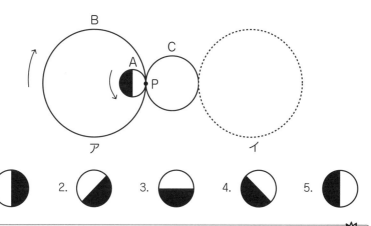

PLAY 4　回転後の円の向きを調べる問題

東京都Ⅰ類 2008

　図のように、点Pで、一部が着色された半径 a の円Aが半径 $4a$ の円Bに内接し、円Bが半径 $2a$ の円Cに外接している。円Aは円Bの内側に接しながら、円Bは円Cの外側に接しながら、同じ速さでそれぞれ矢印の方向に滑ることなく同時に回転を始め、円Bがアの位置から円Cを半周してイの位置にきたとき、円Aの状態を描いた図として、正しいのはどれか。

1.　　　2.　　　3.　　　4.　　　5.

本問は、回転数のルールを使うこともできるけど、点の位置を確認すればいいかな。

　円Bと円Cの半径の比は 2：1 ですから、円Cの円周の半分は円Bの円周の $\frac{1}{4}$ に等しいですね。これより、図1の①と②の長さが同じなので、円Bが①に沿って回転し、イの位置にくる間に、円Aは②に沿って回転しウの位置にくることになります。

問題文の「同じ速さ」という言い方は微妙だけど、同じ距離に沿って動いたと解釈しよう。

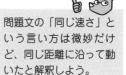

図1

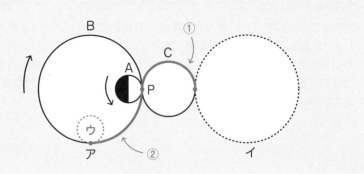

　円Aと円Bの半径の比は1：4ですから、円Aの円周は、図1の②と等しいので、円Aがウの位置にきたとき、初めにPで円Bに接していた点（pとします）が再び円Bに接して、図2の状態になります。

円Aの円周がちょうど②と重なってウの位置にきたんだよね!?

　また、円Bがイの位置にきたとき、図の点Qで円Cと接することになりますが、このとき、図の①と③が重なって回転するので、接点は点qとなります。

図2

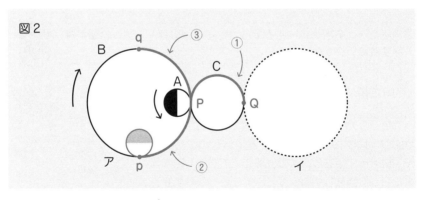

　図2の③も円Bの円周の $\frac{1}{4}$ ですから、②＋③で円Bの半円周となり、点pの位置は点qと180度反対方向とわかります。これより、円Bがイの位置にきたとき、円Aは図3のようになり、肢5が正解となります。

図3

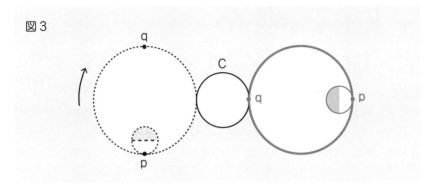

　ちなみに、回転数で考えた場合、円Aは円Bの内側を1周するのに、4－1＝3（回転）するので、ウの位置までには$\frac{3}{4}$回転することから、反時計回りに$\frac{3}{4}$回転させると、図2と合致します。

　また、円Bは円Cの外側を1周するのに、半径の比がB：C＝1：$\frac{1}{2}$より、$\frac{1}{2}$＋1＝$\frac{3}{2}$（回転）するので、半周するには、$\frac{3}{2}$×$\frac{1}{2}$＝$\frac{3}{4}$（回転）

回転するほう（B）の半径を「1」として基本事項③の公式に当てはめるんだ！

することから、時計回りに$\frac{3}{4}$回転させると、図3と合致することがわかります。

正解 ▶ 5

#31 積み木
一段スライスを使う！

頻出度 ★★☆☆☆ ｜ 重要度 ★★★★☆ ｜ コスパ ★★★★★

小さな立体を組み合わせて作った大きな立体の構成を考える問題で、一段ずつ平面図に表す「一段スライス」という方法が便利に使えます。割と得点しやすい分野ですので、数え間違いなどケアレスミスのないよう注意してください。

PLAY1 積み木の構成を調べる問題

次の図のような、小さな立方体 125 個を積み重ねて作った大きな立方体がある。この大きな立方体の 3 つの側面に付けた黒点から、それぞれの反対の側面まで垂直に穴を開けたとき、穴の開いていない小さな立方体の数はどれか。

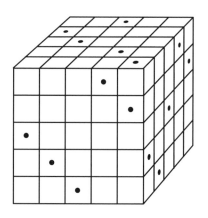

1. 60 　　 2. 65 　　 3. 70 　　 4. 75 　　 5. 80

まずは、一段スライスの解法をマスターしよう！

298

大きな立方体を上から1段ずつ5段にスライスし、各段ごとに上から見た図（平面図）に穴の開いている様子を描いていきます。

　上面の5つの黒点からは底面まで穴が開いており、5段共通なので、それぞれの平面図に×印を記入します。

　さらに、1段目について、正面と側面の黒点から、反対側まで穴が開いている様子を太線で記入すると、図1のようになります。

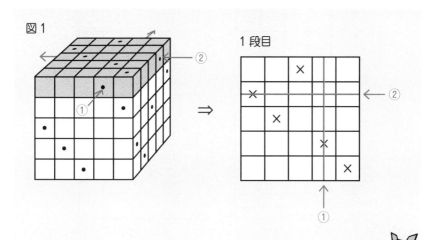

図1

1段目

　2段目以降も同様に作業して、図2のようになりますね。

上面の5つの黒点（×印）は、最初にすべての平面図に記入してしまうといいね！

図2

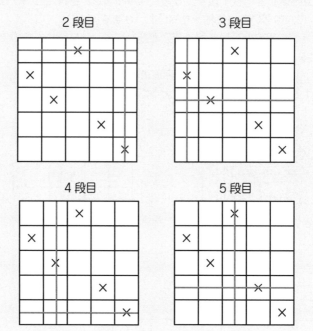

2段目　　　　　　　3段目

4段目　　　　　　　5段目

　これより、各段において、穴が開いた小さな
立方体の個数を確認すると、いずれも12個に
穴が開いており、残る13個が穴の開いていな
い立方体とわかります。

　よって、13個×5段＝65個となり、正解は肢2です。

求めるのは、穴が開いていな
いほう！　気をつけよう！

 正解 ▶ 2

図のように、同じ大きさの黒い小立方体と白い小立方体を合計 343 個すき間なく積み重ねてできた立方体があり、黒い小立方体が、立方体の一方の面から反対の面まで一直線に連続して 7 個並んでいるとき、白い小立方体の数として、正しいのはどれか。

1. 190 個　　　2. 191 個　　　3. 192 個　　　4. 193 個　　　5. 194 個

> 黒い部分は規則的に並んでいるので、一段スライスは全部描かなくても OK！

　7 × 7 × 7 ＝ 343（個）の小立方体からなる立方体ですね。求めるのは白い小立方体の数ですが、黒いほうが数えやすいので、これを数え、343 個から引いて求めましょう。

　立方体は上下対称の構成で、逆さまにしてもまったく同じですから、1 段目と 7 段目、2 段目と 6 段目、3 段目と 5 段目は同じです。また、1 段目の黒い小立方体は見えている 9 個のみ（7 段目も同様）で、平面図を描くまでもありませんね。

　これより、上からスライスして、2，3，4 段目の平面図を描くことにします。上面の 9 個は各段共通で×印を記入します。正面と側面から黒い小立方体が連続して並ぶ列には色を付けて次のようになります。

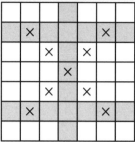

2 段目   3 段目

4 段目

　これより、黒い小立方体は、2 段目 23 個、3 段目 29 個、4 段目 29 個とわかり、1 段目〜7 段目までの黒い小立方体の個数は、9 ＋ 23 ＋ 29 ＋ 29 ＋ 29 ＋ 23 ＋ 9 ＝ 151（個）ですから、白い小立方体の個数は、343 − 151 ＝ 192（個）となります。

　よって、正解は肢 3 です。

正解 ▶ 3

アドバイス

　たいていは、黒い小立方体（PLAY 1 の場合は穴の開いている小立方体）の個数を問うんだけど、ときどきこのように反対のほうの個数が聞かれることもあるんだ。問題文をよく読んで、ケアレスミスのないように！

図のように同じ大きさの立方体64個を積み上げて作った立方体を、点A, B, Cを通る平面で切断したとき、切断される立方体の個数はいくつか。

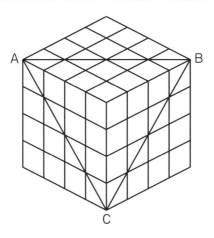

1. 14　　 2. 16　　 3. 18　　 4. 20　　 5. 22

まずは、切断面を描いて、各段の境目を通る点を確認しよう！

上から4段にスライスし、各段ごとに切断される部分を平面図に描きます。切断面は三角形ＡＢＣですね。ここで、各段の境目と切断面の交点を図1のようにD〜Iとします。

立方体の切断面については＃34基本事項②参照！

図1

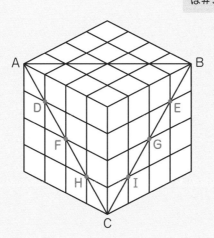

1段目は図1のＡＢからＤＥまで、2段目はＤＥからＦＧまで、というように、平面図に記入し、切断される立方体に×印を付けると図2のようになります。

図2

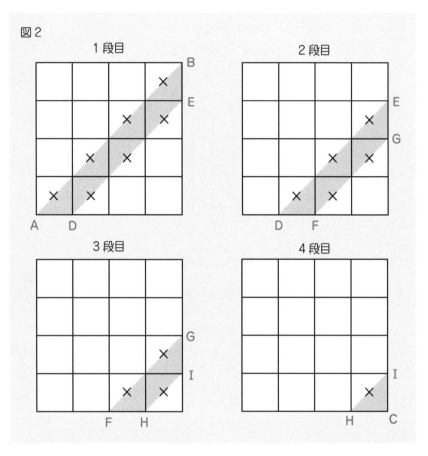

これより、1段目7個、2段目5個、3段目3個、4段目1個で、切断される立方体の個数の合計は16個とわかり、正解は肢2です。

正解 2

　図のような、どの面にも同じ大きさの9個の正方形が描かれた箱があり、これと同じ大きさの正方形が各面に描かれた立方体のブロックAと、直方体のブロックB〜Dがある。いま、A〜Dのブロックを、正方形の面どうしが重なり、箱から上にはみ出ないように箱に入れる。どのブロックも、下面が箱の底面に接するか、もしくは他のブロックの上面と正方形2面以上が接するようにする。次のことが分かっているとき、CとDの下面が箱の底面と接している正方形の面の数として妥当なのはどれか。

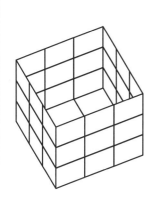

A
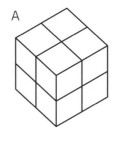

C
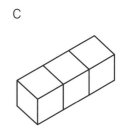

B
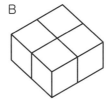

D
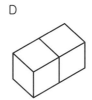

・Aの下面は、他のブロックの上面と2面だけ接している。
・AとDは正方形1面だけ接している。
・Cは、A，Dと面で接していない。

	C	D
1.	1面	0面
2.	1面	1面
3.	1面	2面
4.	3面	1面
5.	3面	2面

条件をしっかり頭に入れて作業しよう！

箱の上から３段それぞれの平面図を描いて、１段スライスの要領でブロックを入れていきます。

　１番目の条件より、Ａは上段～中段に入っていますので、図１のように記入し、残る部分を①～⑲とします。

図１では右上に入れたけど、どの部分に入れても同じだからね！

図１

上段

①	A	A
②	A	A
③	④	⑤

中段

⑥	A	A
⑦	A	A
⑧	⑨	⑩

下段

⑪	⑫	⑬
⑭	⑮	⑯
⑰	⑱	⑲

　ここで、３番目の条件より、Ａと接していないＣは、（③，⑧，⑰）の位置にたてに入れるか、もしくは、（⑪，⑭，⑰）または（⑰，⑱，⑲）の位置によこに入れるかのいずれかとなり、いずれにおいても、⑰はＣに確定します。

　また、１，２番目の条件より、下段でＡと２面で接しているのはＢまたはＤですが、ＤはＡと１面しか接していませんので、ＢとＤが各１面、もしくは、Ｂが２面で接していることになります。

　しかし、ＢをＡと１面しか接しないように下段に入れる方法は、（⑭，⑮，⑰，⑱）しかありませんが、⑰には入れられませんので、Ａと２面で接するように入れることになります。つまり、（⑪，⑫，⑭，⑮）または（⑮，⑯，⑱，⑲）のいずれかですね。どちらも条件は同じですから、前者に入れるとし、ここまでで、図２のようになります。

Ａのときと同様、どっちに入れても状況は同じだよね。

図2

上段

①	A	A
②	A	A
③	④	⑤

中段

⑥	A	A
⑦	A	A
⑧	⑨	⑩

下段

B	B	⑬
B	B	⑯
C	⑱	⑲

　ここで、Cの位置は、（③，⑧，⑰）または（⑰，⑱，⑲）に絞られました。

　しかし、Cを（⑰，⑱，⑲）に入れた場合、残るDは、3番目の条件より、Cのすぐ上の⑧～⑩には入りませんし、また、③～⑤では、下面がどのブロックにも接することがないので、ここにも入りません。

　そうすると、Dは残るどの位置に入れても、Aと2面が接することになり、2番目の条件に反します。

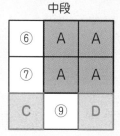

（①，⑥）（②，⑦）（⑥，⑦）（⑬，⑯）のいずかだね！

　よって、Cは（③，⑧，⑰）に決まり、これと接することなく、Aと1面だけ接するDの位置は、（⑩，⑲）に決まり、図3のようになります。

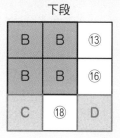

②，④，⑦，⑨，⑱はCと接するし、⑬，⑯は1番目の条件に反するから置けない！（①，⑥）だとAと2面が接してNG！

図3

上段

①	A	A
②	A	A
C	④	⑤

中段

⑥	A	A
⑦	A	A
C	⑨	D

下段

B	B	⑬
B	B	⑯
C	⑱	D

　これより、C，Dともに、底面と接するのは正方形1面で、正解は肢2です。

正解　2

#32 正多面体
仕組みを理解する！

正多面体の構造などについての問題です。このような問題自体の出題数は少ないですが、正多面体は他の分野（展開図や切断の問題など）でも登場しますので、基本的な性質と構造はしっかり押さえておきましょう。

基本事項

①正多面体の意味と特徴

正多面体というのは、すべての面が合同な正多角形でできていて、各頂点に集まる面の数がいずれも等しい多面体のことです。

正○角形ってヤツね。

すなわち、すべての頂点，辺，面はいずれも同じ条件で構成されているので、たとえば、1つの頂点についていえることは、他のすべての頂点についても同様のことがいえるわけですね。

②正多面体の種類

正多面体は全部で5つありますので、それぞれの構造を紹介していきます。

図を見ながら、照らし合わせていけばわかるでしょう。

面の数は名前に入っていますし、辺，頂点の数は、計算で求められますから（基本事項④）覚える必要はありません。面の形と1頂点に集まる面の数を覚え、立体の形状を理解することが大切です。

ⅰ）正四面体

面の形　⇒　正三角形

1頂点に集まる面の数　⇒　3

面の数　⇒　4

辺の数　⇒　6

頂点の数　⇒　4

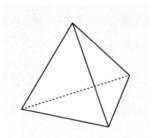

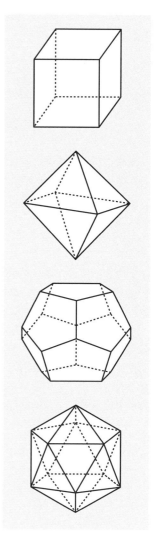

ⅱ）正六面体（立方体）
　　面の形　⇒　正方形
　　1頂点に集まる面の数　⇒　3
　　面の数　⇒　6
　　辺の数　⇒　12
　　頂点の数　⇒　8

ⅲ）正八面体
　　面の形　⇒　正三角形
　　1頂点に集まる面の数　⇒　4
　　面の数　⇒　8
　　辺の数　⇒　12
　　頂点の数　⇒　6

ⅳ）正十二面体
　　面の形　⇒　正五角形
　　1頂点に集まる面の数　⇒　3
　　面の数　⇒　12
　　辺の数　⇒　30
　　頂点の数　⇒　20

ⅴ）正二十面体
　　面の形　⇒　正三角形
　　1頂点に集まる面の数　⇒　5
　　面の数　⇒　20
　　辺の数　⇒　30
　　頂点の数　⇒　12

③正多面体の双対性

　正多面体の各面の中心（重心）を結んで立体を作ると、その立体もまた正多面体になるという性質です。

　たとえば、次図のように、正四面体の4つの面の中心を結ぶと、4個の頂点からなる正多面体、すなわち正四面体ができ、正六面体の6つの面の中心を結ぶと、6個の頂点からなる正多面体、すなわち正八面体ができます。

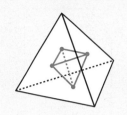 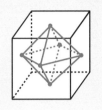 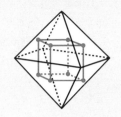

同様に、正八面体には正六面体ができ、この 2 つ
の正多面体は**相互に双対性**があることになります。

また、正十二面体には正二十面体、正二十面体に
は正十二面体ができ、この 2 つも相互に双対性があ
るといえます。

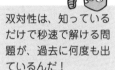

双対性は、知っている
だけで秒速で解ける問
題が、過去に何度も出
ているんだ！

④辺の数、頂点の数の求め方

正多面体およびそれに準ずる規則正しい多面体であれば、辺の数、頂点の数
は計算で簡単に求められますので、それぞれを覚える必要はありません。

たとえば、正十二面体の場合、正五角形 12 面で構成されているので、12 面
の辺の合計本数は、$5 \times 12 = 60$ ですが、辺は 2 本ずつ重なって立体を作る
わけですから、辺の本数は、$60 \div 2 = 30$ とわかります。

また、頂点の数の合計も、$5 \times 12 = 60$ ですが、正十二面体は 1 つの頂点
の周りに 3 枚の面が集まるので、それぞれの面の頂点 3 つが集まって、立体の
1 つの頂点を作ります。よって、$60 \div 3 = 20$ とわかります。

正六面体と正八面体って、
互いに双対性があるし、
辺の数も同じだし、
仲がいいのね。

正十二面体と正二十面体
も仲良しなんだよ。

　下の図のような正十二面体において、1つの頂点から出発し、一度通った辺を通らないようにして全ての頂点を通過して出発点に戻るとき、通らないですむ辺の最大の本数として、最も妥当なのはどれか。

1. 5本
2. 8本
3. 10本
4. 13本
5. 15本

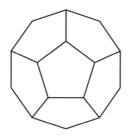

正十二面体の頂点の数と辺の本数がわかれば、カンタンな問題！

　正十二面体の頂点の数は 20（基本事項②④）ですから、たとえば、図のように、頂点1からスタートして、1 → 2 → 3 → …… → 20 → 1 と、<u>20 本の辺を通ってすべての頂点を通過</u>することができます。

「1」から辺を 19 本通ったところで「20」にたどり着くから、最後に 20 本目を通って「1」に戻るんだね。同じ頂点を 2 度通ることなくできるかどうかは、やってみるしかないかな！

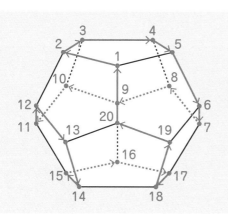

　正十二面体の辺の数は 30（基本事項②④）で、このうち 20 本を通る必要がありますから、通らないですむ辺の本数は最大で、30 − 20 = 10（本）となり、正解は肢 3 です。

下図のような正十二面体と正二十面体について、それぞれの立体における平行な辺の組の数を合計した数として、正しいのはどれか。

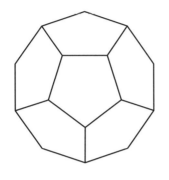 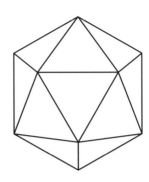

1. 22　　　2. 24　　　3. 26　　　4. 28　　　5. 30

正多面体の向かいの面とか、向かいの線とかは、基本的に平行になるんだね。

図のように、それぞれの立体は、ある面とその向かい合う面（たとえば、図のＡとＢの面）とは、対称で平行な位置関係にあり、面の向きは△と▽のように逆向きになりますから、たとえば、ℓとｍの２本の辺は、それぞれ平行になることがわかります。

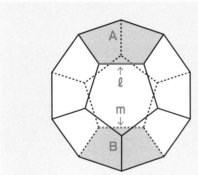 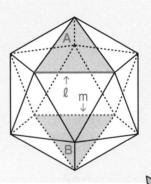

正多面体は、すべての辺が同じ構成になっていますので、すべての辺について、それと平行な辺があることになりますね。

このことがしっかりわかっていれば、図形を描いて数えたりする必要はないでしょ！？

2つの立体はともに辺は30本ありますので、2本1組で15組ずつ平行な辺の組があり、合計で30組となります。

　よって、正解は肢5です。

正解 5

PLAY 3　正多面体の切断の問題

　一辺の長さが3の正六面体と正八面体がある。下図のとおり、各頂点からの距離が1の辺上の点を通るように頂点を含む立体を切り取る。すべての頂点を同様に切り落としたとき残る立体を正六面体ではA、正八面体ではBとする。立体Aと立体Bの面の数、辺の数、頂点の数に関する記述として、最も妥当なのは次のうちどれか。

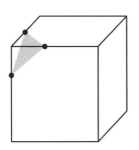
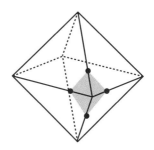

1. 面の数、辺の数、頂点の数ともに立体Bのほうが多い。
2. 面の数と辺の数は同じで、頂点の数は立体Bのほうが多い。
3. 面の数と頂点の数は同じで、辺の数は立体Bのほうが多い。
4. 辺の数と頂点の数は同じで、面の数は立体Bのほうが多い。
5. 面の数、辺の数、頂点の数ともに等しい。

　まず、1つの面について、頂点を切り取った図を考えてみて！

立体Aについて、とりあえず、図1のように、正六面体の正面の4角を切断した図を描いてみると、初めは正方形であった面が、切断によってaのような八角形になりますが、どの面も残ります。また、切断面はbのような正三角形になり、正六面体の各頂点に現れることになります。

どの面も同じだから、一部を描いて確認すれば、残りもわかる！

切断によって、消える面や辺、頂点がある場合もあるからね。

図1

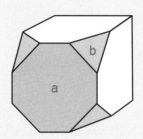

　そうすると、正六面体の面の数は6、頂点の数は8（基本事項②）ですから、立体Aは、八角形6面と正三角形8面の計14面からなる立体になり、図より、どの頂点にも3枚の面が集まるとわかります。

　これより、立体Aの辺の数と頂点の数は、次のようになります。

$$辺　の　数 = (8 \times 6 + 3 \times 8) \div 2 = 36$$
$$頂点の数 = (8 \times 6 + 3 \times 8) \div 3 = 24$$

　同様に、立体Bについても、図2のように、正八面体の一面の3角を切断した図を描いてみると、各面は六角形に、切断面は正方形になります。

図2

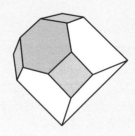

　正八面体の面の数は8、頂点の数は6ですから、立体Bは、六角形8面と正

314

方形 6 面の計 14 面からなる立体になり、やはり、どの頂点にも 3 枚の面が集まるとわかります。

　これより、立体 B の辺の数と頂点の数は、次のようになります。

$$辺 \ の \ 数 = (6 \times 8 + 4 \times 6) \div 2 = 36$$
$$頂点の数 = (6 \times 8 + 4 \times 6) \div 3 = 24$$

　以上より、立体 A，B はともに、面の数 14、辺の数 36、頂点の数 24 となり、正解は肢 5 です。

 正解 5

#33 投影図
方向を変えて見る！

頻出度 ★★★☆☆ ｜ 重要度 ★★★★☆ ｜ コスパ ★★★★☆

立体を、正面、側面、背面などから見た図を考える問題です。与えられた投影図から立体の構成を調べる問題が多く、平面図を上手に使って解くのがポイントです。

基本事項

投影図

　立体を3方向から見た図で平面化したものを「投影図」といい、正面から見た「正面図」、上から見た「平面図」、よこから見た「側面図」があります。

　たとえば、次のような表し方ですね。

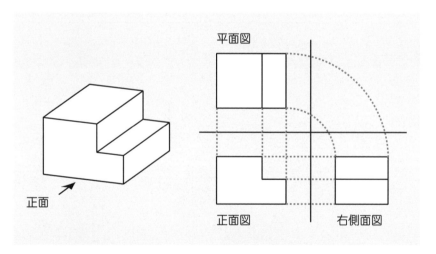

色の付いた同じ大きさの立方体をいくつか床の上に積み上げた。図Ⅰはこれを上から見た図で、図Ⅱは正面から見た図である。このとき、この立体を右から見た図として最も妥当なのは次のうちどれか。

図Ⅰ

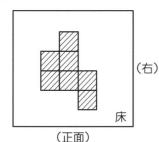

（正面）

図Ⅱ

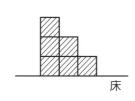

1.

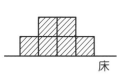

2.

3.

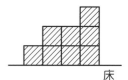

4.

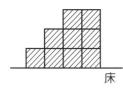

5.

平面図を使って、積み上げられた立方体の個数を考えよう！

上から見た図において、図のように、正面から見た各列を①〜③、右から見た各列を④〜⑦とします。

　正面から見た図より、①の列に3個見えていますから、図のA，Bのうち少なくとも1か所に3個の立方体が積み上げられていることになります。そうすると、右から見た⑤，⑥のいずれかには3個見えるはずですから、これが示されていない肢1と肢3が消去できます。

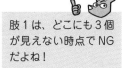

肢1は、どこにも3個が見えない時点でNGだよね！

　また、3個積み上げられているのは、①の列のみですから、右から見て⑤，⑥以外の列に3個見えるはずはなく、⑦に3個見えている肢4も消去できます。

　次に、③の列に着目すると、ここには1個しか見えていませんので、図のC，Dには1個しか積み上げられていませんね。これより、右から見ると、④の列には1個しか見えないはずですので、この部分に2個見えている肢5は消去できます。

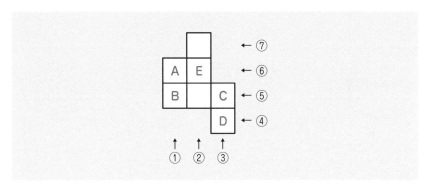

　残る肢2については、図のAに3個、Eに2個、その他には1個ずつ積み上げられたとして、このような見え方が可能です。

　よって、最も妥当なのは肢2です。

 正解 ▶ 2

PLAY 2 立方体の積み木の投影図

　図のようないくつかの合同な立方体を積み上げてできた立体の投影図がある。この投影図の立体を作るのに必要な立方体の最小個数と最大個数の組合せとして、正しいのはどれか。ただし、立体に空洞はないものとする。

	最小	最大
1.	9 個	12 個
2.	9 個	14 個
3.	10 個	12 個
4.	10 個	14 個
5.	11 個	14 個

平面図

立面図　　　側面図

> PLAY 1 と似たタイプだけど、こっちのほうが典型的な問題になるかな。

　平面図に、立面図（正面図）と側面図から得られる情報を書き込みます。

　まず、立面図より、左側の列には 3 個、真ん中の列に 2 個、右側の列に 1 個の立方体が見えますので、これを図 1 のように、平面図の下に記します。同様に、側面図より、奥の列に 3 個、真ん中の列に 2 個、手前の列に 1 個が見えますので、これを平面図の横に記します。

　そうすると、正面から見ても、横から見ても 3 個が見えるのは、図の①で、ここには 3 個の立方体が積まれていることがわかりますね。

　また、立面図より、右側の列には立方体は 1 個しか見えませんので、図 2 の②には 1 個しかないことがわかり、同様に、側面図より、③，④にも 1 個しかないことがわかります。

　ここまでを、図 3 のように記入します。

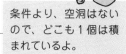

> 条件より、空洞はないので、どこも 1 個は積まれているよ。

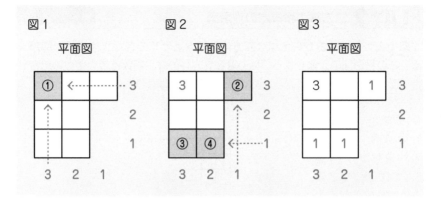

図1　平面図

図2　平面図

図3　平面図

残る部分について、立面図と側面図のいずれにおいても、真ん中の列には2個が見えていますので、図4の⑦に2個の立方体が積まれていれば、⑤, ⑥は1個でも立体は完成します。

よって、最小個数で作る場合は図5のようになります。

また、⑤, ⑥に2個の立方体が積まれていても、投影図の見え方に変化はありませんので、最大個数で作る場合は図6のようになります。

邪魔になんないってことね！

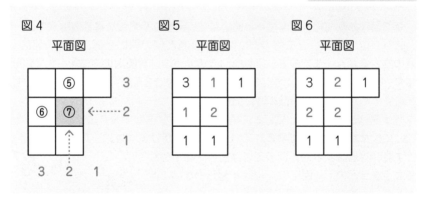

図4　平面図

図5　平面図

図6　平面図

これより、立方体の個数を数えると、図5は10個、図6は12個ですから、正解は肢3となります。

正解 3

　図Ⅰのような直方体を、隙間なく机の上に積み上げて大きな直方体を作った。図Ⅱはこの大きな直方体を真上から見たもの、図Ⅲは、図Ⅱに示す右側面から見たものである。この大きな直方体を図Ⅱの左側面から見たものとして、妥当なのはどれか。

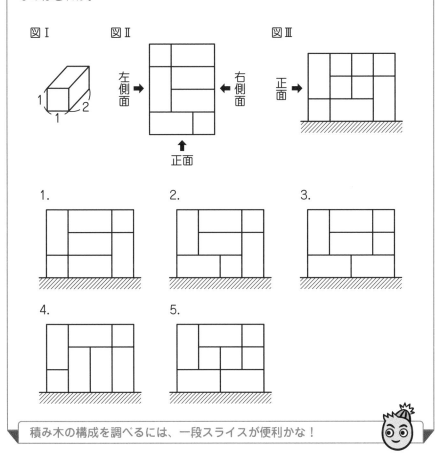

積み木の構成を調べるには、一段スライスが便利かな！

一段スライスを使って、直方体の組合せを調べます。

まず、真上から見た図（図Ⅱ）で見えている直方体を、図1のように、A〜
Gとします。B，D，E，Gは、右から見えるので、図2のように、右側面図
（図Ⅲ）に記入し、残る直方体をH〜Lとします。

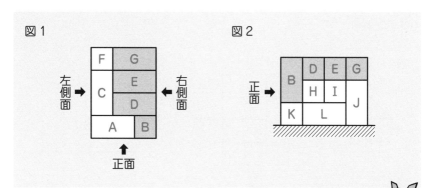

図1

図2

ここで、図3のように、上から2，3段目の平面
図を用意し、図1，2からわかるところを記入しま
す。残る部分を①〜⑫とし、この部分の直方体を調
べることにします。

一段スライス（＃31参
照）の出番だ！
1段目は図1だからね。

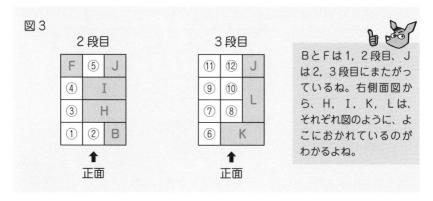

図3

２段目

３段目

BとFは1，2段目、J
は2，3段目にまたがっ
ているね。右側面図か
ら、H，I，K，Lは、
それぞれ図のように、よ
こにおかれているのが
わかるよね。

まず、図3の②は、上にA、下にKがありますので、隣の①とつながる直方
体とわかり、これをMとします。そうすると、その下の⑥は⑦とつながっており、
その上の③は④とつながっていて、それぞれ、N，Oとします（図4）。

図4

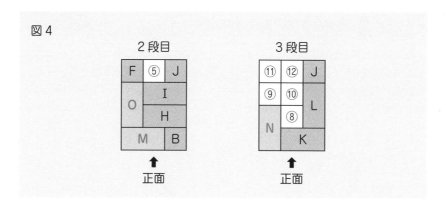

また、⑤は下の⑫とつながりますので、これより、⑧と⑩、⑨と⑪がつながるとわかり、それぞれP，Q，Rとし、図5のようになります。

図5

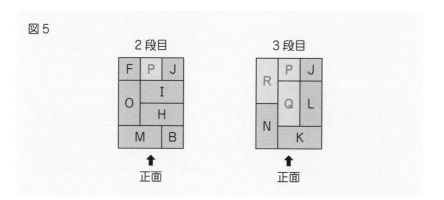

これをもとに、左側面図を描くと、図6のようになりますね。

図6

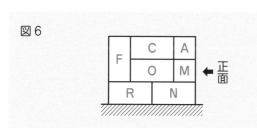

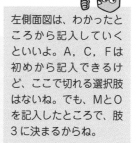

左側面図は、わかったところから記入していくといいよ。A，C，Fは初めから記入できるけど、ここで切れる選択肢はないね。でも、MとOを記入したところで、肢3に決まるからね。

よって、正解は肢3です。

　図Ⅰのような透明な立方体の内部に、1本の針金が2回折られ、その一端が頂点Aに固定されてある。この立方体を正面及び右側面から見たとき、それぞれ図Ⅱ，図Ⅲのように見えた。このとき、上面から見た図として正しいのはどれか。

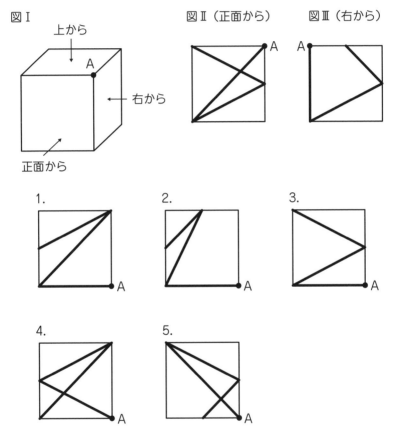

透明な立体の内部の見え方を推理する問題だよ。針金の折れ目の位置を確認してみよう！

まず、図Ⅱ（正面から見た図）において、針金の2つの折れ目と端の点を、図1のように、B，C，Dとすると、図Ⅲ（右から見た図）においては、図2のようになるとわかります。

A→B→C→Dの順だからね。

これより、B，C，Dが上面から見た図でどの位置にあるか確認します。まず、Bについて、図1（正面から見た図）では左側に、図2（右から見た図）では前側にあるのがわかりますので、上から見た図では、左側の前側に当たる、図3のような位置にあるのがわかります。

右から見た図では、左方向が前側、右方向が後ろ側、上から見た図では下方向が前側、上方向が後ろ側になるからね。

同様に、Cについて、図1で右側、図2で後ろ側にあるので、上から見た図では、図3のような位置なります。

A→B→Cと結ぶと、ここで肢1の正解がわかるね。

また、Dについては、図1で左側、図2では前側と後ろ側のちょうど中間あたりにありますので、上から見た図で図3のようになります。

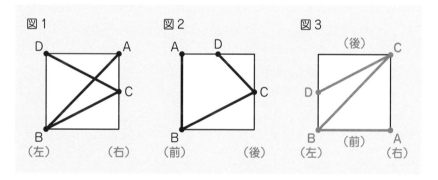

図1

D — A
C
B
（左）　（右）

図2

A　D
C
B
（前）　　　（後）

図3

（後）
C
D
B　（前）　A
（左）　　　（右）

これより、図3のように、A，B，C，Dを結ぶと、上から見た図が完成し、これと合致する肢1が正解です。

正解　1

#34 立体の切断
ルールに従って切る！

頻出度 ★★★☆☆ | 重要度 ★★★☆☆ | コスパ ★★★★☆

立方体の切断面は、積み木など他の分野だけではなく、数的推理でも必要な知識になりますので、基本事項②でしっかり理解しておいてください。
以前は、知識だけで解ける問題もよく出題されていましたが、最近の問題では、切断面をイメージすることも大事です。

基本事項

①切断面の描き方

立体の切断面を描く手順は次の通りです。

> Step1　同一面上の２点はそのまま結ぶ
> Step2　平行な面に入る切断線は、平行になるようにつなげる

たとえば、次の図の立方体をA，B，Cの３点を通って切断してみます。

まず、AとB、およびBとCはそれぞれ同じ面にある点ですから、図のように、その２点をそのまま結んだ線が切断線となります。これが「Step1」の作業です。

AとBは右側面、BとCは正面に、という意味だよ。

しかし、AとCは同じ面の上にはないので、直接結ぶことができませんから、背面と左側面を通ってつなぐことになります。

そして、背面は正面と平行ですから、正面にある切断線BCと平行になるように、図のADを描きます。そうすると、CとDは同一面上の２点となり、そのまま結ぶと必然的にABと平行になります。これが「Step2」の作業ですね。

この２点を直接結ぶ線は、立体の中、つまり空間になるでしょ!?切断線は面上に入る線だからね。

これより、図のような平行四辺形の切断面が得られるわけです。

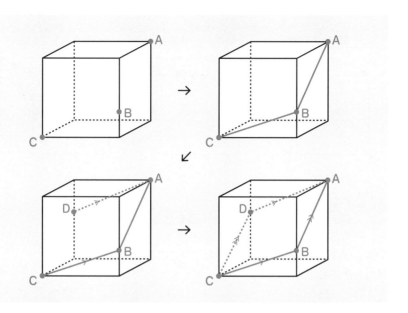

②立方体の切断面

切断面を考える機会が最も多いのは、やはり立方体です。①の方法を使って描いてもいいのですが、一通りのイメージと知識を押さえておくと早いでしょう。

いろんな図形が現れるから、知識としては、現れることのないほうを覚えたほうがいいかも。

ⅰ）三角形の切断面

立方体は1つの頂点に3面が集まっていますので、1つの頂点を切り落とすと、図1のように、その3面に切断線が入り、三角形の切断面となります。

また、図2のように、1つの頂点Pから等距離にある2点を通って切ると、二等辺三角形、さらに、図3のように、等距離にある3点を通って切ると、正三角形の切断面になります。

ただし、いずれも90°未満の内角しか持たないため、直角三角形や鈍角三角形は現れません。

90°より大きな内角を持つ三角形のこと！

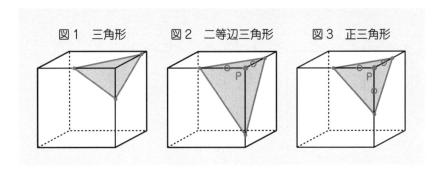

図1 三角形　　図2 二等辺三角形　　図3 正三角形

ⅱ）四角形の切断面

　図4のように、向かい合う1組の面を通るように切ると、その面に入る切断線は平行になりますから、台形の切断面が得られます。また、左右対称になるように切ると、等脚台形にもなります。

左右対称な台形のことね！

　さらに、図5のように、向かい合う2組の面を通るように切ると、向かい合う辺は2組とも平行なので、平行四辺形になり、さらに、隣り合う辺の長さが同じになるように切ると、図6のようにひし形になります。

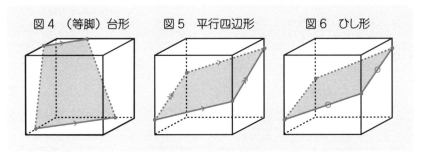

図4 （等脚）台形　　図5 平行四辺形　　図6 ひし形

　また、図7のように、平行四辺形の切断面の1組の対辺を、立方体の辺と平行にすると長方形となります。さらに、図8のように、立方体の面に対して平行に切ると正方形になります。

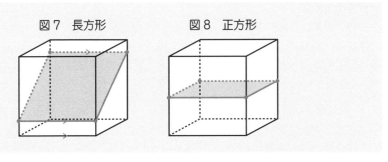

図7 長方形　　　　図8 正方形

　このように、四角形については、台形以上の高等な四角形はすべて切断面として現れますが、平行な辺が1組もない「ただの四角形」が現れることはありません。

ⅲ）五角形，六角形の切断面
　図9，10のように、立方体の5枚の面を通って切断すると五角形、6枚すべて通ると六角形の切断面となります。六角形においては、すべて辺の中点を通るように切ると正六角形になりますが、五角形については、正五角形が現れることはありません。

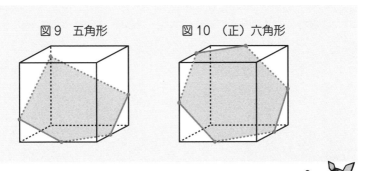

図9 五角形　　　　図10 （正）六角形

　また、面が6枚しかありませんので、七角形以上が現れることはありません。

切断線は1面に1本しか入らないからね。

③円柱の切断面

　円柱や円すいを切断することもたまにはあります。

　まずは、円柱の切断面ですが、底面に垂直に切ると長方形（図1）、底面に平行に切ると円（図2）、斜めに切ると楕円（図3）の3種類です。

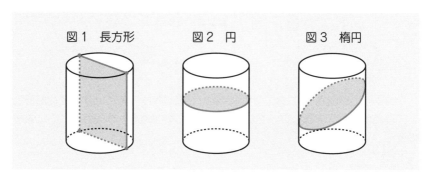

④円すいの切断面

　続いて、円すいの切断面です。難しい曲線が出てきますが、知識が問われる可能性は低いので、イメージだけで十分でしょう。

　まず、頂点を通って底面に垂直に切ると二等辺三角形（図1）、底面に平行に切ると円（図2）、斜めに切ると楕円（図3）、母線に平行に切ると放物線（図4）、頂点を通らずに底面に垂直に切ると双曲線（図5）の切断面となります。

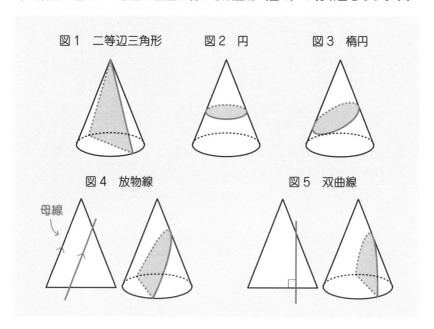

立方体の 2 つ以上の頂点を含む平面で立方体を切り、2 つの立体に分ける。このときにできる立方体の切り口としてありえない図形はどれか。

1. 五角形
2. 長方形
3. ひし形
4. 台形
5. 二等辺三角形

本問は、知識だけで解けるけど、切断面をイメージすることも忘れないでね。

五角形の切断面は、図 1 のように、頂点を 1 つだけは通れます。しかし、5 面に切断線を入れるので、図の頂点 A から、4 つの側面と底面のすべてに切り口を入れることになり、ここで、もう 1 つ頂点を通ることはできません。

図 1

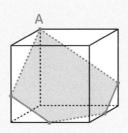

肢 2 ～ 5 の図形については、図 2 のように、2 つ以上の頂点を通った切り口が可能です。

よって、正解は肢 1 です。

図2

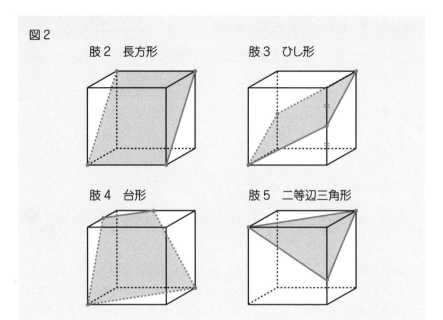

肢2　長方形

肢3　ひし形

肢4　台形

肢5　二等辺三角形

PLAY 2 円柱の切断面の問題

図Ⅰのようなワイングラスがあり、ワインが注がれる部分は円柱と半球を組み合わせた形でできている。このワイングラスに赤ワインを注ぎ、横から見ると図Ⅱのように見え、これを図Ⅲのように傾けた。図Ⅱの状態での水面の形は円であるが、図Ⅲの状態での水面の形として妥当なのはどれか。

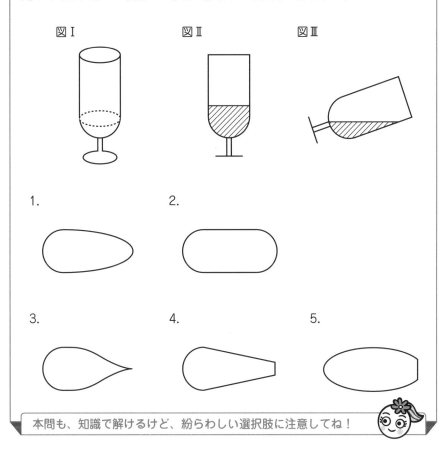

図Ⅰ　　　　図Ⅱ　　　　図Ⅲ

1.　　　　　2.

3.　　　　　4.　　　　5.

本問も、知識で解けるけど、紛らわしい選択肢に注意してね！

球を1つの平面で切断した場合、どこを切って
も切断面は円になります。したがって、グラスの
半球部分にできる水面は、円もしくは円の一部と
なります。

水面は、グラスを切断し
たときの切断面として考
えるよ。

　また、円柱を1つの平面で切断した場合の切断面は、基本事項③の通りで、
グラスの円柱部分にできる水面は、楕円もしくは楕円の一部となります。

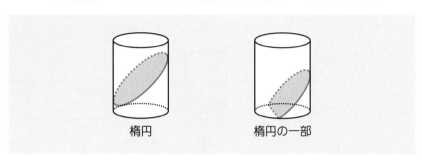

楕円　　　　　　　　　楕円の一部

　よって、水面の形は、円の一部と楕円の一部を組み合わせた肢1が妥当で、
正解は肢1です。

正解　1

下の図は立方体を3つ積み上げたものである。A，B，Cの3つの頂点を通る平面で切断したときの断面の様子として、最も妥当なのはどれか。

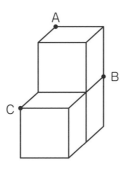

1.

2.

3.

4.

5.

ルールに従って切断面を描く練習をしよう！

基本事項①に従って切断面を描きます。

まず、AとBは同一面上の2点ですから、そのまま結びます。

また、AとCも、途中で一部途切れますが、同一面上にありますので、そのまま結んで、図1のように、立方体の辺との交点をDとすると、Dは辺の中点に当たるとわかります。

また、図2の色の付いた2面は、背面（ABの描かれた面）と平行な面ですから、C, Dをそれぞれ通って、ABと平行な線CE, DFをこの2面に描くと、Eは立方体の頂点、Fは辺の中点となります。

図1のCDの部分が途切れるところ。一応、薄く線を引いておくけど、空中の線だからね。

DはACの中点だから、辺の中点を通るよね。

図1

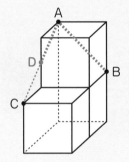

図2

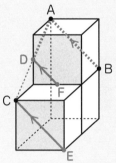

そうすると、BとE、CとFは、それぞれ同一面上の2点ですから、そのまま結ぶと、切断面は図3のようになります。

BEはADと平行になるよ。

336

図3

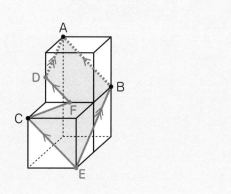

これより、この切断面と合致する図形を選択肢から探します。

　CとDをつなげて考えると、四角形ACEBは平行四辺形で、これから、三角形DCFに当たる部分が欠けている図なので、肢3の形状と合致するとわかります（図4）。

図4

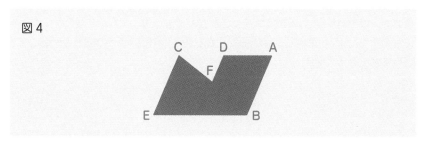

よって、正解は肢3です。

#35 回転体
軸から遠いほうに着目する！

頻出度 ★☆☆☆☆ ｜ 重要度 ★★☆☆☆ ｜ コスパ ★★★★☆

軸を中心に図形を回転させた立体を考える問題で、出題数は少なく、パターンも決まっています。イメージで解こうとすると間違える可能性が高いので、解法を理解してください。

基本事項

回転体

　図形を、直線などを軸に回転させたときにできる立体を考えます。

　たとえば、図1のACを、ℓを軸に1回転させると、AB，BCはそれぞれ図2の①，②のような円を描きます。これらを合わせると、①は②に含まれますので、結局は②のような円を描くことがわかります。

　すなわち、軸からの距離（軸からの垂線の長さ）が長いほうの図形が回転して、回転体ができるわけです。

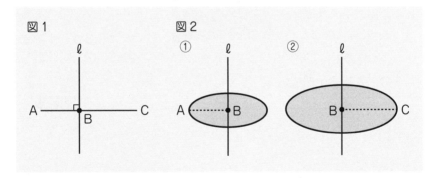

　図のような上底の長さが下底の長さの2倍である台形を、上底の中点Aと下底の頂点Bとを結ぶ直線ABを軸として回転させてできた立体に、直線ABと垂直な方向から光を当てた。このとき、光と垂直な平面に映った立体の影の輪郭を表す図として、妥当なのはどれか。

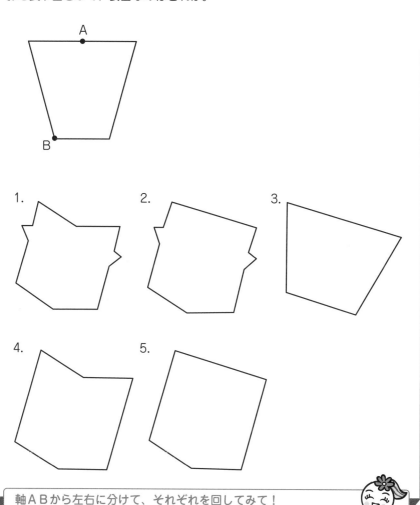

軸ABから左右に分けて、それぞれを回してみて！

回転してできた立体の影の形を求めるわけですが、要するに、回転体がどのように見えるかを考えればいいわけですね。

まず、軸となるＡＢをまっすぐたてにし、ここから左右の図形を、図１のように、ア，イに分けます。また、台形の各頂点を、Ｐ，Ｑ，Ｒとします。

図1

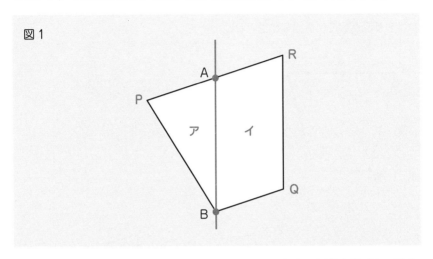

ここで、ア，イそれぞれを、ＡＢを軸に回転させたときの形状を描くと、図２，図３のようになります。

図2

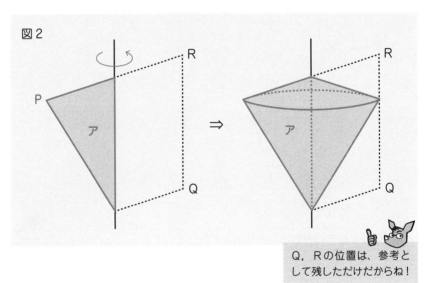

Ｑ，Ｒの位置は、参考として残しただけだからね！

図3

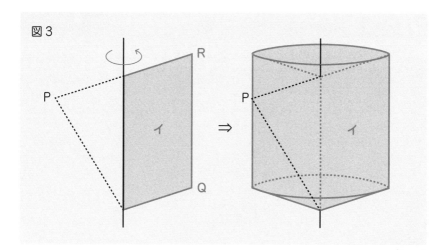

　Aは、PRの中点なので、PとRの軸までの距離
は等しいですね。そうすると、図2は図3に完全
に含まれることになりますので、回転体は図3の
ようになります。

肢1，2のように、飛び
出たりしないよね!?

　図3の上部は凹んでいますが、Rが回転して描く線は、真正面から見ると図
4のように、軸に垂直な直線になり、これと一致する肢5が正解です。

図4

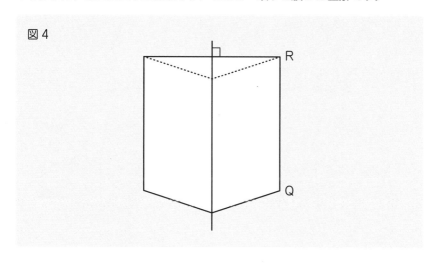

図のような図形を、軸Ⅰを中心に一回転させてできた立体を、次に軸Ⅱを中心に一回転させたときにできる立体として、正しいのはどれか。

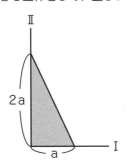

1.

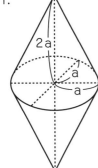

2.

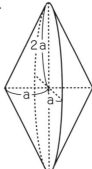

3.

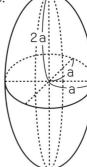

4.

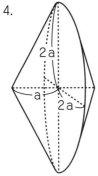

5.

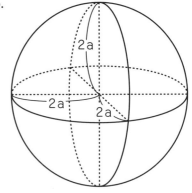

本問は、ほぼ同じ問題が何度か出題されているけど、けっこう間違える人多いんだよね。

まず、軸Ⅰを中心に1回転させた時点で、図1のような円すいになります。

　さらに、この円すいを、軸Ⅱを中心に1回転させますが、この円すいの底面は、半径2aの円ですから、これが回転すると、図2のような半径2aの球になるのがわかります。

図1　図2

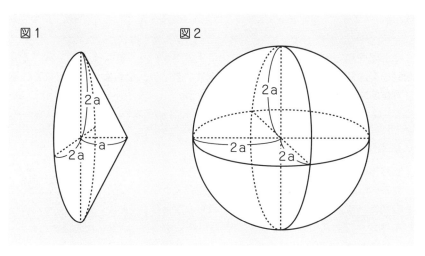

よって、正解は肢5です。

正解　5

これって、けっこう間違える人が多いんだよね。肢1、2、4あたりを選ぶみたい…。

軸Ⅱの回転が先なら肢4になるかな?! 順番も大事だね。

#36 展開図① 変形する!

頻出度 ★★★★☆ | 重要度 ★★★★☆ | コスパ ★★★★★

立体の展開図を考える問題です。たいていの問題は、「重なる辺」を調べて展開図を変形する方法で解くことになります。まずは、最もよく出題されている立方体の展開図について理解を深めましょう。

基本事項

①立方体の展開図

立方体の展開図には、たとえば、次の図のようなものがあります。全部で 11 種類の形のものが存在しますが、次の②でご紹介する変形の操作によって、たとえば、左の図のような、<u>上段 1 面, 中段 4 面, 下段 1 面</u>という構成になれば、立方体の展開図として成立すると覚えてください。

また、組み立てたときに向かい合う面は、たとえば、図の A と B のような、1 面を挟んだ位置関係になります。

> 中段の 4 面が側面、上段と下段の面が、それぞれ上の面と底面になるように組み立てればいいよね!

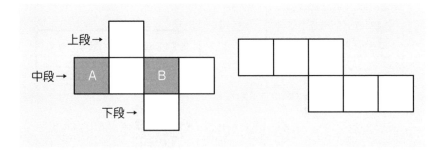

②展開図の変形方法

まず、組み立てたときに重なる辺を調べます。立方体は 1 つの頂点の周りに3 面が集まりますので、図 1 の P のように 3 面が集まっている頂点は、①の太線の辺を重ねて組み立てることになります。

同様に、90°開いている①〜④の 4 組の辺はいずれも重なる辺となります。

また、展開図を組み立てる様子を考えればわかると思いますが、1組の辺を重ねたら、次は、さらにその隣どうしの辺を重ねることになります。これより、図2の⑤，⑥の2組が重なり、さらに、⑥の隣どうしの辺Aと辺Bを重ねることになりますが、辺Bはすでに辺Cと重なることが決まっていますので、辺Cの隣の辺Dが、⑦のように、辺Aと重なることになるわけです。

　このように、立方体の展開図の重なる辺は、次の手順で調べることになります。

> Step1　90°をなす辺を重ねる
> Step2　その隣どうしの辺を重ねる

　ただし、1組の面で重なる辺は1組だけで、2組以上の辺が重なることはありません。たとえば図2の△の付いた2面について、すでに①で1組の辺が重なると決まっていますので、①の隣どうしであっても、辺Aと辺Eが重なることはありません。

ピンとこないなら、実際に展開図を作って折ってみよう！

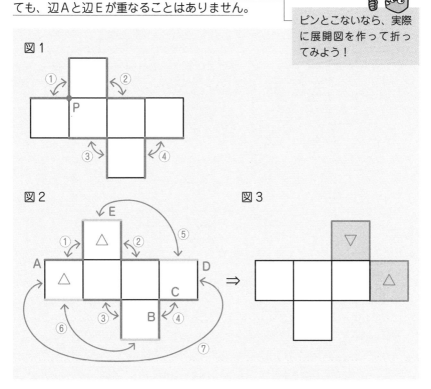

図1

図2

図3

こうして、重なる辺を調べたら、その重なる辺の先へ面を移動することができます。たとえば、図2で⑤，⑦のそれぞれが重なるように△の面を図3のように移動することができるわけですね。この移動によって、展開図を変形することが可能になります。

PLAY 1　立方体の展開図の問題

次の図のような展開図を立方体に組み立て、その立方体をあらためて展開したとき、同一の展開図となるのはどれか。

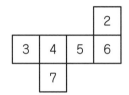

1.

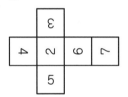

2.

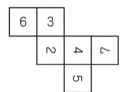

3.

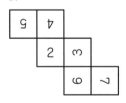

4.

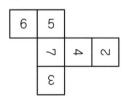

5.

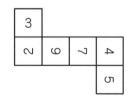

まずは、間違い探しから始めよう！ 本問は、数字の向きも関係するのがわかるよね。

与えられた展開図の重なる辺を調べると、図1のようになります。

図1

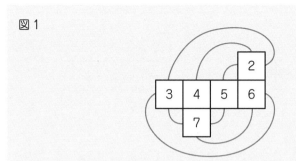

　これより、展開図に書かれた数字の向きなどを考慮しながら、各肢について、図1と異なるところを探します。

　まず、肢1，2について、「7」の面の上の辺と重なる辺に着目すると、図1では、「4」の下の辺ですが、図2のように、肢1では、「6」の下の辺、肢2では、「4」の上の辺が重なっており、ここで、図1と同一の展開図ではないとわかります。

図形を選ぶ問題は、基本的に消去法で解くよ！

こういうことね！

図2

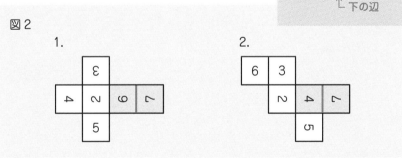

　また、肢4については、図3のように、「5」と「6」の面の位置関係が、図1と左右が逆ですね。さらに、肢5については、「3」の右の辺と重なる辺に着目すると、図1では、「4」の左の辺ですが、肢5では、図4のように、「6」の右の辺と重なるとわかり、いずれも図1と同一の展開図ではありません。

図3

4.

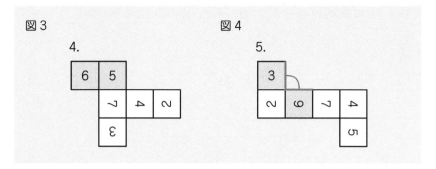

図4

5.

残る肢3については、重なる辺を調べると図5のようになり、図1と同一の展開図とわかります。

図5

3.

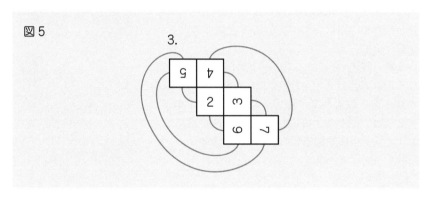

よって、正解は肢3です。

図のような立体の展開図として、正しいのはどれか。

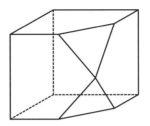

1.

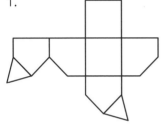

2.

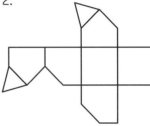

3.

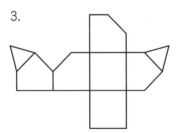

4.

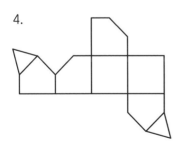

5.

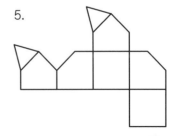

立方体をちょっと変えた図形だけど、基本は一緒！

ルールに従って、重なる辺を調べます。重なる辺は当然、同じ長さでなくてはいけませんが、肢2，3，4は、それぞれ図1のように、**重なる辺の長さが異なる組**があり、これでは立体になりません。

図1

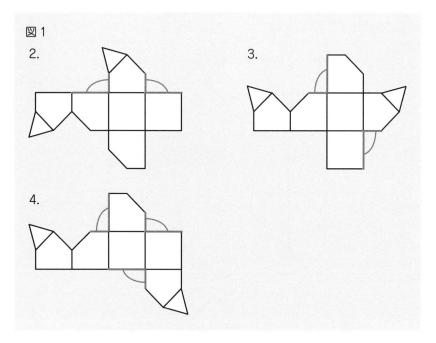

　また、肢1については、図2のように重なる辺を調べていくと、2つの小さな三角形の辺がいずれもイに重なり、アと重なる三角形の辺がありません。

　残る肢5については、図3のように重なる辺がわかり、立体と合致します。

図2

1.

図3

5.

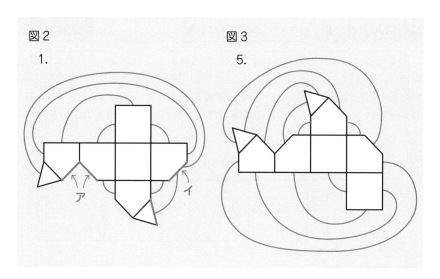

よって、正解は肢 5 です。

　図Ⅰのような一つの面で接している正六面体Ａ，Ｂがある。Ａ，Ｂには模様があり、図Ⅱは、①の矢印の方向から見た図であり、図Ⅲは、②の矢印の方向から見た図である。また、ＡとＢの接する面の模様は一致しており、底面には模様がない。このとき、Ａ，Ｂの展開図の組合せとして最も妥当なのはどれか。

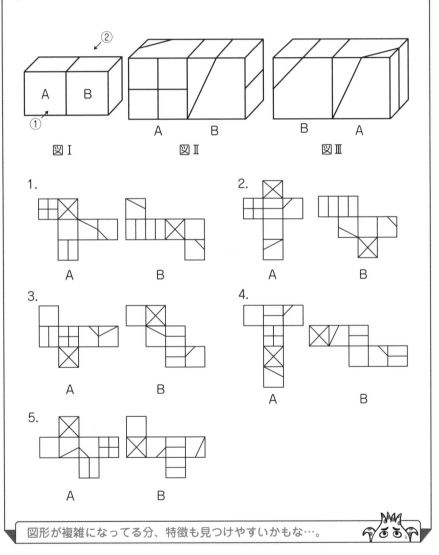

図Ⅰ　　　　　　　図Ⅱ　　　　　　　図Ⅲ

1.　A　　　　　B

2.　A　　　　　B

3.　A　　　　　B

4.　A　　　　　B

5.　A　　　　　B

図形が複雑になってる分、特徴も見つけやすいかもな…。

AとBの接している面以外の10面を、図1のように、ア〜コとします。ウとクは底面ですから、模様が描かれていませんね。

Aのほうだけちょっと色を付けとくね！

図1

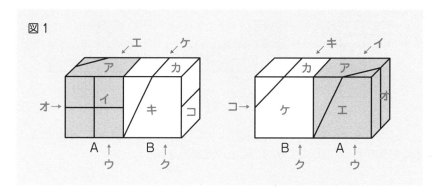

　さらに、図1の10面について、AとBそれぞれの展開図を描くと、図2のようになります。

図2

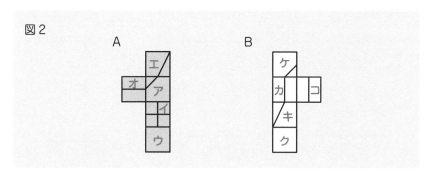

　これより、まず、Aについて、アとウは向かい合う面ですが、肢2, 3は、図3のように、向かい合う面の位置関係（基本事項①）になっていませんので、ここで消去できます。
　また、肢5については、エに描かれた線の向きが図2と異なることが、アの線とのつながりからわかり、同様に消去できます。

図3

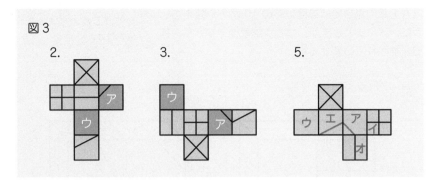

　残る肢1と4については、図4のように、重なる辺を調べて、矢印の先へ
面を移動すると、図2と合致することが確認できます。

図4

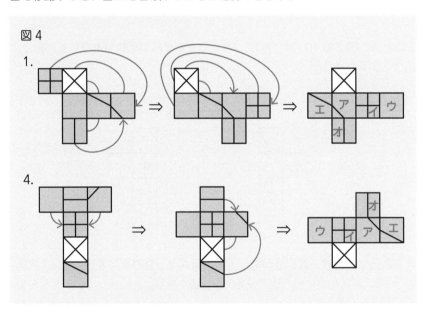

　これより、Bについて、肢1と4を確認します。同様に、図5のように、
矢印の先へ面を移動すると、肢1の場合、キ，カ，ケの3面は図のように並び
ますが、ケに描かれた線の向きが図2と異なることがわかり、消去できます。
　残る肢4については、図2と合致することがわかり、正解は肢4です。

図5

1.

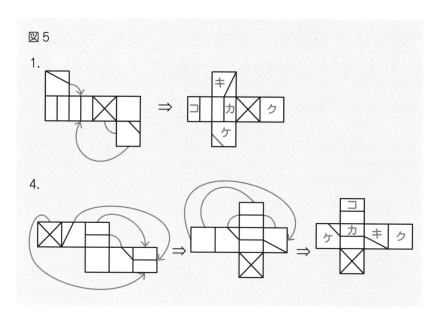

4.

#37 展開図②
位置関係に着目する！

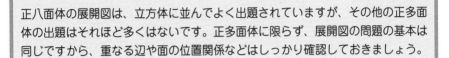

正八面体の展開図は、立方体に並んでよく出題されていますが、その他の正多面体の出題はそれほど多くはないです。正多面体に限らず、展開図の問題の基本は同じですから、重なる辺や面の位置関係などはしっかり確認しておきましょう。

基本事項

①正八面体の展開図

　正八面体の展開図には、たとえば、図１のようなものがあります。この図形も、変形の操作によって、左のように上段１面、中段６面（△と▽を交互に並べる）、下段１面になるか、または、右のように、１頂点（Ｐ，Ｑ）の周りに４枚の正三角形が集まる図が２組から構成されることが確認できれば、正八面体の展開図として成立すると覚えてください。

> 正八面体の構成は、
> ＃32 基本事項②参照。

　組み立てたときに向かい合う面は、たとえば、図のＡとＢ、ＣとＤの２面のような位置関係になります。

図１

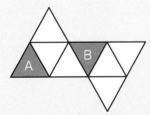

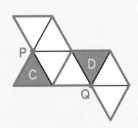

　また、組み立てたときに重なる辺は、初めに120°をなす辺（図２の色線でつながれた辺）が重なり、次いでその隣どうしの辺が重なります。立方体と同様に、重なる辺の先へ面を移動することで、展開図を変形することができます。

図2

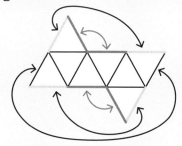 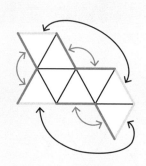

②正多面体の展開図

立方体の展開図では 90°、正八面体では 120° をなす辺が重なり、さらにその隣どうしの辺が重なりました。

この「90°」「120°」というのは、それぞれの立体の展開図で、<u>辺と辺の作る最も小さい角度</u>です。同様に、その他の立体の展開図においても、原則として、次の手順で重なる辺を調べることができます。

> 展開図の外枠をなぞっていったときの、一番小さい角度のこと！

Step1　最小の角をなす辺を重ねる
Step2　その隣どうしの辺を重ねる

重なる辺の先へ面が移動できるのも、もちろん同じで、この方法で展開図の変形が可能になります。

立方体，正八面体以外の正多面体の展開図の代表的なものは次の通りで、はじめに、実線でつながれた辺が重なり（Step1）、次いで、破線でつながれた辺が重なることになります（Step2）。

ⅰ）正四面体

　正四面体の展開図は、次の2通りのみです。この立体に平行な位置関係の面はありません。

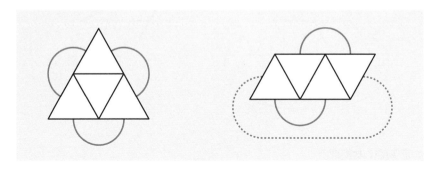

ⅱ）正十二面体

　1枚の面（図のAまたはB）の周りを5枚の面が囲み、花を咲かせたような図のものが2組で構成されます。それぞれ右の見取り図の上半分と下半分に当たります。

　これより、AとBの面が向かい合う面（平行な面）とわかりますね。

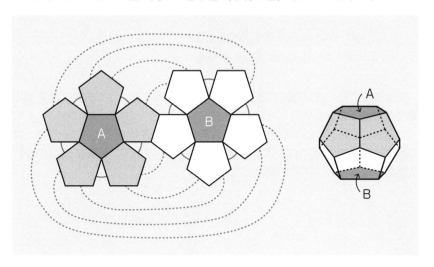

　向かい合う面（平行な面）の位置関係は、次のように、正五角形を⌂と♡を交互に4枚並べた両端の2面と覚えてください。

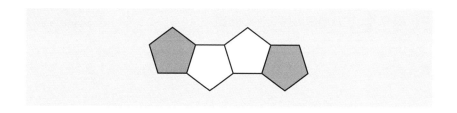

iii）正二十面体

　展開図と見取り図を、それぞれ図のように上，中，下段に分けてみるとわかりやすいですね。

　向かい合う面（平行な面）は、たとえば、図のＡとＢのような組合せになります。

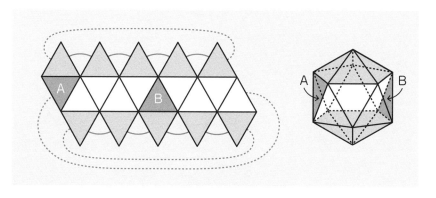

　向かい合う面（平行な面）の位置関係は、正三角形を△と▽を交互に6枚並べた両端の2面と覚えてください。

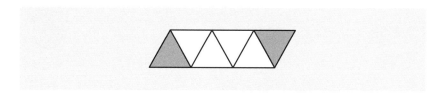

正八面体の表面に図のような太線を引いた。この正八面体の展開図として、最も妥当なのはどれか。ただし、太線は正八面体の各辺の中点を通るものとする。

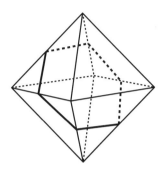

1.

2.

3.

4.
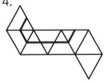

5.
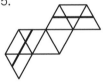

太線の通っていない面に着目してみて！

太線は、8面のうちの6面を通っており、通らないのは図1の色の付いた2面で、この2面は向かい合う面になります。

図1

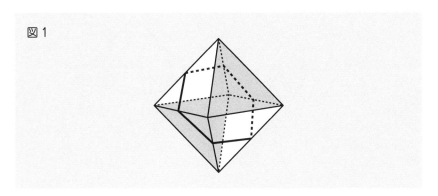

そうすると、展開図にしたときのこの2面は、基本事項①で確認した位置関係になりますね。

これより、選択肢のそれぞれについて、太線の通らない2面の位置関係を確認すると、図2のように、向かい合う面の位置関係を満たすのは肢1のみとわかります。

図2

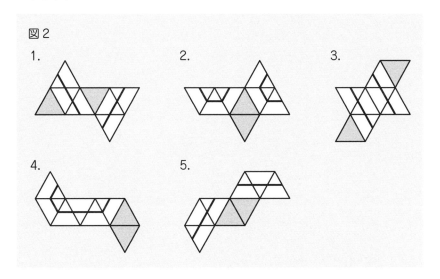

肢1については、図3のように、重なる辺を調べると、太線は1本につながり、図の頂点A，Bの位置を参考に確認すると、組み立てた図と合致するとわかります。

図3

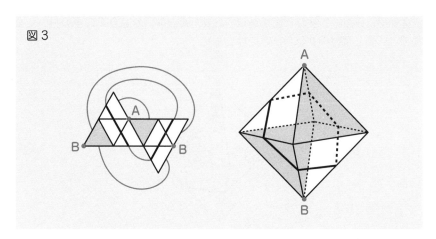

よって、正解は肢1です。

下の正八面体の展開図を組み立てたとき、他と異なるものとして、最も妥当なのはどれか。

1.

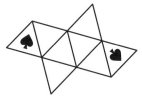

2.

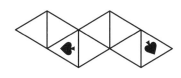

3.

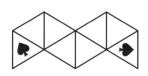

4.

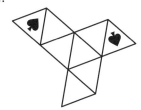

5.

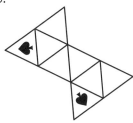

スペードの模様の付いた2面の位置関係を考えるよ。2面の違いにも着目して！

スペードの模様の付いた２面の位置関係を考えます。

まず、２面それぞれに描かれたスペードの先端の向きを確認すると、図１のように、先端が正三角形の頂点の方を向いているタイプ（①）と、正三角形の辺の方を向いているタイプ（②）の２タイプが１面ずつであるとわかります。

２面とも①とかのように、他と異なるものがあれば、その時点でそれが仲間外れだけど、本問はどの肢も、①と②が１面ずつあるよね。

図１

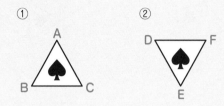

ここで、図１のように、①の各頂点をＡ〜Ｃ、②の各頂点をＤ〜Ｆとし、①のスペードの先端は頂点Ａの方を、②は辺ＤＦの方を向いていることを確認して、各肢の展開図について、重なる辺を調べると、図２のようになります。

①は先端が向いている頂点から、反時計回りにＡ→Ｂ→Ｃ、②は先端の左上の頂点から反時計回りにＤ→Ｅ→Ｆだよ。

図2

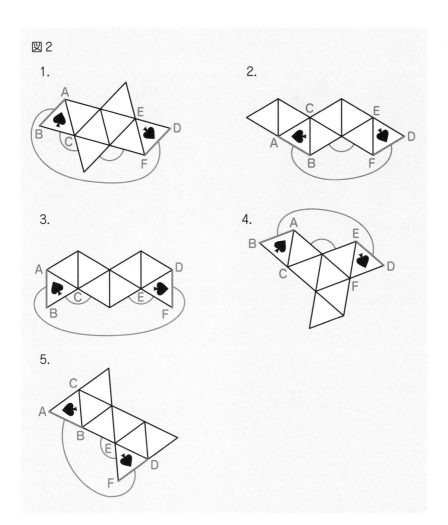

　これより、肢4以外は、ＡＢとＤＦが重なりますので、面を移動すると、①
と②は図3のように並ぶことがわかります。

　しかし、肢4だけは、ＡＢとＤＥが重なりますので、図4のようになり、こ
れだけが異なるとわかります。

図3   図4

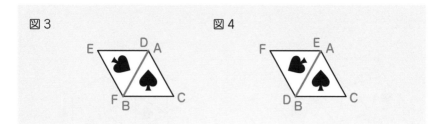

よって、正解は肢4です。

スペードの先端の向きかぁ…。
見てなかったなぁ…♪

図のような三面のみに模様のある正十二面体の展開図として最も妥当なのは次のうちではどれか。

ただし、展開図中の点線は、山折りになっていた辺を示す。

1.
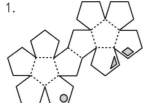

2.
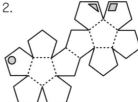

3.
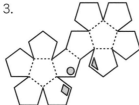

4.
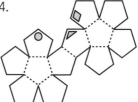

5.
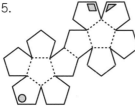

展開図は複雑に見えるけど、重なる辺の調べ方は同じ！ 3つの模様の位置関係に着目して！

３面についた模様は１頂点に集まっており、この頂点を、図１のようにＰとします。３つの模様は、Ｐを中心に、○→△→□の順で時計回りに並ぶのがわかりますね。

図１

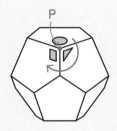

　では、選択肢それぞれの展開図について、これを満たし、図１と合致するか確認します。

肢1　基本事項②－ⅱより、図２のように、重なる辺を調べると、３つの模様は図のＰの周りに集まることがわかります。さらに、図３のように、○の模様の面を移動すると、模様の並びも○→△→□の順に時計回りになり、合致しますね。

図２　　　　　　　　　図３

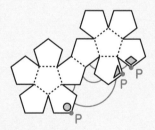
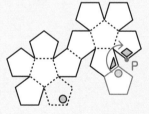

肢2　同様に、図４のように、重なる辺を調べると、３つの模様は図のＰの周りに集まることがわかります。しかし、△→□の並び方が反時計回りですから、○→△→□が時計周りに並ぶことはなく、合致しません。

肢3 図5のように、○と□のある頂点Pは一致しますが、△のある頂点は一致しません。すなわち、3つの模様は1頂点の周りに集まらず、合致しません。

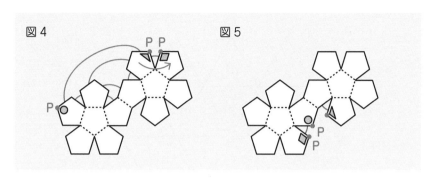

肢4 肢2と同様に、3つの模様はPの周りに集まりますが、△→□が反時計回りなので、合致しません（図6）。

肢5 肢3と同様に、3つの模様は1頂点に集まらず、合致しません（図7）。

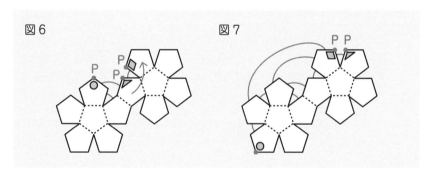

以上より、正解は肢1です。

正解 1

次の展開図を組み立てたとき、面Ａと平行になる面として正しいのはどれか。

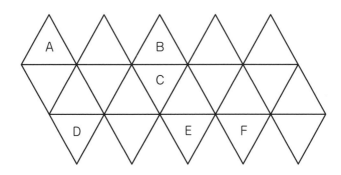

1.　B　　　2.　C　　　3.　D　　　4.　E　　　5.　F

平行な面（向かい合う面）の位置関係を知っていれば、あとはちょっと動かしてみるだけ！

重なる辺を調べ、図のように面を移動すると、ＡとＥが向かい合う位置関係になることがわかります（基本事項②－ⅲ）。

　よって、正解は肢４です。

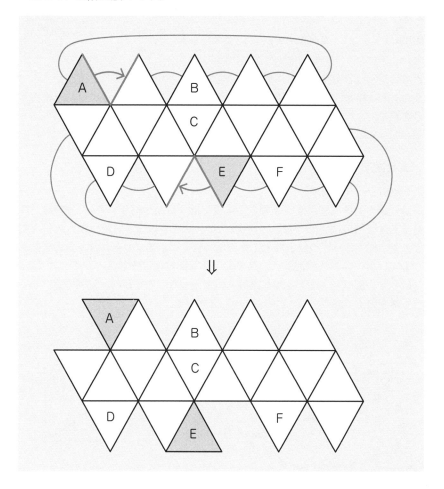

#38 トポロジー
点と線の関係を考える！

頻出度 ★★★☆☆ ｜ 重要度 ★★★☆☆ ｜ コスパ ★★★★★

> トポロジー（位相学）とは、点と線の関係を考える幾何学のことですが、もちろん、そんな難しい内容ではありません。よく出題されているのは、一筆書きの問題で、これはルールを覚えれば簡単に解けますよ。

基本事項

①トポロジー（位相学）

　点と線の関係に着目する学問で、正確には「位相幾何学」といいます。「幾何学」は図形の勉強ですね。「位相幾何学」は「やわらかい幾何学」として知られていて、けっこう身近なところで使われています。たとえば、路線図がそうです。図1のような地図は、図2のような路線図に表すことができますね。この2つの図は点（駅）と線（路線）の関係が同じですから、正確な図でなくとも路線図で十分ですし、わかりやすいですよね。

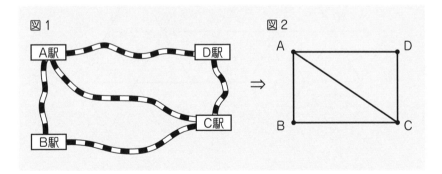

　このように、点と線の関係がまったく同じである図を、「位相的に同じ」といいます。位相的に同じであれば、大きさや形を無視できる場合には、位相の考えがよく使われています。

②一筆書きのルール

一筆書きができる図形には、次のような条件があります。

一筆書きができる図形の条件 ⇒ 奇点が 0 個または 2 個

一筆書きができる図形とは、すべての線を 1 回ずつなぞって描けるということですよね。

ここで、図の中のある点について考えます。それが偶点（偶数本の線が集まる点）であれば、図のように①から入り、②から出て、③から入り、④から出て… のようにつながっていくことができますが、奇点（奇数本の線が集まる点）の場合、最後の出口になる線がありません。

たとえば、5 本の線が集まる点では、⑤で入って終わりだよね。

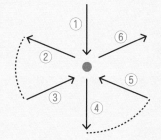

したがって、奇点の場合、そこが終点であるか、あるいは始点であるかのいずれかであり、これより、一筆書きができる図形は、次のような特徴があるとわかります。

そこがスタートなら、最初の①がなくてもいいでしょ！

奇点が 0 個 ⇒ 始点と終点は一致する
奇点が 2 個 ⇒ 一方が始点で一方が終点

③位相図

点と線の位置関係を保ったまま、立体を平面化した図で、たとえば、立方体の位相図は次のように表します。面の配置などを調べるときに有効に使えます。

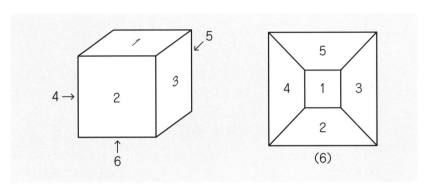

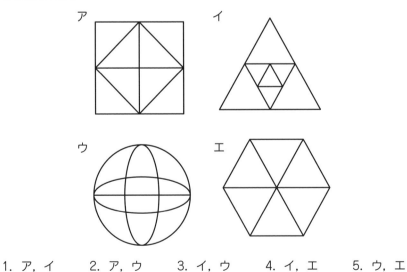

PLAY 1　一筆書きの問題

東京消防庁 I 類 2014

下のア～エの図形のうち、一筆書きができる図形の組合せとして、最も妥当なのはどれか。

ア

イ

ウ

エ

1.　ア, イ　　2.　ア, ウ　　3.　イ, ウ　　4.　イ, エ　　5.　ウ, エ

一筆書きのルールを知っていれば、このレベルの問題は秒殺で解けるよ！

ア～エの各頂点に集まる線の本数を数えると、次のようになります。

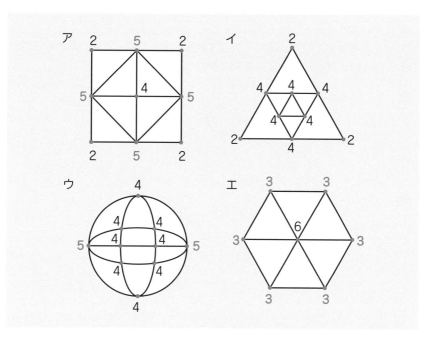

　これより、奇点（基本事項②）の数を数えると、アは4個、イは0個、ウは2個、エは6個となり、一筆書きができる図形の条件を満たしているのは、イ，ウとわかります。

　よって、正解は肢3です。

本社Xと事務所A〜Eを下の図のようにつなぐ道路網がある。本社Xを出発し、全ての道路を1回以上通って再び本社Xに戻るとき、総移動距離が最短となるルートの距離として、妥当なのはどれか。

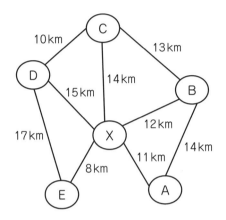

1. 114km
2. 132km
3. 136km
4. 142km
5. 151km

一筆書きができない図形を、できる図形に変えるにはどうすればいいかな？

すべての道路を1回以上通るということですから、最短で済ませるにはすべて1回ずつ通る、すなわち、一筆書きができるのが理想ですね。Xを出発してXに戻る一筆書きとなると、奇点がゼロでなくてはいけませんので、ここで、奇点を確認すると、X，B，C，Dの4つもあり、残念ながら一筆書きはできません。

そうすると、同じ道を2回以上通る必要が
あるわけで、あとはこれをできるだけ短くす
ることを考えます。4つの奇点どうしを結ぶ
道路で最短なのは、ＣＤ間の10kmで、次
に短いのはＸＢ間の12kmですから、この
2本の道路を2回通る、すなわち、図のよう
に1本ずつ道路を増やすと考えると、これで
すべて偶点となります。

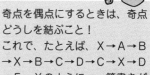

奇点を偶点にするときは、奇点
どうしを結ぶこと！
これで、たとえば、Ｘ→Ａ→Ｂ
→Ｘ→Ｂ→Ｃ→Ｄ→Ｃ→Ｘ→Ｄ
→Ｅ→Ｘのように、一筆書きが
できるよね！

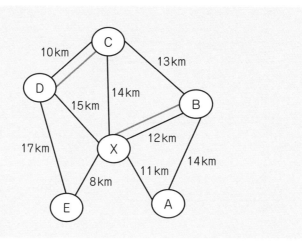

これより、2回通る道路は2回分カウントし、すべての距離を合計すると、
11 ＋ 14 ＋ 12 × 2 ＋ 13 ＋ 14 ＋ 10 × 2 ＋ 15 ＋ 17 ＋ 8 ＝ 136（km）と
なり、正解は肢3です。

図Ⅰのように、幅が一定の紙テープを用いて同じ大きさの輪を二つ作り、図Ⅱのように、二つの輪が直交するようにこれらを面で接着した。この接着した二つの輪を、その中央線（図Ⅱの点線）に沿って切り開いたとき、できる図形として最も妥当なのはどれか。

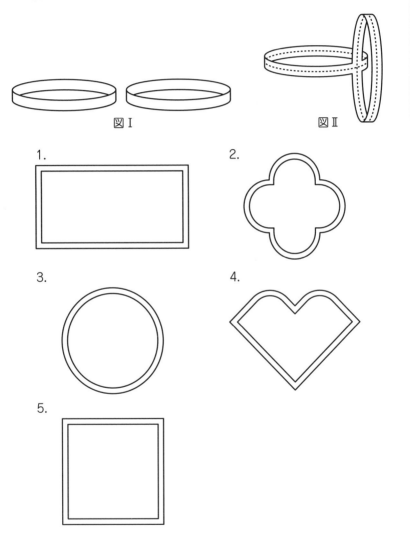

図Ⅰ

図Ⅱ

1.

2.

3.

4.

5.

「メビウスの輪」のような問題ね。できた図形を想像しなくても、テープの長さや本数を考えれば、答えはでるかな。

初めに、図1のように、1つの輪を、アとイの線で切り離してできる図形を考えてみます。

　まず、アで切り離すと、図のように、輪は2本になり、さらに、イで切り離すと、それぞれがまっすぐな1本のテープになりますね。

図1

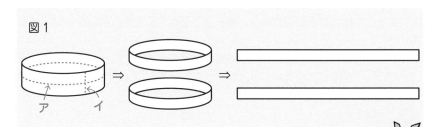

　そうすると、問題の図Ⅱも、同じ大きさの輪が2つですから、図2のように、それぞれをウとエで切り離すことで、同じ長さのまっすぐなテープ①〜④ができます。

> 同じ長さのまっすぐな4本ってだけで、肢5に決まるでしょ！

　さらに、それぞれのつながりを見ると、①と②、③と④は離れますが、①と③は図の点Pで直角をなすようにつながっており、①と④、②と③、②と④も同様です。

図2

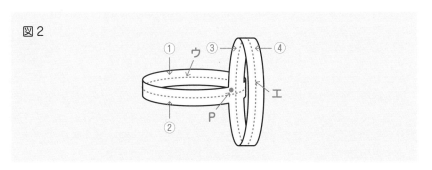

　これより、切り開いてできる図形は、同じ長さのまっすぐなテープ4本が直角につながる図形ですから、正解は肢5です。

正解　5

図Ⅰのような立方体に対し、隣り合う面どうし（一辺で接する面どうしを意味する。）が同じ色とならないよう塗り分ける。次に、立方体の各頂点について、図Ⅱのようにこの頂点を含む各辺の中点を通る平面で切り取る。そして八隅を切り落として残った大きな立体を、隣り合う面どうしが同じ色とならないよう塗り分けた。

このとき、この立体に塗られている色の数は最小でいくらか。

ただし、一度塗った色は塗り直さないものとする。

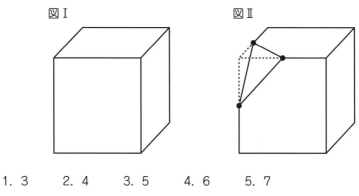

図Ⅰ　　　　　　　　　　図Ⅱ

1. 3　　　2. 4　　　3. 5　　　4. 6　　　5. 7

「4色定理」というのがあるんだけど、まずは、塗り分け方を考えよう！

立方体は、1つの頂点の周りに3枚の面が集まっており、その3面は互いに隣り合っていますので、異なる色を塗ることになりますが、向かい合う面には同じ色を塗ることができますので、図1のように、位相図（基本事項③）に表すと、最小3色（a，b，c）で塗り分けることができます。

図1

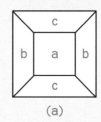

(a)

次に、各辺の中点を通る面で切り取ると、その
切断面は、図2のように、切り取られた頂点に集
まる3枚の面と隣り合いますので、a，b，cの

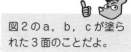図2のa，b，cが塗られた3面のことだよ。

どの色も塗れませんから、4色目（d）を塗ることになります。切断面は立方
体の各頂点に現れますが、図3のように、たとえば、上面の4隅を切り取った
位相図で確認すると、切断面どうしが隣り合うことはありませんので、いずれ
もdを塗ることができます。

図2　　　　　　　　　　　図3

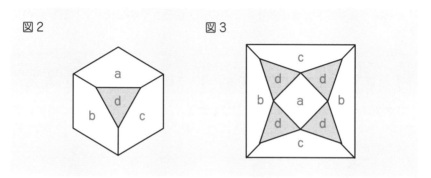

よって、最小4色で塗り分けることができ、正解は肢2です。

正解▶ 2

たとえば、地図などで、隣り合う領域を異なる
色で塗り分けるとき、最大で4色あれば塗り
分けられることが証明されているんだ。
「4色定理」っていうんだけど、これを知って
いれば、肢3〜5は初めから消去できるよね！

#39 サイコロ 位相図を使う！

サイコロの目の配置を考える問題で、#38 で使った「位相図」に目を整理しながら解きます。1頂点に集まる3面の目の配置が決め手になる問題が多いですよ。

PLAY 1 サイコロの目の配置を考える問題　　　　特別区Ⅰ類 2004

次の図Ⅰのような展開図のサイコロがある。このサイコロ4個を、互いに接する面が同じ目になるように、図Ⅱのとおりに並べたとき、A，B，Cの位置にくる目の数の和はどれか。

図Ⅰ

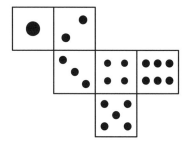

図Ⅱ

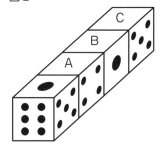

1. 8　　　2. 10　　　3. 12　　　4. 14　　　5. 16

> 1頂点に集まる3面の目の並び方がポイント！

図1のように4つのサイコロの位相図を描いて、目の配置を確認します。展開図を見ると、6の向かいは3なので、条件より図の①の2面の目は3、②は6、③は3とわかります。

普通のサイコロは、向かい合う面（#36 基本事項①）の目の和は7だけど、これは違うんだね！

図1

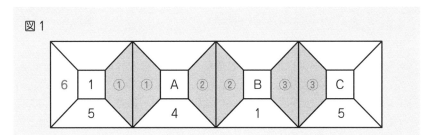

　さらに、展開図を見ると、図2のように、頂点Pを囲んで、4→3→2と時計回りに並んでいますので、図3のように、Aは2とわかります。

　また、図2のように、1と5の面を矢印のように移動（#36基本事項②）すると、1の向かいは4、5の向かいは2とわかり、これも図3に記入すると、同様に、Bは2、Cは4とわかります。

図2

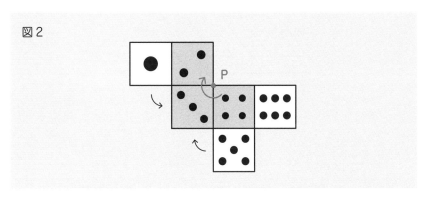

図3

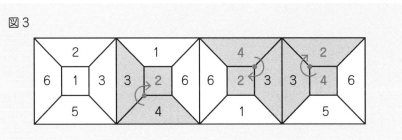

よって、A，B，Cの和は2＋2＋4＝8となり、正解は肢1です。

　方眼紙の左上のマス目から右下の★と書かれたマス目まで、下の図のような A〜Cの3つのコースに沿って、各面に1〜6が書かれた立方体を転がす。 どのコースも、下の図のように、上面を1とした同じ置き方でスタートする。 ゴールの★における上面は、Aコースでは3、Bコースでは2、Cコースでは 6であった。このときに使われた立方体の展開図として最も妥当なものはどれ か。

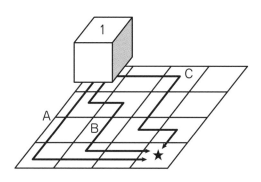

1.

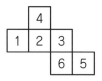

2.

3.

4.

5.

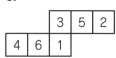

サイコロの移動の様子を位相図に表してみよう！

各コースを移動するサイコロの目の配置を
位相図で確認します。

スタートの位置での1以外の目を、図1
のように $a \sim e$ とします。まず、Aコース
について、順に転がすごとの目の様子を位相
図に記入すると、図のように、<u>ゴールの★に
おける上面は d</u> となり、条件より、<u>$d = 3$</u>
とわかります。

図の①→②で3回、転がしたわ
けだけど、同じ方向に4回、転
がすと、元の状態に戻るわけだ
から、反対方向に1回、転がす
のと同じだよね。
目的は★の上面だから、これを
調べるための最小限の作業で済
ませるよう工夫していこう。

図1

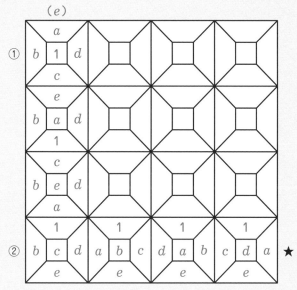

同様に、Bコースについて、図2のようになり、
★での<u>上面は b</u> で、<u>$b = 2$</u> とわかります。

b は d の向かいの面だか
ら、ここで、2と3が向
かい合うことがわかって、
肢4, 5に絞られるよ!

図2

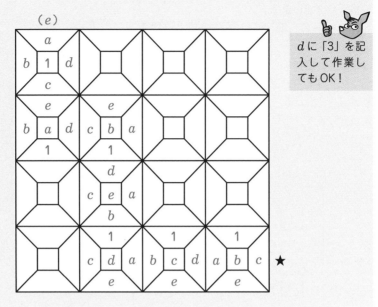

(e)

d に「3」を記入して作業してもOK！

同様に、Cコースについて、図3のようになり、★での上面は *c* で、*c* = 6 とわかります。

図3

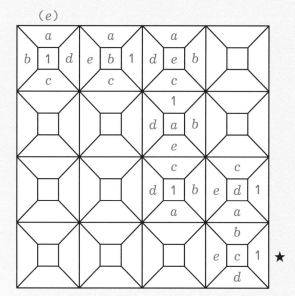

　これより、サイコロの目の配置は、図4のようになり、2と3が向かい合い、さらに、1頂点を囲んで1→2→6と反時計回りに並ぶとわかります。

　しかし、肢1，2，3は、2と3が向かいあっていませんので消去でき、残る肢4，5について、1→2→6の並び方を確認すると、肢4は、図5のように反時計回りに並んでいますが、肢5は、図6のように面を移動すると、時計回りに並ぶとがわかります。

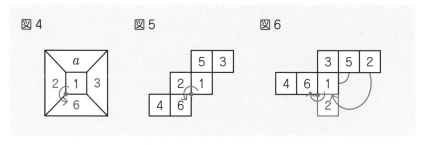

図4　　　　　図5　　　　　図6

　よって、正解は肢4です。

正解　4

memo

memo

Staff

編集
小野寺紀子

ブックデザイン・カバーデザイン
越郷拓也

イラスト
横山裕子

校正
甲斐雅子　柴﨑直孝　西川マキ

編集アシスト
平井美恵　中野真由子

エクシア出版の正誤情報は、
こちらに掲載しております。
https://exia-pub.co.jp/
未確認の誤植を発見された場合は、
下記までご一報ください。
info@exia-pub.co.jp
ご協力お願いいたします。

著者プロフィール

畑中敦子

大手受験予備校を経て、1994年より、LEC東京リーガルマインド専任講師として、公務員試験数的処理の受験指導に当たる。独自の解法講義で人気を博し、多数の書籍を執筆した後、2008年に独立。
現在、(株)エクシア出版代表取締役として、執筆、編集、出版活動を行っている。

畑中敦子の判断推理ザ・ベスト NEO

2023年3月1日　初版第1刷発行

著　者：畑中敦子
　　　©Atsuko Hatanaka 2023 Printed in Japan

発行者：畑中敦子

発行所：株式会社 エクシア出版
　　　〒102-0083　東京都千代田区麹町6-4-6

印刷・製本：中央精版印刷株式会社

ISBN 978-4-910884-05-9　C1030

多彩なコンテンツで効率的学習を後押し！

□ 学びやすさにこだわった動画講義 □

各動画は1回約1時間。授業を受ける緊張感と集中力が、確実な学習効果に結びつく！途中で中断する場合は中断箇所から再生可能。0.5倍～2.0倍の速度調整機能で、好みの再生速度を選択！

スマホ画面でもレジュメが見やすいように、講義画面とレジュメ画面を自由に切り替え可能。教材を持ち歩かなくても、移動時間やスキマ時間もムダなく利用！

◎講義画面

◎レジュメ画面

写真はイメージです

□ 手軽にチェックできるテスト問題 □

一問一答（○×）形式など、短時間でサクサク取り組めるテストで手軽に知識の確認！モチベ低下時の転換にも役立つ！

学習履歴から間違えやすい問題の解説を再確認するなど、便利な使い方いろいろ！

□ 自分のタイミングで提出できる添削課題 □

論文・専門記述式の添削は、本番を想定して紙の答案で提出。客観的な指摘・評価を受けて合格答案へブラッシュアップ！

EX STUDY　　https://ex-study.jp/

エクスタディ ★★★★★
EX STUDY の 5つ星

★1 カリキュラムは自由自在!

多彩なコース設定のほかに、あなた独自のカリキュラムも可能にする個別カスタマイズコースをご用意!学習スタート時期や受講コースに応じた標準スケジュールがわかる!

★2 スマホでも超快適な学習環境!

◎講義画面

◎レジュメ画面

写真はイメージです

講義画面とレジュメを自由に 切り替えながら受講できる!
学習場所により最適な使い方が 可能なマルチデバイス仕様!

★3 数的処理がスゴイ!

「ザ・ベスト」シリーズで御馴染みの畑中敦子講師が講義を担当!

得意・不得意で選べる4タイプ!数学が苦手な人もしっかりサポートします!「算数・数学の基礎」からスタートし、インプット講座で解法パターンを習得、アウトプット講座で本番の戦い方を学びます。

★4 論文・面接指導がスゴイ!

『小論文バイブル』の寺本康之講師が論文指導を担当!

論文対策は、寺本講師厳選の予想テーマで答案練習! 独自の添削指導システムでライバルに差をつける!面接対策は、入塾困難で話題の松村塾とコラボ!1対1のカウンセリングであなたのPRポイントを引き出す!

松村塾代表の吉田和敏講師が面接指導を担当!

★5 講師がスゴイ!

公務員試験を知り尽くしたレジェンド集団!

寺本康之
担当科目 憲法／民法Ⅰ／
民法Ⅱ／行政法／政治学／
行政学／社会学／論文対策

畑中敦子
担当科目
数的推理

髙橋義憲
担当科目
ミクロ経済学／マクロ経済学／
財政学／経済事情・経済史

柴崎直孝
担当科目
算数・数学の基礎／判断推理／
資料解釈／自然科学

吉田和敏
担当科目
面接対策

EX STUDY https://ex-study.jp/

EX STUDY エクスタディ公務員試験講座

コース・カリキュラム

彩なコース設定のほかに、あなた独自のカリキュラムを可能にする個別カスタマイズコースをご用意!

地方上級・国家一般職コース
地方上級、国家一般職（事務系・行政系）の教養試験・専門試験・論文試験・面接試験の対策ができるコース。多様な併願パターンに対応可能!

国税専門官コース
国税専門官の教養試験・専門試験・面接試験の対策ができるコース。国税専門官の出題科目を網羅して学習したい方におススメ。

労働基準監督 A コース
労働基準監督Aの教養試験・専門試験・面接試験の対策ができるコース。労働基準監督Aの出題科目を網羅して学習したい方におススメ。

裁判所職員コース
裁判所職員の教養試験・専門試験・論文試験・面接試験の対策ができるコース。裁判所職員の出題科目を網羅して学習したい方におススメ。

市役所コース
市役所上級の教養試験 (Standardタイプ・Logicalタイプ)・論文試験・面接試験の対策ができるコース。国立大学法人等職員の教養試験等の対策としても利用可。

個別カスタマイズコース
学習時間、併願状況、得意・不得意などの事情を考慮して、各コースをベースに、科目の追加や削除などで最適なコースにカスタマイズできます。

お問合せ / 受講相談

EX-STUDY（エクスタディ）に関するお問合せや受講に関するご相談は、以下いずれかの方法でお気軽にどうぞ!

❶ ホームページの
お問合せフォーム
→ https://ex-study.jp/

 ❷ LINE公式アカウント
→ @390yxuje

❸ メール
→ exstudy@exia-pub.co.jp

❹ お電話
→ 03-5825-4620
（月〜金曜日10:00〜17:00〈祝日を除く〉）

 ご希望によって、Zoomによるオンライン相談も可能です。
まず、上記❶〜❹いずれかよりご連絡ください。

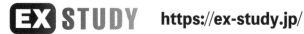 EX STUDY　https://ex-study.jp/